U0902014

湖南第一师范学院红色学术文库·思政系列　主　编　罗成翼

总　编　罗成翼
副总编　胡　穗　曹　兴

守正与创新
新时代高校『大思政课』建设

罗成翼　等　著

社会科学文献出版社
SOCIAL SCIENCES ACADEMIC PRESS (CHINA)

国家社科基金高校思政课研究专项，
课题编号：21VSZ009

总　序

麓山脚下，湘江岸边，湖南一师，钟灵毓秀。

千年学府，百年师范，红色摇篮，作育英才！

在中国近现代教育史上，湖南第一师范文脉盛昌，人才辈出，涌现了许多赫赫有名的历史人物，创立了一系列影响中国历史进程的思想学说，为民族和国家培养了很多学贯中西、经天纬地的栋梁之材。其教育发展的历史与长沙、湖南乃至中国社会的历史进程紧密相随，休戚与共，可以说，湖南一师是中国近现代师范教育的先驱与典范。

湖南第一师范的前身为南宋时期创建的城南书院，书院虽历经朝代更替，但一直秉承“成就人才，传道济民”的教育宗旨，格心致本，化育英才。书院创立者张栻，师承湖湘学派开创者胡宏，发展理学，初步奠定湖湘学派规模，成为一代学宗，与其时的朱熹、吕祖谦合称“东南三贤”。南宋至晚清的城南书院，名师辈出，学者云集，以研习儒家经籍为主，间或议论时政，对湖南学术思想的发展有重要的影响，成为“昔贤过化之地，兰芷升庭，杞梓入室，则又湘中子弟争来讲学之区”。至清朝，道光皇帝给予嘉奖，亲书“丽泽风长”四字匾额榜于讲堂。此后，城南书院声名大振，成为湖南规模和影响最大的两所书院之一。

鸦片战争以后，国家多难，民族危机日益加重。城南书院为了济世救民，经世致用，着力培养实学人才。曾国藩、左宗棠、胡林翼、郭嵩焘、王闿运、张百熙等，或讲学于此，或求学于此。正如清代学者李彦章题城南书院：“考古证今，致用要关天下事；先忧后乐，存心须在秀才时。”此联反映了城南书院由过去理学研习之所转变成关注民生、心忧天下的教育重地。

1903 年，湖南师范馆迁入城南书院，合并更名为湖南全省师范学堂。五四新文化运动前后，受新思想、新文化、新道德的影响，涌现出毛泽东、蔡和森、何叔衡、任弼时、李维汉、杨昌济、徐特立、孔昭绶、易培基等一批叱咤风云、卓乎人英的新民主主义革命者、无产阶级革命家、教育家。从此，中国民主革命和共产主义运动的红色种子在湖南第一师范生根发芽，“红色摇篮”成为其代名词。一代伟人、共和国创立者毛泽东，年轻时在湖南第一师范求学和工作。当时学校在校长孔昭绶主政下，“采最新民本主义规定教育方针”，以“人格教育、军国民教育、实用教育为实现救国强种唯一之宗旨”，强调人格和学识的全面培养，吸引了一大批有志青年前来求学。也是在这里，毛泽东和蔡和森、何叔衡、罗学瓒等人结为朋友，纵论国是、探求真理，逐渐积累了渊博的知识，具备了开阔的眼界和强健的体魄，立下了“改造中国与世界”的宏伟志向。

中华人民共和国成立后，古老而年轻的湖南第一师范焕发新的生机，在教育文化的形式和内涵上，美美与共，革故鼎新，开中国红色教育的先河，成为师范教育一道亮丽的风景线。

清末启蒙思想家龚自珍说：“欲知大道，必先为史。”百年一师史是一部厚重的革命史、教育史，更是一部光荣的奋斗史。回顾湖南第一师范百余年教育的光辉历史，其办学理念之“新”，主要有三点。一是开放办学。湖南一师早期教育在本土与西方、传统与现代、保守与先进的碰撞和交锋中走向开放融合，放眼世界、对接社会、开放办学，这是其人才辈出的“外部土壤”。二是民主治校。湖南一师早期所推崇和践行的自觉、自动、自治，是其人才辈出的“内在机理”。三是“大家”执教。湖南一师早期会聚了一批胸怀“国之大者”的“大先生”群体，是其人才辈出的“源头活水”。

百廿喜回眸，学府更巍峨；盛世逢华诞，桃李沐春风！

适逢第一师范建校120周年，承蒙学界关心和学者耕耘，“湖南第一师范学院红色学术文库”丛书孕育而生，幸即付梓。此丛书旨在围绕“红色一师”建设重大任务，致力于湖南第一师范早期教育研究，建设红色学术文库，推进“红色一师”建设，擦亮“红色一师”名片。该丛书重在系统收集、整理、保存一师学人的红色学术成果，全面展示一师红色研究特色，传承和弘扬一师的红色学术思想与学术精神。

该丛书主要由湖南第一师范学院的教授、博士主持编撰，分思想政治、教育学等多个系列，分批出版，力求做到特色鲜明、资料翔实、分析严谨、深入浅出。丛书在编写上力求突出以下特点：一是研究内容的广泛性。丛书深入探究百年一师的办学思想、办学理念、课程体系、教学方法和师德师风等，努力寻找其办学过程中的“精神密码”。二是研究视角的多维性。丛书从政治学、教育学、历史学等角度，对湖南一师的早期教育、校长办学思想、教师群体、学生群体展开细致研究，描绘出一幅早期湖南一师兴办教育、积极改革、为国育才，学生崇道好学、敢为人先的生机勃勃、积极向上的历史画卷。三是研究方法的多元性。丛书利用档案、文集、日记、年谱、报刊、校史等第一手文献资料，将研究结论建立在翔实的史料基础之上，力图更多地用客观事实说话，用实际材料说话。因此，丛书凸显了湖南第一师范的教育特色、红色本色，值得一读。

“路漫漫其修远兮，吾将上下而求索。”

20世纪初原清华大学校长梅贻琦说：“所谓大学者，非谓有大楼之谓也，有大师之谓也。”湖南一师在百余年的师范教育进程中不仅涌现了许多大师级“大先生”，而且成长了一大批引领时代的学生，其影响及于整个近现代中国社会进程。1950年，毛泽东在与校友叙旧时深情地回忆说：“我没有正式进过大学，也没有到外国留过学，我的知识，我的学问，是在一师打下了基础。一师是个好学校。”湖南一师厚重的文化传统、光荣的革命传统和优良的教育传统，是中国共产党办学治校的宝贵财富，是落实立德树人根本任务的“传家宝”。

回望历史是为了更好地把握未来。新时代的师范院校，承担着培养大国良师的时代重任。静思细品湖南一师百余年的教育文化内涵，在新时代，我们更应该牢牢把握人才培养这一精神密码的实质内容，铭记立德树人的根本任务，以高目标引领人才培养方向；坚守为时代育人的担当使命，以高视野打开人才培养格局；践行以质量求发展的办学思想，以高标准保障人才培养质量，让湖南一师红色教育之光常亮。唯其如此，湖南一师的明天才会更加美好。这正是我们编著此丛书的目的。

罗成翼

2023年10月1日

目　录

导　论

思想政治理论课是落实立德树人根本任务的关键课程，关乎民族复兴伟业。党的十八大以来，以习近平同志为核心的党中央高度重视思政课建设发展，多次就思政课建设作出一系列重要论述、重要指示批示和重要部署。2021 年 3 月 6 日，在看望参加全国政协十三届四次会议的医药卫生界、教育界委员时，习近平总书记明确提出“大思政课”的概念，强调“大思政课”我们要善用之，思政课既要在课堂上讲，也要在社会生活中来讲。2022 年 4 月，在视察中国人民大学时，习近平总书记从大中小学思政课一体化建设的角度，对“大思政课”建设进一步提出要求。习近平总书记关于思政课建设的系列论述从思政课的特质、形态和格局入手，阐发了“大思政课”的理论内涵，提出了“大思政课”的建设思路，这不仅有助于深化对思政课整体性的理解，而且有助于提升思政课教学的现实感和实效性。2022 年 7 月，教育部等十部门印发《全面推进“大思政课”建设的工作方案》，为整合社会各方面力量搭建“大思政课”建设平台制定了路线图和实施方案。“大思政课”的提出是思政课程观念的一次深刻革命，是在新时代背景下对思想政治理论课建设布局谋篇的理念升华和理论创新。新时代“大思政课”如何建设，作为思想政治教育主阵地的高校如何落实习近平总书记建设“大思政课”的指示，是时代赋予高校思想政治教育工作者的重大崭新课题，也是本成果研究的根本导向。

一 国内外研究动态

（一）国内研究动态

习近平总书记提出“大思政课”概念后，“大思政课”成为思想政治教育研究的热点论题。由于此命题提出的时间不长，相关研究成果仍然不够丰富。学术界围绕“大思政课”展开了一些论述，虽有不少论文发表，但是缺乏系统论述的专著。现对学术界相关研究成果梳理如下。

关于“大思政课”基本内涵的研究。学者们主要研究了如下内容：“大思政课”的建设，体现了思想政治教育的发展规律，是解决新形势下思想政治教育中出现的新问题、推动思想政治教育高质量发展的内在要求；[①] 坚持“八个相统一”要求将理论教学与学生思想实际紧密结合，科学地、有针对性地回答时代提出的问题；[②]“大思政”格局是马克思主义整体观在思政教育理论创新领域的新体现；[③] 建设高校“大思政课”，出发点是培养担当民族复兴大任的时代新人，落脚点是实现中华民族伟大复兴；[④] 打造新时代高质量的“大思政课”，必须围绕立德树人根本任务，挖掘、整合并运用蕴含在时代、实践和现实中的丰富育人元素；[⑤] “大思政课”聚

① 参见邹华《“大思政课”建构：价值意蕴·基本原则·创新路径》，《吉首大学学报（社会科学版）》2023年第6期。

② 参见林泰《在“传道”和“解惑”的结合中做好立德树人工作》，《思想理论教育导刊》2022年第3期。

③ 参见高德胜、钟飞燕《论马克思主义思想政治教育的时代使命》，《东北师大学报（哲学社会科学版）》2020年第2期。

④ 参见秦宣《学史增信：增信仰信念信心信任》，《前线》2021年第5期。

⑤ 参见沈壮海《“大思政课”我们要善用之：思考与探索》，《思想政治教育研究》2021年第3期。

焦国家战略需求的大使命，紧紧围绕知识能力素养并重的大目标，立足多维时空，积极构建协同育人的大格局；[①] “大思政课”作为思想政治教育课程的表现形态，其具体实施本质是一项课程实践活动；[②] “大思政课”理念体现了我们党从大政治、大社会、大历史、大文明的视角洞悉和把握思政课程建设规律的高度；[③] 构建“社会大课堂”是“大思政课”的必然要求，“大思政课”必须通过“社会大课堂”才能得以贯彻和体现。[④]

关于“大思政课”建设总体要求的研究。学者们主要研究了如下内容：“大思政课”应推进“思政小课堂”与“社会大课堂”相结合，将宏大的时代、生动的现实、鲜活的实践融入中华民族共同体意识教育的全过程；[⑤] 党的坚强领导、高校领导带头、打造示范金课是抓好新时代思政课改革发展的关键；[⑥] 课程思政建设要坚持深入挖掘与有机融入相结合，专业教学与思想政治教育相统一，课程思政与思政课程相呼应；[⑦] 应从道、学、术相统一中探究如何实现课程融合、课程扩容、课程提质、课程高效，促进高校思政课程与课程思政同向同行地讲好新时代中国特色社会主义思想这一鲜明

---

① 参见徐蓉、周璇《善用“大思政课”推进教学改革创新》，《思想理论教育》2021年10期。

② 参见叶方兴《大思政课：推动思想政治理论课的社会延展》，《思想理论教育》2021年第10期。

③ 参见张智《思想政治教育治理体系现代化的价值要义与基本特征》，《广西社会科学》2021年第12期。

④ 参见向云发、杜仕菊《善用“大思政课”的基本问题论要》，《思想理论教育》2022年第3期。

⑤ 参见刘峰存《善用“大思政课”铸牢中华民族共同体意识》，《中国社会科学报》2023年10月13日。

⑥ 参见靳诺《思政课坚守初心践行使命的根本遵循》，《前线》2019年第12期。

⑦ 参见刘建军《论思想政治教育内容的基本形态》，《思想理论教育导刊》2020年第9期。

主题；[①] 将“思政小课堂”与“社会大课堂”相结合是有效应对时代和学生变化的必然要求，“大思政”理念的出现是思政课本身大容量特点的必然要求；[②] “大思政课”强调的是深刻把握理论与实践的统一，符合马克思主义理论与实践相统一的基本观点。[③]

关于当前“大思政课”建设的重点内容研究。学者们主要研究了如下内容：在专业课中融入课程思政元素，如结合学生就业素养需求，分析多个思政元素，放大思政效果；[④] 要巧设美育课程教学单元；[⑤] 要最大程度确保党史学习教育在青少年群体中取得实效；[⑥] 加强红色文化教育，如深入挖掘长征精神并融入高校“大思政”教育；[⑦] 以红色美术作品为抓手，拓展“大思政课”素材、内容、教学形式；[⑧] 突出重大事件的思政教育意义，如论述“科学家精神”融入思想政治教育的重要性和必要性，中国成功抗疫是活生生的“大思政课”。

关于“大思政课”理念运用的研究。如有学者以上海市松江区

① 参见刘焕明、张帆、张效国《新时代推进高等教育立德树人一体化建设的思考》，《黑龙江省社会主义学院学报》2020 年第 3 期。

② 参见高国希《试论关于“大思政课”的几对范畴关系》，《马克思主义理论学科研究》2021 年第 7 期。

③ 参见樊明方、淡如冰《“大思政课”的生成逻辑及其实践路向》，《西北工业大学学报》（社会科学版）2022 年第 2 期。

④ 参见李蕊《“大思政”格局下高职“课程思政”教学改革的实践——以计算机网络专业〈图形图像制作〉，课程为例》，《天津职业院校联合学报》2021 年第 23 期。

⑤ 参见叶惠勤《“大思政”格局下课程思政在美育课程的实践探索》，《公关世界》2021 年第 6 期。

⑥ 参见辛声《抓好青少年“四史”学习教育》，《新湘评论》2021 年第 17 期。

⑦ 参见吴少伟《伟大建党精神融入高校思政课的价值意蕴和实践路径》，《学校党建与思想教育》2022 年第 2 期。

⑧ 参见刘启航《红色美术作品融入“大思政课”建设的内在逻辑与实践路径》，《学校党建与思想教育》2023 年第 18 期。

开展“松江三人行”为例，论证了“大思政课”理念的实践创新。[①] 论证建设“大思政课”，“课上思政”筑基石，“课下思政”强载体，“环境思政”促融合。[②] 强调教师以育人为中心主动担当起培育新时代的大任，真正落实以新的理念重塑高质量课堂的“大思政课”改革。[③]

关于“大思政课”实践作用的研究。学者们主要研究了如下内容：善用“大思政课”有助于提升思政课的实效性，推动思政课教学内容和方式创新；[④] 树立“大思政”的理念有助于促进思政课的改革，明确新时代上好思政课的前景方向；[⑤] “大思政课”是对思政课建设长期探索下形成的规律性认识，有助于推动思政课发挥立德树人的功能，并在未来思政课的导向功能中占据新的地位。[⑥]

关于善用社会资源建设“大思政课”的研究。学者们主要研究了如下内容：从内容与时空两个维度探讨善用社会资源建设“大思政课”的途径，即从内容角度要把社会资源积极融入思政课大课堂中，从时空角度则要把传统的思政课堂放到社会之中开展；[⑦] “大思政课”需要突破传统的学校场域，向社会场域延展，实现理论与

---

① 参见丁冬汉、朱容池《“大思政课”理念的实践创新——以“松江三人行”为例》，《思想政治课研究》2022 年第 3 期。

② 参见刘康菏泽《“大思政”视域下高校思想政治教育共同体建构的逻辑进路》，《菏泽学院学报》2021 年第 3 期。

③ 参见李蕉《“大思政课”的历史方位与理论定位》，《思想理论教育导刊》2022 年第 9 期。

④ 参见王晓骊、张玉晨《善用“大思政课”创新思政课程教学的实践路径》，《中国高等教育》2021 年第 20 期。

⑤ 参见刘凤义《树立“大思政课”观 推动新时代思政课高质量发展》，《马克思主义理论教学与研究》2022 年第 1 期。

⑥ 参见赵继伟《课程思政建设“泛化”现象论析》，《教育文化论坛》2021 年第 1 期。

⑦ 参见叶方兴《大思政课：推动思想政治理论课的社会延展》，《思想理论教育》2021 年第 10 期。

现实相结合，利用多种社会生活载体来塑造与培养社会育人氛围。①

关于善用历史资源建设“大思政课”的研究。学者们主要研究了如下内容：善用“大思政课”，必须具备历史大视野，特别是要注重从社会主义史、党史、新中国史与改革开放史中潜藏的历史资源中吸取养分；② 讲好“大思政课”需要以红色历史资源为题材，让党史走入“大思政课”课堂，具体方式包括让红色文化资源活起来等；③ 中华优秀传统文化融入“大思政课”教学内容、实践育人体系，提升思政课育人实效。④

关于善用时代资源建设“大思政课”的研究。学者们主要研究了如下内容：善用“大思政课”强调同时代保持密切联系，做到与时俱进、与时偕行，切实结合时代之变常开、善开，让学生深刻感受与切身体悟到时代的变化、时代的主题和时代的使命；⑤ “大思政课”只有同时代同步，才能进一步提升思想政治教育的时效，使学生同时代同脉搏；⑥ 结合时代发展之潮流，就要让“大思政课”乘数而上，探索构建“互联网＋思政课”新模式。⑦

善用实践资源的“大思政课”研究。学者们主要研究了如下内

① 参见辛声《抓好青少年“四史”学习教育》，《新湘评论》2021 年第 17 期。

② 参见刘有升、林小芬《中华优秀传统文化融入高校思想政治教育的困境及破解》，《云梦学刊》2022 年第 4 期。

③ 参见龚超、路成浩《党史学习教育融入高校“大思政课”的实践路径路》，《学校党建与思想教育》2022 年第 7 期。

④ 参见查广云《中华优秀传统文化融入高职院校思想政治理论课教学的逻辑理路与实践路径》，《思想教育研究》2023 年第 5 期。

⑤ 参见李仙娥《“大思政课”视域下高校思政课实践育人模式的构建论析》，《思想理论教育导刊》2022 年第 1 期。

⑥ 参见韩学亮、黄广友《新发展阶段“大思政课”的现实语境、价值意蕴及建设思路》，《高校马克思主义理论教育研究》2021 年第 6 期。

⑦ 参见张翩、章波《“互联网＋思政课”有机立体化教学模式线上教学实践探索》，《渭南师范学院学报》2021 年第 8 期。

容：现实生活蕴含着丰富的教育元素，应将这些教育元素挖掘、整合，并将其运用于立德树人的过程中，实践教学是“思政小课堂”和“社会大课堂”的重要连接点；[①] 既要运用理论指导实践，也要通过实践悟得真知，人民战疫为思政课提供了鲜活素材，在疫情中善用“大思政课”也就是要讲好疫情防控这门“大思政课”。[②]

（二）国外研究动态

国外虽无“大思政课”之名称，思想政治教育之实质和实际却客观存在，主要表现为渗透于政治教育、公民教育、道德教育、价值观教育以及宗教教育等方面，这反而充分体现了“大思政课”的特征。这一点在理论上也有充分的体现，如埃利亚斯（1897～1990）指出道德教育是一门涉及多学科多领域的教育；杜威（1859～1952）主张学校道德教育应当顺应社会前进潮流，立足社会需要，以学生发展为中心。当代西方社会思想政治教育（公民教育）更是形成了彼此攻讦却均强调大价值论思政教育的四大流派：一是强调爱国主义精神、公共参与的共和主义流派；二是强调公民活动不受干涉的自由主义流派；三是强调社群关系及社群认同的社群主义流派；四是倡导开放的自我价值、多元价值、不同族群权利保障的多元主义流派。需要特别说明的是，国外对习近平治国理政新思想予以了高度关注，分析和讨论者众，但迄今未发现系统梳理和研究习近平关于思想政治教育的重要论述者，国外在此方面的研究成果我们仍需等待。

二 主要研究内容

本项目研究主要沿着“大思政课”到底是“是什么”“为何建”

---

① 田永静、郝依凡：《“大思政课”实践教学的探索与实践》，《北京教育（德育）》2022 年第 10 期。

② 张卓群、张红：《“大思政课”视角下高校思政课教学改革探索》，《沈阳大学学报》（社会科学版）2021 年第 6 期。

“建什么”“怎么建”等逻辑线索而具体展开。课题提炼出新时代高校“大思政课”的大内涵，并回答高校“大思政课”是什么；立足大价值研究新时代高校“大思政课”建设的大目标，回答高校“大思政课”为何建；立足大体系厘清新时代高校“大思政课”建设的大内容，回答高校“大思政课”建什么；立足大协同推动新时代高校“大思政课”建设的大课堂，立足大队伍构建新时代高校“大思政课”建设的大机制，回答高校“大思政课”怎么建？具体研究内容如下。

（一）新时代高校“大思政课”建设的大背景

在我国，思想政治课承担着“引人以大道、启人以大智、育人以大德”的历史重任，是落实立德树人根本任务的关键课程。引用党的十八大以来，关于搞好思想政治教育，习近平总书记作出的一系列重要论述和部署，阐述鲜明的阶级性、民族性、时代性是思想政治教育的重要特征。研究新时代高校思想政治教育应立足“新时代”视域，深入解答“两个大变局”带来时代之问，给出育人新课题，有效把握“两个大变局”带来的新机遇。积极建设新时代“大思政课”，培养堪当民族复兴大任的时代新人是建设新时代高校“大思政课”的根本目标。研究“大思政课”——相对于传统思政课“小课堂”而言，有大教材、大课堂、大先生、大教学和大时空，是集历史、实践和理论于一体的生动课程。“大思政课”体现在其背景、体系、内容、担当之“大”，建设“大思政课”有利于充分彰显新时代高校思政教育的大价值。

（二）新时代高校“大思政课”建设的大原则

2019年3月18日，习近平总书记在主持召开学校思想政治理论课教师座谈会上首次提出“八个统一”原则，为新时代思政课改革创新提供了科学遵循，阐释“八个统一”是对新的历史条件下高校思政课改革发展的规律性总结。分析“八个统一”能够紧随时代发展形势，不仅覆盖全面、贴近现实，而且集时代特点、问题导向和科学理性为一体，为新时代条件下“大思政课”建设提供了大原则。具体分析推进新时代高校思政课建设，必须准确把握“八个统一”大原则：从形成背景来看，“八个统一”建立在对新的历史条件下思政课建设面临的问题和挑战进行全面分析的基础之上，具有覆盖面广、可行性高、问题导向性强等鲜明特点；从内容来看，“八个统一”内涵深刻而丰富，每一组统一都是对思政课某一个具体维度内在矛盾及问题的揭示与回应，全面透彻反映了新的历史条件下建设“大思政课”的基本立场、基本观点与基本方法，为新时代思政课提供了科学遵循；从本质来看，“大思政课”依然隶属于思政课范畴，是对思政课实践在时间、空间和人员等层面的进一步扩展。坚持以“八个统一”为原则，实践凸显“大思政课”“政治性”“学理性”“实践性”“协同性”，提升“大思政课”实效，是确保“大思政课”顺利适应新时代的科学遵循。

（三）新时代高校“大思政课”建设的大内容

“大思政课”的内容体系分六部分阐述，具体包括：马克思主义理论武装体系，主要是把坚持以马克思主义为指导落实到教育教学各方面，全面推动习近平新时代中国特色社会主义思想进教材、进课堂、进师生头脑，坚定理想信念；“五史”教育体系，即加强党史、新中国史、改革开放史、社会主义发展史、中华民族发展史教育，加强爱国主义、集体主义、社会主义教育，引导大学生树立正确的历史观，不断增强“四个自信”；社会主义核心价值观教育体系，即从国家、社会、个人三个层面引导学生自觉践行“富强、民主、文明、和谐”“自由、平等、公正、法治”“爱国、敬业、诚信、友善”的社会主义核心价值观；哲学社会科学育人体系，主要是强化马克思主义理论学科对哲学社会科学体系的引领作用，加强哲学社会科学各学科专业中的马克思主义理论类课程建设、专业课程思政建设；学科课程思政内容体系，主要是构建全覆盖、多类型、多层次、相统一的课程体系，促进大学生认知能力、科学素养、人文精神和思想道德品质提升，挖掘理学、工学、农学、医学、艺术学等学科思政元素，推进课程思政与思政课程同向同行；中华民族传统美德教育体系，主要是加强中华民族优良道德品质、崇高民族气节、高尚民族情感、良好民族礼仪的教育，增强文化自信、民族自信、道德自信。

（四）新时代高校“大思政课”的大课堂

建设“大思政课”的大课堂，需要从以下六个方面着手。（1）建好马克思主义理论学科。在高校的哲学社会科学体系中，马克思主义理论学科处于“领航地位”。建设新时代高校“大思政课”的思政主课堂，必须建强建好高校马克思主义理论学科，发挥它引领哲学社会科学、支撑高校“大思政课”教育教学的重要作用。（2）坚持守正创新的原则。“变”的是对思政课课程资源的拓展、对课程形态的转换、对课程实施方式的更新、对不同学段的衔接，“不变”的是思政课立德树人的宗旨和追求。推进大思政课守正创新，应把握基本遵循，明确实践重点，切实开拓高校思政课的大视野、大格局、大作为。（3）建强思政关键课程，需要一支具有大学问、大视野、大格局、大品格的思政课教师队伍，让思政课教师成为塑造学生品格、品行、品味的“大先生”。（4）高校思政课教师队伍建设，要明确“大思政课”背景下的教师队伍建设目标，持续创新行之有效的建设方法，健全综合覆盖的建设保障，为落实立德树人根本任务打造一支高质量教师队伍。（5）充分利用互联网的资源与力量，进行线上线下融合式、混合式教学，延伸课堂教学的“半径”，打造思想政治教育网络云课堂，突破高校思政课教学场域限制，实现思政课教学资源共享，全面提升高校思政育人效果。推动高校课程思政与思政课程同向同行。需要明确课程定位，强化思政课程与“课程思政”同向同行的建设体系；提炼核心课程，打造思政课程与“课程思政”同向同行的育人模式；建构运行机制，联动思政课程与“课程思政”同向同行的育人合力；创新制度体系，落实思政课程与“课程思政”同向同行的保障政策。(6) 善用社会大课堂。大思政课一定要与现实生活相结合运用。高校思政课要富有亲和力、感染力，就应注重充分利用学生生活中的人物、事件等素材，予以适当的加工，用富有生活气息的材料和身边鲜活的榜样，深入浅出地诠释学科理论，做到教学生活化。

（五）新时代高校“大思政课”建设的大机制

“大思政课”建设的大机制包括主体大协同、空间大联动、学段大贯通、评价大互动。此中，主体大协同是落实高校党委主体责任，发挥高校党政管理干部、高校思政课教师、高校学工队伍等校内三支骨干力量作用，推动校外党政领导进校园、校外先锋模范进校园、校外专家学者进校园等校外主体力量联动；空间大联动主要是促进高校、社会、家庭等高校大学生活动的有形空间的大联动，就是推动校社空间联动、校地空间联动、校企空间联动、家校空间联动，构建高校、社会、家庭“三位一体”空间大联动的可靠合作教育机制，要求具有共同育人目标、共同开展活动、共同协调方式，创造“共同空间”，实现高校“大思政课”全员、全程、全方位育人机制；学段大贯通在于：小学阶段重在培育道德情感，初中阶段重在打牢思想基础，高中阶段重在提升政治素养，大学阶段重在增强使命担当，各学段渐次推进、螺旋上升、一体配合，推动大中小学思政课教学目标、内容、方法、师资、活动、管理等衔接与联动；评价大互动旨在构建多元多层、科学有效的测评体系，运用多种评价方式，明确多维评价维度，细化多层评价指标，发挥多方评价力量。以之为依托，不断推进“大思政课”育人质量的提升。

第一章

新时代高校“大思政课”建设的大背景

在我国，思想政治理论课（以下简称“思政课”）是一个旗帜鲜明的存在，其主要承担着“引人以大道、启人以大智、育人以大德”的历史重任，是落实立德树人根本任务的关键课程。一直以来，作为思想政治教育的“主渠道”，思政课备受党和国家的重视。党的十八大以来，围绕着新时代思政课改革与建设，习近平总书记提出了一系列新论述新理念新要求。在这些论述里，“大思政课”新理念尤为引人注目。从“思政课”到“大思政课”，与课程理念之变密切对应的是时代条件之变。当前中国特色社会主义进入新时代，中华民族伟大复兴战略全局和世界百年未有之大变局“两个大局”之间相互交织、相互促进并相互制约，共同构成了党和国家一切发展实践的新的历史条件，也构成了改革推进思政课建设的新的现实语境。准确理解“两个大局”时代背景以及其所带来的机遇与挑战，是推进“思政课”走向“大思政课”的根本前提。

第一节 “大思政课”建设的时代背景

历史方位是指一个国家和民族在历史进程中所处的位置。党的十九大报告中明确指出：“经过长期努力，中国特色社会主义进入了新时代，这是我国发展新的历史方位。”这个“新时代”意味着党和人民各项事业进入了全新的历史方位和发展阶段，也意味着党和人民各项事业迎来了崭新的历史机遇和严峻挑战。而“两个大局”即是对“新时代”这一全新历史方位上党和国家现实境遇的具体揭示和客观表达。正确把握新时代的历史方位，必然要求从“中华民族伟大复兴的战略全局”和“世界百年未有之大变局”这“两个大局”出发。这不仅对党和国家明确现阶段的中心任务、正确制定各类路线方针政策意义重大，对科学指导并推进高校“大思政课”改革具体实践同样意义重大。

一 “两个大局”的世界之变

“两个大局”具体是指“中华民族伟大复兴的战略全局”和“世界百年未有之大变局”，这是2019年习近平总书记在江西考察时提出的。他指出：“领导干部要胸怀两个大局，一个是中华民族伟大复兴的战略全局，一个是世界百年未有之大变局，这是我们谋划工作的基本出发点。”① 2020年10月29日，党的十九届五中全会通过的《中共中央关于制定国民经济和社会发展第十四个五年规划和二〇三五年远景目标的建议》进一步强调，要“统筹中华民族伟大复兴战略全局和世界百年未有之大变局，深刻认识我国社会主要矛盾发展变化带来的新特征新要求，深刻认识错综复杂的国际环境带来的新矛盾新挑战，增强机遇意识和风险意识……”。这些论述全面、客观且实际地反映了当前世界和中国发展的总特点、总趋势和总依据，形成了“两个大局”的总体性认识。“两个大局”是当前我们面对的局势的总基调，是党和国家统筹一切工作的出发

① 习近平：《贯彻新发展理念 推动高质量发展 奋力开创中部地区崛起新局面》，《光明日报》2019年5月23日。

点。一方面，从世界范围看，“当今世界正经历百年未有之大变局，新冠疫情全球大流行使这个大变局加速演进，经济全球化遭遇逆流，保护主义、单边主义上升，世界经济低迷，国际贸易和投资大幅萎缩，国际经济、科技、文化、安全、政治等格局都在发生深刻调整，世界进入动荡变革期”。[①] 另一方面，从中国来看，伴随着中国改革开放政策取得巨大成功，中华民族伟大复兴进入关键时期。全体中国人民正在中国共产党的领导下开展中国历史上最深刻而广泛的社会变革，进行着人类历史上最为宏大而独特的社会主义实践创新，比历史上的任何时期都更加接近民族复兴宏伟目标。这“两个大局”之间相互激荡、相互联系、相互影响，把中国前途与世界命运前所未有地交织在一起。

“两个大局”的实质是大变局，根本在于一个“变”字。唯物辩证法认为，世界上的万事万物都是在变化运动中生成并发展的，人类社会也不能例外。但是，事物变化运动的永恒性并不意味着这种变化可以随心所欲，或者以某些个人意志为转移，而是必须遵循一定的客观规律。面对当今世界发展形势，我们真切拥抱顺应社会发展规律的各种新兴变化以及由此带来的发展前景。而今天我们正在遭遇的这场世界大变局，特别是其中所挟裹着的各种对立、纷争、矛盾、冲突乃至战争等变量，都是与人类和平发展整体利益相违背的。当前少数发达资本主义国家凭借手中的资本与技术等优势，公然挑衅人类和平发展秩序，强制输出代表少数资产者的霸凌意志，造成国际社会纷争不断、动荡不安、壁垒林立，整体发展前景陷入灰暗。

“两个大局”互为牵制、互为影响，带来了机遇和挑战、新机与危机。一方面，“世界百年未有之大变局”正在从各个角度、各种途

① 习近平：《在深圳经济特区建立 40 周年庆祝大会上的讲话》，人民出版社，2020，第 6 页。

径，以各种方式对“中华民族伟大复兴的战略全局”造成深刻影响。中国的政治、经济、文化、军事等各个领域不可避免地被卷入由这场世界性变局带来的发展困境之中，特别是承受来自西方敌对力量的各种严峻挑战；另一方面，与世界整体发展不确定性陡增的局势形成鲜明对比的是，作为世界第二大经济体的中国正在迎来前所未有的发展机遇，为世界和平共进开辟了新的希望和曙光。“中华民族伟大复兴战略全局”得益于中国共产党的领导和中国人民的不懈努力，正在阔步前进、积极向好，不断开辟出新的气象，迈向新的台阶，产生新的影响。值得注意的是，中国今天举世瞩目的新发展与新进步一再向世人证明，现代化的发展道路不止有西方一种模式，大国可以在与世界的良性互动中和平发展。这与以往历史上大国崛起离不开战争与掠夺的方式形成鲜明对照。当前的“中华民族伟大复兴战略全局”正在以前所未有的积极主动的姿态融合融进“世界百年未有之大变局”中，在化解国际矛盾纷争、改变国际战略力量失衡方面发挥重要影响与作用，成为大变局世界中的积极和稳定力量。

二　“两个大局”的时代之问

（一）世界之问：“世界要往何处去？人类出路在哪里？”

这是“两个大局”抛给我们的首要课题。面对横行的保护主义，林立的经济、安全和技术壁垒，恶意的断供与脱钩行径，部分产业链被强行斩断等，经济全球化究竟是前进还是要后退？面对霸权主义、单边主义等沉渣泛起，严重阻碍全球化合作与治理，是选择独善其身还是同舟共济？面对俄乌冲突持续蔓延，局部冲突时有发生，以及由战争阴云带来的难民危机、粮食危机等，是选择恶意推动战争还是坚定地站在和平一边？面对新冠疫情常态化趋势，发展中国家显著的疫苗短缺、粮食紧缺和生活贫困等发展难题，是恃强凌弱还是援手相助？面对东西各国文明多样形态、多元特质，是增加彼此间的冲突与对立还是推进交流融合、促进美美与共？诸如此类的问题都是当前横亘在人类发展面前的“拦路虎”，需要逐一去面对、回应与化解。不解决这些问题，人类发展将陷入重重困境。

（二）中国之问：“中国要朝哪里走？历史任务是什么？”

中国是世界的一部分，而且是重要的一部分。中国的发展道路和未来选择对世界整体的影响无疑是重大且关键的。在“两个大局”复杂形势下，中国共产党带领中国人民、中华民族走什么路？朝着什么方向？选择什么样的指导思想？采用什么样的发展观和治理观？实现什么样的目标，要与世界各国如何相处？要如何影响世界？等等。这些都是摆在中华民族伟大复兴道路上的最醒目的问题。特别是在全球化浪潮的重重冲击下，中国当前的思想文化领域、主流意识形态领域所面临的挑战越来越严峻，中国共产党在社会主义的理论、道路、制度、文化等重要方面能否持续地保持定力；面对西方资本主义敌对势力不间断地恶意捏造、抹黑与污蔑行径，以及各种明里暗里的渗透和颠覆性活动，社会主义中国要如何坚定自己脚下的道路？面对世界大变局下壁垒林立、各种安全问题持续上升、各种不确定性因素持续增加的复杂局势，中国如何突破重重障碍和限制，走出一条中国式现代化复兴之路？诸如此类的问题都是亟待当下中国澄清、回应并解决的根本性问题。正确应对这些问题，是中国走向光明前途与命运的关键。

（三）教育之问：“要为谁培养人？要培养什么人？”

“两个大局”是当代中国不可回避的现实发展语境，也是中国高等教育不可回避的客观事实。当前，“党和国家事业发展对高等教育的需要，对科学知识和优秀人才的需要，比以往任何时候都更为迫切”。高等教育要主动扛起时代责任与使命，必须率先回答好“为谁培养人，培养什么人”这一根本性问题。尤其是面对形形色色的西方思想文化如潮般涌进，面对个人主义、功利主义等低俗价值观持续侵入以及由此带来的社会浮躁与功利化氛围，高等教育要如何高举社会主义大旗？如何牢牢占据党的意识形态高地？如何坚守自己的办学初心？如何坚定自己的育人方向？如何做出科学的价值取向？如何赢得人民的满意和支持？如何践行“四个服务”，承担源源不断地为国育才、为党育人的历史重任？如何守住人才培养的底线，确保青年人才经得住国际竞争的考验，经得起时代与人民的考验？如何突破“卡脖子”瓶颈，为中华民族伟大复兴和中国式现代化事业提供精准且强大的人才支撑？如此等等，都是摆在中国高等教育面前的现实重大问题，而其中的每一个问题都将深刻牵涉中国未来的命运走势，必须逐一澄清并准确地回应，如此才能确保中国教育沉着应对世界变局，走在正确的道路上。

三 “大思政课”的使命之新

“不谋万世者，不足谋一时；不谋全局者，不足谋一域”。准确定位并把握“两个大局”新形势是当代中国决胜未来的关键。“大思政课”是在“两个大局”时代背景下提出来的。也可以说，是“两个大局”新形势带来了“大思政课”这一思想政治教育新命题。作为新时代思想政治教育的改革方向，党中央提出“大思政课”不是偶然事件，而是有其深刻的历史背景和时代意蕴。只有结合时代的现状来审视剖析，才能全面洞悉“大思政课”新命题的立意与价值。

（一）“两个人局”带给新时代思政课全新的课题和挑战

“两个大局”犹如两股强大力量交织交错，形成了不可逆转的时代大势。身处这一特殊历史阶段的民族、国家、群体以及个人都不可逃避地被时代大潮挟裹前行。对于发展中国家中国而言，这份影响尤为深刻且沉重。一方面是来自中华民族百年复兴大任的紧迫压力，另一方面是来自西方主要资本主义大国的霸权和压制，让中国每一步的前进都变得阻碍重重。这种压力和阻碍不仅仅是政治层面和经济层面的，也是科技、军事、文化、思想、教育等各个层面的。尤其是高等教育领域，其所面临的挑战更是巨大。因为克服困难的根本在于人才，必须依靠广大人才特别是优秀青年人才去不断化解和攻破难题，党和国家事业才能走向前进。而作为青年人才的培养基地的高等院校要确保一代代青年自动自觉地为党分忧、为国解难，就必须牢牢抓住立德树人根本任务，特别是抓好抓强思想政治教育主阵地。高校思政课建设的意义也由此愈加彰显。经此梳理，不难发现，党中央为何要把思政课改革提升到国家战略层面，为何三令五申地强化思政课建设、推进思政课改革，为何高等教育改革要率先从思政课开始，根本在于这门课程关乎重大，直接影响到一批批青年人才的价值取向。与这种高度重视相伴随的，是高校思政课面临的现实挑战越来越多，也越来越紧迫。

这些挑战集中体现在两个方面。一是大变局下不良思潮的“井喷式”增长。近年来，伴随全球代表性“黑天鹅”事件新冠疫情的持续影响，国际社会政治纷争、地区冲突、贸易战争、种族矛盾等传统问题不断浮上水面，成为关注焦点。与这些问题相伴而生的是，诸如自由主义、功利主义、虚无主义、保护主义、霸权主义、种族主义、反智主义、逆全球化等思潮抬头，且快速聚集并形成气候，还借助大众网络工具四处散播，强烈地冲击并影响着普通民众的思想认知。多元裂变的思潮挟裹着国际极端政治势力的不良意图在大众网络世界里横冲直撞，是对当前思想政治教育的莫大考验。面对如此复杂的环境，肩负社会主义意识形态传承功能的高校思政课要如何作为？如何自信发声？如何澄清青年学生头脑中的思想迷雾，进而确立他们对党和社会主义的认同与自信？这些都是紧迫且棘手的问题。二是当前青年学生思想上呈现多元易变倾向。思想政治教育的主要对象是青年学生，而今天的青年学生已经大大不同于以往的时代。从大变局背景和多元世界里成长起来的当代青年，在拥有多元开阔视野的同时，也呈现多元易变的思想倾向。高校思政课要以社会主义意识形态去引领青年学生，就必须有效提升学生的价值判断力和思想鉴别力，引导他们自主澄清困惑、选择正确价值取向，自信自觉地跟党走、跟社会主义走。而这恰恰是当前高校思政课所欠缺及薄弱的地方，也是亟待思政课改革并推进解决的首要课题。

（二）“两个大局”为新时代思政课创新发展创建了大好机遇

从唯物辩证的角度来看，挑战总是与机遇并存的，时代的大挑战往往也意味着时代的大机遇。与严峻的挑战并行的是，“两个大局”新形势也为高校思想政治教育创造了新机遇。近些年，习近平总书记多次对高校思想政治教育工作、高校思政课做出部署和要求，多次强调要把思想政治教育工作放在“世界百年未有之大变局、党和国家事业发展全局”中来看待，就是要借助这一新兴形势推动思政课创新发展。[①] 实践也早已证明，要推动一项实践走向成功，最好的路径就是顺势而为。顺势而为的前提是识势辨势。党和国家作出“两个大局”的时代分析并以此为基准推进新时代思政课改革创新，是立足现实、审时度势后的科学选择，为思政课开辟了一个敢为可为的发展空间。

一方面，中华民族伟大复兴战略全局对高校思政课提供了崭新的历史方位和时代内容。当前中国特色社会主义进入新时代，实现中华民族伟大复兴是党和国家当前的首要战略使命，也是党和国家一切事业开展的出发点与旨归。这前所未有的重大历史使命，使得思政课肩负的责任更加重大，给思政课的改革发展提出了更新的目标与要求。自上而下的高度重视也使得当前的思政课建设如鱼得

① 习近平：《论党的青年工作》，中央文献出版社，2022，第183页。

水、如舟顺水，得到了政策、舆论及物力财力等各方面的支持。思政课必须要把握时机，率先适应并把准历史方位，紧随时代步伐进行内容与要求的自我更新和赋能，时刻给予身处时代浪潮夹击中的广大学子以正确的方向以及强有力的精神支撑。唯此，才能确保中国社会主义事业代代有人，不辜负党和国家对这门课程的期冀与重视。

另一方面，世界百年未有之大变局为高校思政课注入了新的发展动能和极大的自信力。大变局不仅意味着新科技革命带来的生产生活领域的变革，国际格局在动荡不安中快速调整并转型，各领域不确定大事件概率的攀升，国家之间、民族之间在政治和经济方面冲突与交融等，也意味着各类新兴文化思潮的大量涌现与快速传播，还有一些落后腐朽思潮伺机抬头、蛊惑并煽动政治对立，不仅搅乱了思想与人心，还暗中制造混乱与危机。而越是处在变局之中，人们的思想状态越容易被搅乱，就越需要思想的引领。高校思政课的本质是明道正心，为学生提供科学思想的光亮和正确价值的引领，为他们过上有意义的生活提供精神支撑。从历史来看，毛泽东早在新中国成立初期就作出了“思想和政治又是统帅，是灵魂”的论断①，认为思想工作和政治工作是为经济基础服务的。作为其他一切工作的生命线，思想政治工作是党和国家迅速适应并战胜一切大变局的根本法宝。当前大变局下各类政治文化思潮夹生混乱的局面以及由此给青年一代思想层面带来的冲击与挑战，使得思想政治工作特别是思政课的价值与意义陡然提升。高校思政课在经历了空心化与边缘化境遇之后，终于可以自信起来，理直气壮地彰显并输出自身价值，真正地走上“主渠道”，发挥立德树人的关键

① 中共中央文献研究室毛泽东组编《〈毛泽东文集〉与毛泽东思想》，人民出版社，2002，第132页。

作用。与此同时，当前信息科技技术的日新月异与加速推广为思政课堂注入了鲜活动力，让思政课在现代科技力量的加持下更具吸引力和感染力，成为受青年学生欢迎的思想课堂。

（三）"两个大局"迫切要求"思政课"走向"大思政课"

时代的车轮滚滚向前。思政课要跟上时代形势，就需要不断做出自我调整与革新。从历史来看，中国共产党在革命、建设、改革各个时期，始终围绕时代课题和历史使命的变化推动着思想政治教育和思政课程的改革。比如，在延安时期，围绕当时的革命形势和发展需要，开设了"社会科学概论"、"抗日民族统一战线"和"中国革命运动史"等课程，内容主要涉及抗战基本规律、军队建设、群众路线等。新中国成立后，党在高校专门开设"中国革命史""马列主义基础"等课程，强调中高等学校政治理论课的任务是用马克思列宁主义、毛泽东思想武装青年，培养坚强的革命接班人。改革开放以后，党明确提出"马列主义理论课是社会主义各类高等学校的必修课"，不断根据发展实际推进思政课改革创新。由此可以清晰地看到，党在成长发展中所主导的每一次思想政治教育及其课程的改革都不是随性任意的，而是紧紧跟随时代变化、密切结合人们的思想实际与社会发展需求。这些实践是我们科学理解当前"大思政课"改革的历史前提。

从现实来看，从"思政课"走向"大思政课"是"两个大局"新形势的迫切要求。"思政课"与"大思政课"相差的这一个"大"字，凝结的是"两个大局"新形势的新要求。首先，高校思政课的"主干课程体系"（思想道德与法治、马克思主义基本原理、中国近现代史纲要、毛泽东思想和中国特色社会主义理论体系概论等）已经不能充分满足新形势下人才培养的需要，迫切需要以更具包容性的、内容更丰富广阔的"大思政课"引导学生建立世界性视野，在国际比较中正确认识中国在世界舞台上的位置与作用，以及中国与世界的关系等。其次，高校思政课以理论讲授为主的传授方式已经不能适应新时代青年群体的认知需求与特点，迫切需要把理论讲授小课堂与社会实践大课堂融会贯通起来，统筹课内与课外、理论与现实、学校与社会等多重要素，善用国家大势、社会大潮、生活大剧中的鲜活素材和多样资源讲好“大思政课”，用学生喜爱的、灵活的、多样的形式把崇高价值传播出去。再次，高校思政课囿于传统课堂、传统授课的做法已经明显滞后于信息科技蓬勃发展起来后的知识传播方式，迫切需要融入网络信息时代并跟进信息化教育改革的步伐，打造更具魅力与活力的现代思政课堂。又次，高校思政课教师队伍的认识与能力水平与新时代思政课教师“政治要强、情怀要深、思维要新、视野要广、自律要严、人格要正”等高标准高要求尚存一定距离，迫切需要引导他们转变观念并自我革新，打造一支能够全面适应新形势新条件的高素质教师队伍。最后，高校思政课的政治要求、政治自觉、政治价值等与新的复杂形势下党的思政工作极端重要的客观实际不符，迫切需要提高政治站位、把政治要求放在第一位并贯穿贯彻全过程，站在党和国家乃至人类命运的高度来审视自身价值与意义。

第二节　“大思政课”建设的根本任务

习近平总书记在全国学校思想政治理论课教师座谈会上明确提出，“思政课是落实立德树人根本任务的关键课程”，鲜明确立了新时代思政课乃至于思想政治教育的根本任务。从“思政课”走向“大思政课”，体现的是新时代思政课顺时而为、辩证发展的必然趋势，课程的本质属性没有改变，其所肩负的立德树人根本任务也不会改变。“大思政课”新理念的提出，旨在把立德树人根本任务全面彻底地落实贯彻到思想政治教育教学实践中去，推动实现“全员、全过程、全方位”的育人大格局。这既是对思政课建设基本经验的传承与发扬，同时也体现了对新时代条件下思政课建设规律的认识深化。

一 “大思政课”建设的根本任务是立德树人

思政课的根本任务是立德树人。基于根本任务厘清要“培养什么人”及“为谁培养人”，是开展“大思政课”实践的首要前提。“大思政课”的根本任务是立德树人，这是由其内在属性所决定的。善用“大思政课”，就要在聚焦立德树人根本任务的前提下，科学厘清“大思政课”内涵要义，准确把握立德树人的内在要求，科学认识新形势下立德树人的内涵意蕴，坚持把立德树人作为检验“大思政课”实践的根本标尺，如此才能准确定位“大思政课”的方向与价值。

（一）科学厘清“大思政课”的基本内涵

“大思政课”的根本任务是立德树人，这是决定“大思政课”是思政课而非其他的根本所在，也是其能够作为立德树人关键课程的关键所在。从“思政课”到“大思政课”，立德树人始终是作为课程的本质特点、根本任务等贯穿其中的。从立德树人根本任务视角来审视、界定“大思政课”，有助于我们更加全面、科学地厘清其内涵意蕴。首先，“大思政课”蕴含着一种“大格局”。这是从立德树人的站位、方位来看。当前形势下的思政课建设，必须有放眼世界百年未有之大变局、党和国家事业发展全局的胸襟和格局，要有坚持和发展中国特色社会主义、建设社会主义现代化强国、实现中华民族伟大复兴的战略高度。正是这种大格局和高度，才促成了思政课之“大”。其次，“大思政课”内含着一股“大合力”。这是从立德树人的主体来看。新时代的复杂环境对思政课主体提出了新要求，不再由单一的思政课专业教师队伍独立承担，而需要充分调动学校各级党组织、社会各级党组织的主观能动性，让能够发挥思想政治教育价值的各方主体全面参与进来。尤其是要通过课程思政的实施，有力激发专业课教师的思政育人作用，促成思政育人的最大合力。再次，“大思政课”要求建立一个“大体系”。这是从立德树人的过程来看。立德树人是作为一个完整过程存在，而不是片段。新形势下的思政课不再是以往的小学、中学和大学彼此独立甚至隔离的状态，必须进行“大中小一体化”课程开发与建设，从学科内容、目标、任务、主体等各方面去对话沟通，直至融会贯通成一个整体。又次，“大思政课”对应着“大内容”。这是从立德树人的内容来看。从历史到现实、从国内到国外，凡是有利于立德树人任务实现的内容都可纳入其内容体系，成为“大思政课”的课程资源。最后，“大思政课”代表着一种“大方法”。这是从立德树人的方式方法来看。新时代的多变多元特点决定了思政课不能仅依靠传统教学方式，而必须利用时代新条件新成果开发更多与青年学生认知相适应的方式方法，推动形成一个多元融通的方法体系。综上，相比于传统思政课，“大思政课”内涵更丰富、视野更开阔、方法更多元，且更成体系。

（二）准确把握立德树人的内在逻辑要求

首先，立德树人必须以立德为先。习近平总书记深刻指出：“‘才者，德之资也；德者，才之帅也’。人才培养一定是育人和育才相统一的过程，而育人是本。人无德不立，育人的根本在于立德。这是人才培养的辩证法。”[①] 相比于其他教育实践，德育在“大思政课”实践中的地位与意义尤为突出。甚至可以说，“大思政课”的核心目标就是立德，即通过科学的思政理论及其内涵价值主动促进学生在“德”方面的成长。需要注意的是，这里的“德”不

① 习近平：《在北京大学师生座谈会上的讲话》，人民出版社，2018，第7页。

仅仅是个人道德品质，还包括理想信念、社会公德、法治素养等多个方面。而其中的理想信念是最核心的部分，也是最先要立起来的“德”。其次，立德树人的目的在人，必须要坚持以人为本。“立德”的根本目的在于“树人”，培养有才能、有价值的人，因为德和才结合起来才有力量，而德育也只有落实落正在人身上才是有意义的，否则就是落空落偏。高校“大思政课”的教育对象是青年学生，只有自觉地围绕学生、贴近学生、感染学生，在尊重学生主体地位的基础上努力发挥学生的主体作用，让学生在教育教学过程中感受到自身的需求被看见、被尊重、被回应，如此才能有效发挥其引导人、影响人并塑造人的价值。最后，立德树人根本任务是一个辩证统一的完整系统，从唯物主义辩证法角度看，“立德”与“树人”是对立又统一的辩证关系。两者一边担任着不同的功能角色，一边共同致力于社会人才培养的根本目标，是不可分割的完整目标体系。无论是忽视或漠视哪一方的作用，都会造成人才培养过程的失衡，进而影响人才培养的质量。因此，两者都要兼顾，并且两者都要做好，这才是人才培养的科学法则。

（三）科学认识新形势下立德树人的内涵意蕴

相比于其他历史时期，当前的“两个大局”新形势在复杂性与不确定性方面更加彰显。这种特殊的发展形势及阶段严峻挑战着高校人才培养，特别是对人才培养“德”“才”等方面提出了更高的要求，同时也赋予了新时代立德树人更多新的内涵意蕴。首先，表现在新时代立德树人的整体要求更高。一方面，“立德”的范围随着时代形势不断扩充，从已有的理想信念、道德品质、法律素养延伸到了“人格”、“心理素质”及“文化意识”“人类情怀”等更多层面。另一方面，对人才的科技素养提出了普遍性要求，尤其对高水平、尖端科技人才的需求越来越大，需要学生有更加广阔的视角，理性审视人类在科技发展中的地位、作用和发展方向，并学习了解与之相适应的伦理道德、法律规范等，这些都对当前思政课提出了新要求。其次，新时代立德树人的重心落在理想信念上。习近平总书记多次鼓励青年学生树立崇高理想信念，把理想信念比喻为“精神之钙”[①]“指路明灯”[②] 等。因为越是面对复杂和不确定环境，一个人的理想信念越容易走向迷失甚至丧失。对于思政课而言，当前最具挑战性的任务就是正确引导在新形势下成长起来的青年学生坚定共产主义理想信念。最后，新时代立德树人的难点在于培养科学思维。“百年未有之大变局”下，与科技、生产力的飞速发展相伴随的是，人们的生存方式、国际关系、世界格局，以及世界上各行业标准、规则都在不断创新、更替、打破和重组。相应地，人们的行为和思维方式、程序规则、政策制度安排等也要因应革新，突破、更新、完善乃至改造将成为常态。必须看到，支撑这所有快速惊人变化及发展能力的是人的思维能力的提升，是诸如创新思维、系统思维、前瞻思维等科学思维能力的培养与强化。这必然提升立德树人的标准，要求加大对学生思维能力的培养，帮助学生建立全球视野和科学思维，积极创新，有效应对社会发展进程中的各种挑战。

（四）把立德树人的成效作为检验“大思政课”的根本标尺

习近平总书记强调：“要把立德树人的成效作为检验学校一切工作的根本标准，真正做到以文化人、以德育人，不断提高学生思想水平、政治觉悟、道德品质、文化素养，做到明大德、守公德、严私德。”[③] 高校坚持以立德树人为根本任务，关键在于建好建强

---

① 王一彪：《感悟新思想伟力——一名党报编辑的理论学习笔记》，人民出版社，2022，第 95 页。

② 习近平：《做党和人民满意的好老师：同北京师范大学师生代表座谈时的讲话》，人民出版社，2014，第 5 页。

③ 习近平：《在北京大学师生座谈会上的讲话》，人民出版社，2018，第 7 页。

“大思政课”，努力把其建设成为大学生真心喜爱、终身受益的优质课程，为培养德智体美劳全面发展的社会主义建设者和接班人发挥“生命线”作用。可以说，高校立德树人的实际成效与“大思政课”的效果与质量是成正比的。一方面，要以任务导向推动“大思政课”自我完善。说到底，立德树人根本任务不是抽象的，而是具体的；不是空洞的，而是实实在在的。在建设“大思政课”具体过程中，必须时时处处都贯彻并彰显出这一任务导向。譬如，在审视课程内容时，就要考虑这些内容是否有助于促进“立德树人”任务目标；在考虑课程形式时，也要注意其是否与目标相适应。始终把根本任务置于课程建设的第一位置，无论什么时候什么环节都能以任务为导向去设计、去筛选、去考量，如此，才能让“大思政课”建设紧密围绕根本任务，走在正确的轨道上。另一方面，还要以考核导向倒逼“大思政课”改革创新。高校办学的目的就是立德树人，而立德树人根本任务是否得到落实以及落实的程度如何，终究都要靠人才的素质、能力等来衡量。因此，对人才的素质和能力这些终端因素进行考评，必然会对高校整个立德树人过程与环节形成倒逼式的检验与监督。对“大思政课”也是如此。倘若把学生的素质能力与“大思政课”直接挂钩，必然会倒逼课程自身从各个方面自我调整与改革，促使自身更加聚焦于立德树人根本任务。总之，从根本任务的实现程度来检验“大思政课”实效，更有助于立德树人任务的实现。

二 “大思政课”建设的价值指向是“四个服务”

所谓“四个服务”，即强调高等教育要“为人民服务，为中国共产党治国理政服务，为巩固和发展中国特色社会主义制度服务，为改革开放和社会主义现代化建设服务”（简称“四个服务”），这是 2016 年 12 月习近平总书记在全国高校思想政治工作会议上提出的，其不仅紧密契合了我国独特的历史发展与现实发展问题，而且充分结合并回应了新形势下的党情世情国情之变，为确保高校办学的正确方向、办好新时期高等教育提供了基本遵循，也为当前思政课改革提供了目标导向。建设“大思政课”是当前高校思政课改革的重心所在。对于“大思政课”具体实践而言，“四个服务”就如同“导航仪”，坚持用“四个服务”来导航定向，方能确保“大思政课”不偏离正确方向，行稳致远。

（一）为人民服务

任何教育都要服务于现实的人，思想政治教育也不例外。为人民服务作为无产阶级政党的价值取向，也是建设“大思政课”的首要遵循。首先，这是由“大思政课”的内在价值所决定的。“为人民服务”是马克思主义唯物史观的集中体现，是中国共产党的根本宗旨，也是贯穿高校思政课始终的崇高价值理念。党和国家开设思政课，建设“大思政课”，直接目的就是让思政课担任党的“喉舌”或者“宣传阵地”，通过其把党的执政理念、历史经验、服务宗旨、崇高理想价值等传播下去，一代一代地传递下去。而这些理念的核心价值就是“为人民服务”。因此，建设“大思政课”必须首先站稳人民立场。高校服务对象是青年学生，这里所谓的人民立场，就是办青年学生真正满意的、入脑入心的思政课。具体来讲，就是站在青年学生角度去考虑问题，从学生的特点、需要及诉求等出发，走到他们中间去倾听他们的心声与困惑，去答疑解惑，帮助学生更好地成长。好的思政课一定是能够及时捕捉学生思想困惑、回应学生现实问题并围绕学生成长需求的，是真正围绕学生、贴近学生、服务学生，并收获学生及其家长满意及赞同的。其次，这是由“大思政课”的人民属性所决定的。唯物史观认为，人民群众是历史的主体，是推动历史发展的决定力量。高校思政课以唯物史观为思想指导及主体部分，其内容的方方面面都在论证人民的主体地位与作用，是真正归属于人民、为人民书写的科学理论。坚持为人民服务，同时也要引导青年学生正确认识与理解唯物史观，主动从唯物史观角度来认识社会发展与人民的作用，树立为人民服务的崇高价值，把个人选择与社会价值联系起来，并自觉为此学习积攒本领，到为人民服务的广阔实践中去收获自身价值。

（二）为中国共产党治国理政服务

“党政军民学，东西南北中，党是领导一切的。”① 中国共产党的领导是我国发展高等教育的最大政治优势，也是办好思想政治教育、开好思政课的最大政治优势。无数历史事实证明，尽管我们党也有过失误、有过挫折、有过教训，但党在中国革命、建设和改革开放的艰辛进程中，建立了无与伦比的历史性成就，赢得了各族人民的高度拥戴和巨大信任，形成了不可替代的卓越领导力。这些无疑为高校思政课建设提供了强大后盾。办好新时代思政课，引领“思政课”向“大思政课”的改革实践，就是党在立足时势、审时度势基础上主导并推进的。当前“两个大局”新形势与党的事业发展黄金期交错交汇，我们能否抓住世界大变局中的巨大机遇，抵住来自西方敌对势力各种蓄意挑衅与暗中破坏，关键在于有没有这样一批批热爱党、忠于党、甘愿为党的事业奋斗到底的后备青年人才。这是确保党的政治生命能够抵住各种压力、代代延续的根本所在，是新时代“大思政课”的根本责任所在，强烈要求“大思政课”必须为中国共产党治国理政服务。当前全方位各领域的治国理政是党的事业在新时代条件下的具体化表现，其在覆及广度和深度、任务难度以及风险挑战上都是前所未有的。因此，建设“大思

① 中共中央宣传部编《习近平新时代中国特色社会主义思想学习纲要》，人民出版社，2019。

政课”，首先要贯彻党的领导，学习跟进党的最新理论，促进党的科学理论与正确决策贯通到改革实践全过程，确保改革不偏离党的路线要求。同时，还要主动用党的科学思想理论去武装人，坚持用共产主义理想信念、用党的人民立场和崇高价值理念去影响并感染人，引导更多优秀学子自觉地靠近党、跟党走，主动加入党组织，到治国理政具体实践中锤炼自我，为党的事业奋斗终身。

（三）为巩固和发展中国特色社会主义制度服务

毛泽东在《新民主主义论》中提出，“至于文化，则是在观念形态上反映新政治和新经济的东西，是替新政治新经济服务的”。思想政治教育是如此，思政课亦是如此。习近平总书记深刻指出：“古今中外，每个国家都是按照自己的政治要求来培养人的，世界一流大学都是在服务自己国家发展中成长起来的。”① “我国是中国共产党领导的社会主义国家，这就决定了我们的教育必须把培养社会主义建设者和接班人作为根本任务，培养一代又一代拥护中国共产党领导和我国社会主义制度、立志为中国特色社会主义奋斗终身的有用人才。”② 这些论述旗帜鲜明地确立了高校思想政治教育及思政课的政治服务属性，即为中国特色社会主义制度的巩固和延续培育人才。中国特色社会主义制度是当代中国最大的政治优势，是高等教育办学以及建设“大思政课”的政治前提。“大思政课”改革的方方面面都离不开这一制度体系的保障。因此，在具体的实践中，一方面要充分认识建设“大思政课”与中国特色社会主义制度不可分割的紧密关系。“大思政课”是中国特色社会主义制度在推动高等教育改革中的时代产物，是中国特色社会主义制度的直接课程代言。中国特色社会主义制度通过自身的发展与完善不断为“大

① 中共中央宣传部、中央广播电视总台：《平語近人：习近平总书记用典》，人民出版社，2019，第 54 页。

② 习近平：《论党的青年工作》，中央文献出版社，2022，第 170 页。

思政课”建设提供各种支撑与保障。两者共同致力于中国特色社会主义事业大局，可谓方向一致、互相促进；另一方面要充分发挥“大思政课”的感召力与影响力，引导学生正确认识中国特色社会主义制度的历史由来与现实发展，通过广阔视野和比较分析正确理解中国人民选择社会主义的历史必然性，以及中国特色社会主义制度的巨大优越性，增进制度自信，敢于同各种敌对势力、错误思想亮剑并斗争，积极投身当前的社会主义建设。

（四）为改革开放和社会主义现代化建设服务

当前我们开启了以中国式现代化推进中华民族伟大复兴的历史进程，中华民族正在前所未有地接近实现民族复兴的伟大目标。在这历史的关键时期，“党和国家事业发展对高等教育的需要，对科学知识和优秀人才的需要，比以往任何时候都更为迫切”。[①] 这赋予当前的“大思政课”建设异常强烈的时代使命感。改革开放与社会主义现代化建设作为当前中国最根本的生产实践活动，代表着中国当前的生产力发展方向和水平，是其他一切社会活动的核心。“大思政课”要自觉服从于社会生产力的发展要求，就必须根据生产实践的现实需要来培养人，努力为改革开放和社会主义现代化建设服务。一方面，要以改革创新精神推动“大思政课”跟上时代，对课程体系进行深刻反思，推动完善“大思政课”的学科体系、知识体系、管理体系、考评体系等，紧密围绕目前现代化建设对创新能力、应变能力和批判能力等新需求新特点有针对性地进行人才培养目标、方式方法等方面的改革，促使思政课与时代人才培养进一步融合；另一方面，要引导青年学生正确认识改革开放与社会主义现代化建设，通过历史比较和现实分析准确把握改革开放对当代中国前途命运的关键意义，充分了解中国式社会主义现代化建设的独特理念，及其对中华

---

① 习近平：《在北京大学师生座谈会上的讲话》，人民出版社，2018，第 6 页。

民族复兴和人类整体命运的重要价值，促使他们坚定改革开放的信心，跟上改革的步伐，自觉投入中国式现代化建设的宏伟实践。

三 "大思政课"建设的实践指引是党的教育方针

习近平总书记指出："办好思想政治理论课，最根本的是要全面贯彻党的教育方针，解决好培养什么人、怎样培养人、为谁培养人这个根本问题。"① 可知在"大思政课"实践中落实立德树人，根本在于全面贯彻党的教育方针。党的教育方针在我国的教育实践中具有根本性地位，这是党在一定历史阶段的理论路线方针政策在教育领域的集中体现，是推进教育工作的根本遵循。建设"大思想课"是当前高等教育改革发展的重要课题，能否坚持以党在新时期围绕思政课建设的政策方针作为实践遵循，是决定"大思政课"实践成败与否的关键。党的十八大以来，习近平总书记立足于新的历史条件，针对如何开展新时代高校思想政治工作、如何提升高校思政课实效与质量等现实问题进行了一系列的探索与回应，做出了关于思政课是落实立德树人关键课程、思政课教师要践行"六要"要求、思政课改革创新要坚持"八个统一"原则以及"善用'大思政课'"等重要论述，促成出台了一系列围绕思政课创新发展的方针政策、计划意见等，诸如《关于新形势下加强和改进高校思想政治工作的意见》(2017 年)、《普通高等学校思想政治理论课教师队伍培养规划（2019－2023）年》、《新时代高等学校思想政治理论课教师队伍建设规定》(2020 年)、《新时代学校思想政治理论课改革创新实施方案》(2020 年)、《高等学校课程思政建设指导纲要》(2020 年)、《全面推进"大思政课"建设的工作方案》(2022 年）等，为新时代

① 王一彪：《感悟新思想伟力——一名党报编辑的理论学习笔记》，人民出版社，2022，第 195 页。

高校思政课改革创新提供了全面的政策保障和具体可依的路径指向，也为推进建设“大思政课”提供了政策依据和有力支持。

办好“大思政课”的根本是落实好党的教育方针政策。首先，要及时学习跟进马克思主义中国化的最新理论成果，把学习践行习近平新时代中国特色社会主义思想作为“大思政课”的首要政治任务去完成，通过教材体系、教学体系、实践体系等多元形式让党的科学理论方针第一时间抵达青年学生的思想领域，促进其入脑入心入行。其次，要全面推进思想政治理论课改革创新。要严格对标《新时代学校思想政治理论课改革创新实施方案》（2020 年），始终把改革创新作为思政课发展的内驱力，乘着中国全面深化改革的良好契机，大力推动高校思政课改革与创新，主动以改革促能动、以创新求实效。充分利用好改革利器，自觉摒弃或淘汰早已与时代脱节、落后于时代步伐的观念、制度与做法，积极探索符合新形势新条件、顺应学生成长需求与特点的新思路与新做法，扎实推进思政课向多元融合、向全员全程全方位的路径发展。再次，要侧重推进课程思政改革任务。课程思政是“大思政课”建设的核心环节。要坚持以《高等学校课程思政建设指导纲要》为指南，全面铺展课程思政改革，发掘每一门课程的独特思政元素，促进思政元素与每一门专业课程自然融合，全面激发并调动每一门课程的育人功能，真正实现全方位课程育人的新格局，为全面走向“大思政课”提供重要基础。最后，要打造高素质的思政课教师队伍。习近平总书记强调：“办好思想政治理论课关键在教师，关键在发挥教师的积极性、主动性、创造性。”[①] 建设“大思政课”同样需要高素质思政课教师的助力与支持。高校要精准对标《新时代高等学校思想政治理论课教师队伍建设规定》（2000 年）这一具体方针布政施策，改革完善

① 习近平：《论党的青年工作》，中央文献出版社，2022，第 186 页。

思政课教师选拔、评价等各个环节，为思政课教师成长与发展提供坚实有力的保障。特别要严格按照“政治要强、情怀要深、思维要新、视野要广、自律要严、人格要正”的具体要求来选拔人才，把政治建设放在首要位置，全面提升思政课教师政治素质、思想素质、道德素质、知识素质、能力素质和心理素质等，真正打造一支有担当作为的思政课教师队伍，为建设“大思政课”提供坚实力量。

第三节　“大思政课”建设的主要依据

一　“大思政课”的基本特点

“大思政课”比以往思政课更加新颖、丰富、多样，但其本质依然是思政课，是思政课自觉适应新的历史条件、顺应时代发展变化的必然产物。科学推进“大思政课”建设，不仅要紧紧抓住其所继承的来自以往思政课的核心性质，还要及时把握新时代赋予它的一些新特点与新要求。只有顺沿这些新特点与新要求进行全面而理性的审视，才能在改革实践中全面而准确地贯彻“大思政课”理念，确保新时代思政课与时俱进。

（一）鲜明的政治性

政治性是“大思政课”的核心性质。脱离了政治性，“大思政课”就脱离了其思政课的本质。相较于以往思政课，“大思政课”的政治性并不会因为其“大”而被冲淡或冲蚀，反而因为其“大”而更加鲜明。思政课要旗帜鲜明地讲政治，建设“大思政课”更是如此。作为思想政治理论课在新发展阶段的创新性发展，“大思政课”是对思政课在格局与视野、内容与素材、载体与方法、路径与机制等各方面的拓展与升级。无论是从内涵还是从外延来看，其都更加丰富、更加多样、更加灵活且更具选择空间。但必须厘清的是，这些新特点都必须紧紧围绕政治性本质来展开，是为更好地促进并实现政治性而存在的。譬如，从内容来看，“大思政课”要求吸纳、融合并发掘各学科知识中的思政元素，充分调动各学科本有的育人功能与价值，用广博的内容资源支撑起一种无所不在、无处不有的育人氛围。相较于以往思政课，“大思政课”内容的确更广博丰富，但这些丰富的内容并不是随意组合来的，而是精挑细选、严格把关及严密筛选来的，都具有明确的思想政治教育属性。从这个意义看，“大思政课”所蕴含的更博大且更丰富的思政教育内容，不仅没有稀释思政育人功能，反而促使以往只彰显于思政学科知识的政治特色走向各个学科，使得各个学科、不同知识领域都被赋予鲜明的思想政治色彩，整个课程的政治性质得到更进一步的凸显与提升，政治意蕴更加鲜明强烈。

“大思政课”的鲜明政治性主要体现在两个方面。一是意识形态色彩更浓。作为我国意识形态工作中的一个重要环节，思政课旨在通过系统课程向青少年群体输出社会主义意识形态，引导学生自觉建立起对马克思主义科学理论、对社会主义、对党和国家的政治认同，自觉地爱党爱国爱社会主义。习近平总书记深刻指出：“马克思主义是我国大学最鲜亮的底色。”[①] 之所以要推动设立“大思政课”，直接目的就是要借助这一课程体系不断擦亮这一底色，不断提升社会主义大学的意识自觉。当前我国社会主义稳健发展与西方资本主义衰退之势对比鲜明，一些西方政治势力不断掀动并扩大意识形态对立，明里暗里地针对社会主义进行污蔑与诋毁，企图达到混淆视听、扰乱人心的目的。这种空前复杂的意识形态环境迫切要求高校“大思政课”必须要担负起社会主义意识形态主阵地的重大

---

① 中共教育部党组理论学习中心组：《学习习近平总书记关于“两个结合”的重要思想》，《人民日报》2021 年 8 月 27 日。

责任，时时处处擦亮并彰显自身色彩，理直气壮地发言发声，牢牢地掌握意识形态主导权。二是时代使命感更强。作为立德树人的关键课程，“大思政课”的新时代使命就是立德树人，源源不断地为党育才，为国育士，为时代立新人。当前我国已踏上建设社会主义现代化强国新征程，党和国家对思政素质过硬的优秀人才的渴望比以往任何时代都更加强烈，强烈考验着“大思政课”立德树人的使命与责任。这要求高校必须以强烈使命感推进“大思政课”，把课程建设与党和国家的重大战略需求紧密连接起来，以更高育人水平和政治要求来对待立德树人实践。综上可知，社会意识形态斗争复杂化和政治战略形势的紧迫要求，共同强化了“大思政课”的政治属性。

（二）内容的系统性

“大思政课”之“大”主要表现为内容之大，但这些内容并非杂乱无章，而是有系统性的。从思政课到其他专业课，从课内到课外，从理论到实践，从学校到社会，从社会到自然，从历史到现实再到未来，涵盖到经济、政治、文化、科技等多个领域，“大思政课”内容来源之广博是以往思政课所不能企及的。这种看似无所不包的知识来源使得许多人直接把它看作一门知识“大杂烩”。必须承认，“大思政课”的内容覆盖范围的确是其他专业课程所无法比拟的，但这种广博不等于杂乱，也不是无序，而是有内在理路和章法的。这些广博的教学内容都是经过把关与筛选的，是按照一定原则建立起来的“知识—价值系统”。这套“知识—价值系统”有自己内在逻辑线索，这些内在逻辑是支撑“大思政课”博大内容的支柱所在。

作为一个巨大的“知识—价值系统”，“大思政课”的内容系统主要体现在两个维度。一是以科学思维为工具的知识系统。习近平总书记深刻指出：“思政课的政治性、思想性、学术性、专业性是紧密联系在一起的，其学术深度广度和学术含金量不亚于任何一门哲学社会科学。”[①] 无论是作为一个学科，还是一门课程，“大思政课”首先表现为一个专业学术知识系统，必须以丰富的专业知识系统为基础，并借助知识系统把蕴藏其中的思想与政治理念传播出去。而这个庞杂的知识系统之所以能成为系统，关键在于其是建立在马克思主义真理性之上，是以辩证唯物主义和历史唯物主义为工具。辩证唯物主义和历史唯物主义是“大思政课”的学术内核，也是被实践证明了的观察与分析世界的强大思维工具。“大思政课”之所以能把不同领域、不同学科的知识串联在一起，进而揭示出其思政意义的思维基础，根本在于这是一套具有很强专业性和科学性的思维工具。譬如，当前人工智能领域的发展可谓日新月异，但无论其怎么变化发展，其遵循的依然是物质与意识辩证统一的底层逻辑，也依然摆脱不了事物联系与发展的运动规则。正是这些科学思维规律把来自不同领域、千姿百态的知识形态共同串联起来，以共同服务于思想政治教育为目的。二是以崇高价值为目标的价值系统。“大思政课”是一个崇高价值系统，这由课程设立的目的和意义决定。党和国家设计思政课，推进“大思政课”改革，是为了通过弘扬传播来自中华传统优秀价值、社会主义核心价值以及共产主义崇高价值等为内核的一系列价值理念，帮助青少年正确理解个人与党与社会与国家的价值关系，进而形成正确的人生观与价值观，自觉到为党为民为国服务的实践中实现自己的人生价值。虽然看起来“大思政课”的内容来自社会的方方面面，但其无一例外的都有着鲜明的价值标识，且都服从于思政课的价值目的。这些内在美好价值促使“大思政课”博大内容融合为一体，成为一个具有明确价值导向的价值系统。

（三）主体的协调性

“大思政课”之“大”在于主体之大，这个大是说主体范围不

---

① 徐秦法：《把道理讲深、讲透、讲活》，《光明日报》2023 年 11 月 2 日。

再局限于高校思政课教师，而是扩充到一个由高校内部的思政课教师、其他专业教师、党政管理人员，以及高校外部的各级党政机关领导干部、社会先进模范人物、各界各行业优秀代表和学生家长等共同构成的综合性主体。由单一主体到多方主体，经由这一转变的“大思政课”不再是思政课教师的“单打拳”和“独角戏”，而变成了来自学校、社会、家庭等多方主体的“组合拳”和“大合唱”。但是，相比于“独角戏”，“大合唱”的难度更大。如果没有良好地协调和协同，再好的“合唱”也会变成“你一句、我一句”的不协调音调。这样的课程不仅不会调动来自多方主体本有的力量，反而会偏离思政课本有的主旋律，让思政课的效果大打折扣。这强烈要求“大思政课”建设中的各方主体拥有高度的协调协作自觉。

主体的协调性是办好“大思政课”的基本前提。这种协调性的实现，首先需要各方主体自觉意识并担负起自身的育人责任。习近平总书记明确提出：“办好教育事业，家庭、学校、政府、社会都有责任。”[①]“各级党委要把教育改革发展纳入议事日程，党政主要负责同志要熟悉教育、关心教育、研究教育。”[②]“要倾注极大热忱研究青年成长规律和时代特点，拿出极大精力抓青年工作，做青年朋友的知心人、青年工作的热心人、青年群众的引路人。”[③]引导青年是整个社会共同的责任，而只有各方主体都能意识到自身的那一部分责任，并充分协同协作起来，这份共同责任才能被落实并传递下去。同时要注意，各方协调的目的不是为协调而协调，而是要促进思政资源的共建共享与优化分配，帮助高校主体更好地落

① 中共中央党史和文献研究院编《习近平关于注重家庭家教家风建设论述摘编》，中央文献出版社，2021，第69页。

② 全国干部培训教材编审指导委员会编写《改善民生和创新社会治理》，人民出版社，2019，第10页。

③ 习近平：《在庆祝中国共产主义青年团成立100周年大会上的讲话》，人民出版社，2022，第13页。

实“大思政课”的功能，提升育人效果与质量。其次，要发挥好各方主体的协调性，关键还在于高校党委。高校党委是“大思政课”建设的直接领导力量，要以更高站位主动将思政课建设第一责任人的担子挑起来，发挥好联络及协调其他各方主体的关键作用。譬如，针对社会的英雄人物、模范代表等榜样，要及时地把他们邀请到学校来现身说法，给学生以精神的鼓舞与引领。而对于企事业单位主体，则可以通过加强课程合作、协同开展就业指导等方式来对学生进行价值引领。最后，增进各方主体协同还要抓好思政课教师队伍建设。高校思政课教师是“大思政课”建设的主干力量，学校、社会及家庭各方主体“要怎么协调”以及“协调什么”还要看其是否符合思政课现实的发展需要。作为“大思政课”的直接建设者、参与者与推进者，高校思政课教师对于“大思政课”的认识和理解是最直观也是最真切的，必须从思政课建设的真实需求出发去审视主体协调的问题，而不是为协调而协调、为形式而形式。倘若如此，不仅浪费了人力和资源，还容易把“大思政课”建设带入误区。

（四）方法的多样性

“大思政课”之“大”还体现为方法的多样性。方法选择的优劣与课程效果的好坏密切关联。多样的方法就犹如各具特色的渡河工具，可以帮助“大思政课”有选择性地、有针对性地解决“渡河”的问题，以达到预设的效果。“大思政课”方法趋于多样是由课程建设内在要求决定的，一方面，“大思政课”要支撑起来自多元领域的博大内容系统，需要运用多样的方法，单薄的方法工具无法自如应对各领域差异化内容的挑战；另一方面，“大思政课”建设的外部环境在复杂性与变化性方面远超以前，以往课程方法已然跟不上学生的思想特点和认知规律，不能适应多元多变的新时代环境，需要快速做出调整。

“大思政课”方法的多样性集中表现在三个方面。一是课程方法系统得到有力拓展。以往思政课主要依靠的是以理论灌输为主导的方法体系，而“大思政课”的方法系统不仅有理论讲授类的，还有实践活动类；不仅有显性，还有更多隐性的；不仅有线上，还有线下的，以及线上线下综合式的；此外还有情境体验式、理性思辨式、问题链接式、案例分析式、研学式、访谈式、翻转式，如此等等，不一而足。这些不同维度的方法共同构成了“大思政课”的方法系统，为顺利推进“大思政课”提供了广阔的选择空间。二是课程方法更加贴近学生个性特点。“大思政课”方法系统的多样与丰富还体现在这些方法是围绕不同年龄阶段的学生的认知特点去建立的，是建立在不同专业学生个体呈现多样特点基础之上的，这与以前的思政课方法有着明显的不同。以往的思政课在方法层面几乎是清一色的理论灌输导向，很少去注意不同年龄、不同专业背景学生的差异特征。而“大思政课”要充分彰显新时代思政教育贴近学生实际的基本要求，必然要尊重不同学生群体的实际，尤其是个性化认知规律，探索与此相适应的、有针对性的方法原则。可以说，新时代青年学生成长与认知方面呈现多样特点，也是“大思政课”方法趋于多样的一个重要原因。三是实践类方法的比重不断增加。在新时代“大思政课”的多样方法系统中，实践类方法越来越被重视且比重越来越大。这是时代自然演进的结果。当前以网络信息、人工智能等为特点的新一轮科技革命正不断形塑着时代的崭新面貌，冲击并影响着人们的生产生活与认知方式。以创新发展的眼光来建设“大思政课”，就要率先从方法层面改革创新，促使思政课方法自觉跟进这一趋势。信息时代对传统认知学习的一个最大颠覆是其打破了知识传播的壁垒，让学生可以通过各种信息化的传播方式随时随地地接受科学理论。但越是身处在这种便捷的知识时代，人们的认知越是容易停留在表层阶段。而只有通过实践的方法，才能促成表层认知转化为深度认同，实现科学理论的入脑入心。从这个角度来看，建设“大思政课”的过程本身也是从理论主导转向实践主导的过程。当前高校强化社会实践育人，完善校企融合模式，加强实践教学基地建设，健全实习实训制度、军事训练、创新创业实训、志愿者服务机制等，都是对实践方法的有益探索。

（五）时空的贯通性

贯通的时空是“大思政课”之“大”的又一体现。时空的贯通性主要是指“大思政课”并不是某一地、某一时的实践，而是把历史、现实以及未来，把个人与时代贯通起来的动态课程，是把立德树人放置于社会、国家乃至于世界发展的宏大时空中进行考量，集大视野、大情怀与大格局于一身的关键课程。马克思主义认为，世界不是既成事物的集合体，而是过程的集合体。因此，建设“大思政课”也要从联系、变化与发展的辩证规律出发，注意突破狭隘的时空观念及其限制，做到以时间、地点及人自身等具体条件的转移为转移。这是标识“大思政课”之大的关键所在。

所谓时空的贯通性主要体现为三个维度。在“大思政课”语境下，首先，历史、现实与未来是联结为一线的。“大思政课”不仅是空间场域的横向贯通，还是时间轴上的纵向贯通。在空间维度上，拥有先进信息技术支持的“大思政课”必然会突破传统场域与空间限制，以压缩时空、延展场域等共享方式实现不同教学场域和空间的联通，引导优质资源源源不断地流向偏远场域，提高思政的供应量和覆盖面，以化解思政课程资源分配不均衡的局面。在时间维度上，“大思政课”是站在历史、现实与未来紧密联系并联结为一线的角度来认识社会发展的。社会现实都要从历史中来，社会未来要从现实中开辟。唯物史观从辩证统一的方法论出发，全面、联系并发展地把握历史、现实与未来，而不是切割式、分离式地呈现，这是建设“大思政课”最重要的理论依据和实践遵循。其次，个人成长的各个阶段是贯通为一体的。每个人的成长都是一个动态发展过程。“大思政课”需要树立以学生个人成长为中心的新育人观，不仅要因时而化、有针对性地聚焦学生成长的某一特定阶段，对于他们个人成长发展的全过程全时段也要给予充分关注，促进青年身心在各阶段层层递进中成长并成熟起来。最后，个人、社会、国家及全人类是命运与共的。对于“大思政课”而言，个人成长不是独立事件或孤立现象，而是与其所生存的社会、其所隶属的国家、其所直接遭遇到的时代的具体条件等紧密联结在一起的。当前时代语境下的个人、社会、国家乃至全人类都是命运一体的，这些共同构成了个人总的成长与发展环境，也构成了“大思政课”建设的大视野与大格局。推进“大思政课”必须从一开始就打开格局，把学生的成长和人才培养放在社会的现实需要、国家的渴望期盼、全人类的发展进步等时代要求中去考量，引导青年学生主动从社会、国家及人类发展贯通一体的视野中去审视并完善自身的成长，促使他们成长为有益于社会、有用于国家并能助力人类文明进步的人。

二 “大思政课”的根本遵循

理论指引实践。思政课作为立德树人的关键课程，是党和国家战略施策中不可忽视的环节。从习近平总书记亲自部署思政课改革实践到中央相关部委联合发布文件、出台意见来推进落实思政课建设，党和国家给予思政课的重视和指导前所未有，为当前推进“大思政课”改革实践提供了强有力的指导。

习近平总书记重要论述是建设“大思政课”的根本遵循。习近平总书记非常重视思政课，他明确指出“办好思政课，是我非常关心的一件事”。[①] 2019 年 3 月 18 日，习近平总书记主持召开学

① 习近平：《论党的青年工作》，中央文献出版社，2022，第 182 页。

校思想政治理论课教师座谈会并发表重要讲话，这是新中国成立以来党中央第一次针对一门课程及其教师队伍召开专门的座谈会。深入思政课堂，这也是习近平总书记对思政课重视所特有的方式，自党的十八大以来，习近平总书记多次深入不同层次的思政课教学课堂，如北京市海淀区民族小学、北京市八一学校、北京大学、南开大学、中国人民大学等，并多次强调“要坚持不懈传播马克思主义科学理论，抓好马克思主义理论教育，为学生一生成长奠定科学的思想基础”，[①] 提出“大中小学循序渐进、螺旋上升地开设思政课非常必要”，[②] 并“鼓励各地高校积极开展与中小学思政课共建，共同推动大中小学思政课一体化建设”，[③] 让思政课在一体化建设过程中达到“大”的效果。具体而言，习近平总书记围绕思政课建设的重要论述集中表现在以下几个方面。

（一）思政课作用不可替代

习近平总书记指出：“思政课是落实立德树人根本任务的关键课程，思政课作用不可替代。”[④] 与其他课程一样，思政课的直接作用就是立德树人，这是思政课作为一门课程的根本所在。但其又与其他课程不同，思政课内在独有的政治属性、思想属性和价值属性，决定了其在所有的立德树人课程体系中居于首要和核心的地位，在立德树人实践中起到了提纲挈领的引领性作用。这是其他一切课程所无法比拟的。首先，思政课的政治属性不可替代。习近平总书记强调：“学校是意识形态工作的前沿阵地，可不是一个象牙之塔，也不是一个桃花源。办好思政课，就是要开展马克思主义理

① 习近平：《习近平谈治国理政》（第二卷），外文出版社，2017，第 377 页。

② 习近平：《论党的青年工作》，中央文献出版社，2022，第 183 页。

③ 王学斌：《从文明古国迈向文化强国》，人民出版社，2023，第 89 页。

④ 习近平：《思政课是落实立德树人根本任务的关键课程》，人民出版社，2020，第 2 页。

论教育，用新时代中国特色社会主义思想铸魂育人。"[①] 学校里的各类课程成千上万，但独有思政课是专业传输马克思主义科学理论、灌输马克思主义政治意识形态。当前推行的课程思政改革尽管也调动了许多课程发挥其应有的思政育人价值，但这依然是"一段渠"的效果，并非"主渠道"。从这个层面讲，思政课依然是高校意识形态教育和思政教育的主阵地、主战场和主渠道。这种主导作用是不可替代的。其次，思政课的独特育人价值不可替代。每一门课程都是有育人价值的。专业类课程主要倾向于从专业知识与能力培养的角度帮助学生成长成才，目的在于培养专业类合格人才。思政课也是从马克思主义科学理论专业知识体系出发的，其更侧重于从政治素养、道德品质及综合能力等方面来助力学生的身心健康，目的是培养对党、国家和社会主义有着基本认同和基本信念的合格人才。诚如习近平总书记所说："我们党立志于中华民族千秋伟业，必须培养一代又一代拥护中国共产党领导和我国社会主义制度、立志为中国特色社会主义事业奋斗终身的有用人才。"[②] 着力塑造学生对党、对国家、对社会主义的情感与价值认同，引导学生主动为党、为国、为社会主义而自觉奋斗，这是思政课独有的育人价值，也是不可替代的。最后，思政课的丰富思想内涵不可替代。其他专业课程都是以专业知识范畴为主，以专业思想有限范围为对象的。而思政课的专业知识就是马克思主义科学理论，马克思主义理论本身就是人类优秀思想的集大成者。这种集大成的状态决定了要上好思政课，必须以开放的、动态的姿态去发掘并整合人类思想精华，达成内容上的丰富与精深。以马克思主义科学真理为指引，汲取无

---

① 习近平：《思政课是落实立德树人根本任务的关键课程》，人民出版社，2020，第6页。

② 习近平：《思政课是落实立德树人根本任务的关键课程》，人民出版社，2020，第5页。

数思想精华，思政课散发出璀璨的思想光芒，并以这些优秀思想之光去引领学生向真、向善、向美。这是其他课程无可比拟的。上述这些不可替代性，决定了在“当前形势下，办好思政课，要放在世界百年未有之大变局、党和国家事业发展全局中来看待，要从坚持和发展中国特色社会主义、建设社会主义现代化强国、实现中华民族伟大复兴的高度来对待”，[①] 促使党和国家以党计国运的战略高度来审视研究思政课，以此推动思政课改革等。

（二）思政课要以立德为本

习近平总书记明确指出：“思政课要引导学生立德成人、立志成才。”[②] 作为立德树人的关键课程，当以立德为先，以立德为本。“德者，才之帅也。”首先，思政课要以立德为先。德性是人之所以成为人的先决条件和本质性因素，立德是每个人成就自我的第一步。高校立身之本在于立德树人，立德是树人的前提条件，德不立，人不立。同时，高校肩负的首要任务就是培养德智体美劳全面发展的社会主义建设者与接班人，“德”在这里居于首要的位置，担当着提纲挈领的作用。以人的成长发展规律去推进高校思政课建设，就必须从立德出发，优先立德，把立德作为第一追求、第一要求去考量、去践行。唯有时时刻刻以立德为先，先行立德，把立德铸魂当作首要使命来践行，才能真正担负起立德树人的价值归旨。其次，思政课要以立德为本。习近平总书记深刻指出：“人无德不立，育人的根本在于立德，这是人才培养的辩证法。”[③] 除了以立德为先，还需以德为本。一方面，德育是思政课的本质要求。思政

---

① 路建平：《铸牢中华民族共同体意识教育融入大中小学思政课一体化建设的思考》，《思想政治工作研究》2023年第7期。

② 习近平：《思政课是落实立德树人根本任务的关键课程》，人民出版社，2020，第13页。

③ 习近平：《论党的青年工作》，中央文献出版社，2022，第173页。

课本质上也是德育课。失去了德育功能，思政课就不能成为思政课。当然其他课程也肩负着不同程度的德育功能，但相比而言，思政课呈现出的德育价值更加突出、更加系统、更为全面，可以说是专业意义上的德育课。另一方面，思政课的知识与价值本体是“德”。“德”的知识与价值是贯穿贯彻在思政课全过程中的。从知识层面看，这“德”主要表现为个体道德、社会公德、政党道德、职业道德、家庭道德等各个层面及领域的具体知识形态，是支撑个人生存与发展的德性知识养料；从价值层面来看，这“德”主要指蕴含在德性知识体系中的信仰追求和价值诉求，以世界观、人生观与价值观为核心。理想信念就像“精神上的钙”。习近平总书记指出：“广大青年一定要坚定理想信念。‘功崇惟志，业广惟勤’。理想指引人生方向，信念决定事业成败。没有理想信念，就会导致精神上‘缺钙’。”① 习近平总书记还把价值观比喻为“人生第一粒扣子”。“青年的价值取向决定了未来整个社会的价值取向，而青年又处在价值观形成和确立的时期，抓好这一时期的价值观养成十分重要。这就像穿衣服扣扣子一样，如果第一粒扣子扣错了，剩余的扣子都会扣错。”② 而思政课的关键意义就是用崇高信仰引导人，用正确价值塑造人，助力青少年“补足精神之钙”“扣好第一粒扣子”。这里的崇高信仰就是共产主义信仰，这里的正确价值就是社会主义核心价值。习近平总书记深刻指出：“核心价值观，其实就是一种德，既是个人的德，也是一种大德，就是国家的德、社会的德。”③ “高校哲学社会科学具有重要的育人功能，要面向全体学

① 本书编写组编著《深入学习习近平同志中国梦重要论述》，人民出版社，2013，第 93 页。

② 习近平：《青年要自觉践行社会主义核心价值观——在北京大学师生座谈会上的讲话》，人民出版社，2014，第 9 页。

③ 《十谈》编写组：《加强和改进新形势下高校思想政治工作十谈》，人民出版社，2017，第 111 页。

生，帮助学生形成正确的世界观、人生观、价值观。”[①] 作为哲学社会科学代表课程的思政课，首先要担负起育人价值尤其是德育价值，把帮助学生建立正确世界观、人生观与价值观作为首要责任和义务，唯此才能真正凸显出思政课价值本体的意义。

（三）思政课要在改革中推进

“办好思政课，最根本的是要全面贯彻党的教育方针，解决好培养什么人、怎样培养人、为谁培养人这个根本问题。”[②] 思政课的对象是人，但不是抽象的人，而是具体的历史的人，是来自不同环境，具有不同思维、不同特点的具体的人。习近平总书记要求思想政治教育“因时而进、因事而化、因势而新”，就是要求以改革创新姿态来提升教育的针对性。[③]习近平总书记在学校思想政治理论课教师座谈会上明确要求在改革创新中持续加强思政课的作用，“推动思想政治理论课改革创新，要不断增强思政课的思想性、理论性、亲和力和针对性”。因为“改革创新是时代精神，青少年是最活跃的群体，思政课建设要向改革创新要活力”。[④]

以改革创新持续推进思政课，一方面要有辩证视野与思维。习近平总书记专门针对思政课改革提出了“八个统一”原则，即要“坚持政治性和学理性相统一；坚持价值性和知识性相统一；坚持建设性和批判性相统一；坚持理论性和实践性相统一；坚持统一性和多样性相统一；坚持主导性和主体性相统一；坚持灌输性和启发性相统一；坚持显性教育和隐性教育相统一”。[⑤] 这些原则充分彰

① 习近平：《在哲学社会科学工作座谈会上的讲话》，人民出版社，2016，第23页。

② 习近平：《论党的青年工作》，中央文献出版社，2022，第185页。

③ 陶倩、曾琰：《为学生点亮理想的灯需遵循三大规律》，《文汇报》2016年12月16日。

④ 习近平：《论党的青年工作》，中央文献出版社，2022，第191页。

⑤ 本书编写组：《习近平讲故事》（第二辑），人民出版社，2022，第28页。

显出辩证统一思维在思政课改革中的突出意义。以辩证视野观察思政课改革实践，才能打开思政课的各个现实层面上的广阔空间，才能由内而外、解剖麻雀似的掌握思政课的各类矛盾所在、问题所在、抓手所在，也才能更有针对性、有目的性地推进改革。这八个矛盾深刻洞悉了思政课发展过程中的矛盾运动过程，给新时代思政课建设提供了科学思路。另一方面要引导思政课走进现实。思政课虽以理论教学为主，但其真正的生命力是蕴含在现实中的。观照现实、链接现实、回应现实，是新时代思政课改革的应有之义。习近平总书记多次强调的“大思政课”，就是以现实生活为导向的。他生动指出：“‘大思政课’我们要善用之，一定要跟现实结合起来。上思政课不能拿着文件宣读，没有生命、干巴巴的。”① 理论是灰色的，生活之树常青。只有把文件、教材等与现实相接，理论的生命力才能被激活，才能让学生清楚感受到理论的温度。现实是充满问题和矛盾的。将理论揉进现实，就是把“有字之书”置身于“无字之书”中，引导抽象知识与鲜活问题对接，在解剖现实问题过程中激发知识价值性。以现实问题切入，不仅要“注重启发性教育，引导学生发现问题、分析问题、思考问题，在不断启发中让学生水到渠成得出结论”，还要“积极采用案例式教学、探究式教学、体验式教学、互动式教学、专题式教学、分众式教学等，运用现代信息技术等手段建设智慧课堂等”，运用技术手段把思政理论引向广阔现实。这是习近平总书记从自身学习、调研与实践经验出发对思政课改革的新认识，是助力思政课提升亲和力和吸引力，不断走向“大思政课”的基本遵循。② 综上可知，办好思政课就不能放弃改革这个有力工具。思政课必须在改革中加强，改革从来不是改旗

---

① 杜尚泽：《“‘大思政课’我们要善用之”》，《人民日报》2021 年 3 月 7 日。

② 黄朝峰：《思政课的本质是讲道理（有的放矢）》，《人民日报》2022 年 6 月 30 日。

易帜，而是不断高举与校准社会主义旗帜和方向。其本质是守正基础上的创新，也是创新意义上的守正。其真正意图在于让思政课主动跟上时代要求和学生新特点，让科学理论不断走向现实，赢得学生内心认同。

（四）思政课教师责任重大

习近平总书记明确指出，“办好思想政治理论课关键在教师，关键在发挥教师的积极性、主动性、创造性。”[①]“思政课教师，要给学生心灵埋下真善美的种子，引导学生扣好人生第一粒扣子”，[②]“思政课教师队伍责任重大”，[③] 要具备“政治要强、情怀要深、思维要新、视野要广、自律要严、人格要正”六种素养。[④] 习近平总书记站在时代高度审视思政课教师的独特价值与素质要求，更加凸显出新时代思政课教师肩负责任之重大。首先，担当责任首要且核心的是政治责任。思政课教师责任重大，根本在于思政课本身就是国家政治意识形态的直接承载，根本目的是引导学生增强中国特色社会主义道路自信、理论自信、制度自信、文化自信。为党和国家的社会主义事业培养一代代合格的接班人，由此不难看出，思政课教师首要且核心责任是政治责任，这是由思政课内在的意识形态属性所决定的。其次，担当责任需要真情真信。思政课内在的科学真理和崇高价值都是由马克思主义所承载的，都必须经由马克思主义科学理论体系传输出来。作为思政课教师，如果自身的马克思主义理论基础都是薄弱的，马克思主义的立场都是不稳定的，如何能对学生形成引领？唯有练就过硬的马克思主义理论素养、坚定的政治

① 习近平：《论党的青年工作》，中央文献出版社，2022，第 186 页。

② 习近平：《论党的青年工作》，中央文献出版社，2022，第 187 页。

③ 习近平：《论党的青年工作》，中央文献出版社，2022，第 181 页。

④ 田丽、赵婀娜、黄超、吴月：《大思政课，总书记心中的一件大事》，《人民日报》2022 年 5 月 22 日。

立场，并能够娴熟运用马克思主义的方法论化解现实问题，思政课教师才具有了站稳思政课的底气，所谓“传道者先明道信道”。思政课教师只有坚持守好信仰这个“压舱石”“定盘星”，保持“我自岿然不动”的立场定力，保持“乱云飞渡仍从容”的底气，努力成长为先进思想文化的传播者，成为党执政的坚定支持者，才能更好担起学生健康成长指导者和引路人的责任。在真信仰的基础下，自己在内心深深地认同并追随，再去传道授业解惑，才能激发真情实意，用一片真心去打动学生。只有打动了自己，教师才能去打动学生。而“只有打动学生，才能引导学生。教师在课堂上展现的情怀最能打动人，甚至会影响学生一生。真信才有真情，真情才能感染人。”[①] 最后，担当责任需要高超本领。古人云，“天将降大任于是人也，必先苦其心志，劳其筋骨，饿其体肤、空乏其身，行拂乱其所为，所以动心忍性，曾益其所不能”。思政课教师要担当时代重任，也要到时代浪潮中去吃苦磨砺，积攒教育教学的好本领。身为新时代思政课教师，除却具备过硬政治素质这个基础能力外，还要有精湛的语言表达能力、方法筛选能力、链接现实问题的能力、信息化技术运用能力、辩证思维能力、改革创新能力，如此等等。针对当前一些思政课教师照本宣科、敷衍了事的现状，当务之急是要帮助他们快速建立连接现实与改革创新的能力。这就要求思政课教师必须始终以与时俱进者的身份存在，要不断地自我学习、自我补充、自我调整，不断结合新的学生特点和时代问题来理解理论问题，这是避免陷入照本宣科的最有效手段。只有具备了这些高超本领，思政课教师才能以立于潮头的自信姿态去引领学生、塑造学生。

① 习近平：《论党的青年工作》，中央文献出版社，2022，第 188 页。

三 “大思政课”的政策文件

自党的十八大以来，党中央、国务院及其各部委先后出台数十项文件，以深入贯彻落实和推进思政课建设与发展创新，如2022年中共中央宣传部、教育部等十部门联合出台《全面推进“大思政课”建设的工作方案》，2019年中共中央办公厅、国务院办公厅印发《关于深化新时代学校思想政治理论课改革创新的若干意见》，2018年中共中央、国务院出台《关于全面深化新时代教师队伍建设改革的意见》，2015年中共中央宣传部、教育部印发《普通高校思想政治理论课建设体系创新计划》的通知，等等。这些文件的印发与出台，为推进思政课建设指明了前进方向，提供了实践指南，对加快实现教育现代化、建设教育强国具有深远意义。

1. 关于“大思政课”建设的相关文件

为深入贯彻落实习近平总书记关于“大思政课”的一系列重要批示和讲话精神，贯彻落实中共中央办公厅、国务院办公厅印发的一系列关于思政课改革创新的若干意见，2022年7月25日，中共中央宣传部、教育部等十部门联合印发《全面推进“大思政课”建设的工作方案》（以下简称《工作方案》）。《工作方案》从六个方面对全面推进“大思政课”建设做出了具体规划和部署。第一，在改革创新主渠道教学上，《工作方案》从建构党的创新理论研究阐释和教育教学的自主知识体系、建强思政课课程群、优化思政课教材体系、拓展课堂教学内容、创新课堂教学方法、优化教学评价体系等六个方面做出了具体要求；第二，在善用社会大课堂上，《工作方案》从构建实践教学工作体系、落实思政课实践教学学时学分、组织开展多样化的实践教学、建好用好实践教学基地等四个方面作了具体规定；第三，在搭建大资源平台上，《工作方案》从建设全国高校思政课教研系统、推进国家智慧教育平台建设使用、打造网络教育宣传云平台等三个方面作了具体明确的规定；第四，在构建大师资体系上，《工作方案》从建设专兼结合的师资队伍、搭建队伍研究平台、提升队伍综合能力等三个方面作了具体要求和安排；第五，在拓展工作格局上，《工作方案》从分层分类开展“大思政课”综合改革试点、深入推进大中小学思政课一体化建设、全面推进课程思政高质量建设、扎实开展日常思政教育活动等四个方面作了具体部署；第六，在加强组织领导上，《工作方案》从强化统筹协调、积极推进落实两个方面作了具体安排。总的来说，《工作方案》就当前思政课建设的核心内容做出了深入解答，为新时代高校“大思政课”建设和发展方向提供了重要指南。

2. 关于新时代思政课建设方面的主要文件

为提升思政课的针对性、实效性，培养担当民族复兴大任的时代新人，2019 年 8 月中共中央办公厅、国务院办公厅印发《关于深化新时代学校思想政治理论课改革创新的若干意见》（以下简称《意见》）。《意见》从四个方面对学校思政课改革创新作了详细的制度安排，一是完善思政课课程教材体系。《意见》指出要整体规划思政课课程目标，调整创新思政课课程体系，统筹推进思政课课程内容建设，加强思政课教材体系建设。二是建设一支政治强、情怀深、思维新、视野广、自律严、人格正的思政课教师队伍。《意见》从加快壮大学校思政课教师队伍、切实提高思政课教师综合素质、切实改革思政课教师评价机制、加大思政课教师激励力度、大力加强思政课教师队伍后备人才培养工作等五个方面作了具体规定。三是不断增强思政课的思想性、理论性、针对性和亲和力。为此必须加大思想性、理论性资源供给、加大思政课教研工作力度、切实加强思政课课题研究和成果交流、全面提升高校马克思主义学院建设水平、整体推进高校课程思政和中小学学科德育。四是加强党对思政课建设的领导。《意见》指出必须严格落实地方党委思政课建设主体责任，推动建立高校党委书记、校长带头抓思政课机制，积极拓展思政课建设格局。可以说，该《意见》对贯彻落实习近平总书记关于教育的重要论述，特别是在学校思想政治理论课教师座谈会上的重要讲话精神具有重要意义。对于激发活力、让一线动起来，形成深化学校思政课改革创新的强大共识和良好氛围具有深远影响。

对于思政课的具体建设标准问题，教育部发布了修订后的《高等学校思想政治理论课建设标准（2021 年本）》，本次修订的目的主要体现在五个方面：一是深入贯彻“大思政课”理念；二是更加突出党的领导；三是更加强调形成合力，强化协调机制和凝聚思政课建设合力；四是更加突出课程群建设，进一步完善以习近平新时代中国特色社会主义思想为核心内容的高校思政课课程群建设，进一步围绕习近平新时代中国特色社会主义思想、“四史”、宪法法律、中华优秀传统文化、革命文化、社会主义先进文化等设定课程模块，开设系列选择性必修课程等；五是进一步优化教师评价体系，坚持把教师政治标准放在首位，深入落实“破五唯”要求。

3. 关于新时代思政课教师队伍建设方面的文件

教师是立教之本、兴教之源。办好思政课，离不开一支政治素质过硬、业务能力精湛、育人水平高超的高素质专业化思政课教师队伍。为推动思政课教师队伍建设，2018 年中共中央、国务院印发了《关于全面深化新时代教师队伍建设改革的意见》（以下简称《意见》），《意见》指出坚持兴国必先强师，深刻认识教师队伍建设的重要意义，并对加强教师队伍建设作出了总体要求。此外《意见》从着力提升思想政治素质，全面加强师德师风建设；大力振兴教师教育，不断提升教师专业素质能力；深化教师管理综合改革，切实理顺体制机制；不断提高地位待遇，真正让教师成为令人羡慕的职业；切实加强党的领导，全力确保政策举措落地见效等五个方面对加强思政课教师队伍建设作出了具体要求。这些方面的要求是思政课教师队伍建设的重要标准，也是思政课教师提升素质和水平的努力方向。应当深刻认识到，广大思政课教师只有在大是大非面前保持政治清醒，在党和人民的伟大实践中关注时代、关注社会，汲取养分、丰富思想，善于引导学生树立正确的理想信念、学会正确的思维方法，以宽广的知识视野、国际视野、历史视野把一些道理讲明白、讲清楚，做到课上课下一致、网上网下一致，自觉做为学为人的表率，自觉成为让学生喜爱的人，才能适应新时代发展需要，更好担负起时代赋予的重任，为我国教育事业发展做出重要贡献。

2019 年教育部发布的《普通高等学校马克思主义学院建设标准（2019 年本）》则从学校经费、校领导带头上思政课以及师资队伍配备等多方面进行明确规定，以保障思政课高质量的开展。文件规定“党委书记、校长要带头走进课堂，每学期讲授思政课不少于 2 次，领导班子其他成员每学期讲授思政课不少于 1 次，带头推动思政课建设，带头联系思政课教师。分管思想政治理论课建设的校领导和分管教学、科研等工作的校领导要主动研究学院工作，对学院开展经常性工作指导”。在师资队伍建设上规定“按照师生比不低于 1∶350 的比例设置专职教师岗位，制订计划加快配齐建强专职教师队伍”。在队伍建设经费上，要求本科院校“以在校生总数每生每年不低于 40 元的标准提取专项经费，用于思想政治理论课教师的学术交流、实践研修等，并随着学校经费的增长逐年增加”。

4. 关于新时代思政课改革创新方面的文件

2015 年 7 月中共中央宣传部、教育部印发《普通高校思想政治理论课建设体系创新计划》（以下简称《创新计划》）。《创新计划》从七个方面明确了高校思想政治理论课建设体系的重点建设内容：以统编教材为基础，建设思想性、科学性和可读性统一的思想政治理论课立体化教材体系；切实提高专职教师整体素质，建设专兼结合、结构合理的思想政治理论课教学人才体系；积极培育和推广优秀教学方法，建设理念科学、形式多样、管理有效的思想政治理论课课堂教学体系；努力强化实践教学，建设与课堂教学相互促进的思想政治理论课第二课堂教学体系；努力建强马克思主义理论学科，形成以马克思主义理论学科为引领、相关学科为补充的思想政治理论课学科支撑体系；坚持管理与激励并重，建设导向明确、系统完善的思想政治理论课综合评价体系；切实加强统筹协调，建设有利于形成工作合力的思想政治理论课制度保障体系。

总体而言，该《创新计划》按照系统规划、积极稳妥、敢于创新、重点突破的思路，紧紧围绕提升思想政治理论课课堂教学效果，推进思想政治理论课建设体系创新，从教材、教师和教学三方面设计总体结构和布局，同时通过一系列具体举措使思想政治理论课建设的各个方面相互衔接、彼此支撑、整体推进。实施好这一《创新计划》，对于全面贯彻党的教育方针、巩固马克思主义在高校意识形态领域的指导地位、确保中国特色社会主义事业后继有人、实现中华民族伟大复兴的中国梦，具有十分重大而深远的意义。

小　结

历史方位是指一个国家和民族在历史进程中所处的位置。“两个大局”是新时代高校“大思政课”建设的重要历史背景，“两个大局”即“中华民族伟大复兴的战略全局”和“世界百年未有之大变局”这“两个大局”。“两个大局”是当代中国不可回避的现实发展语境，也是中国高等教育不可回避的客观事实。

立足“中华民族伟大复兴的战略全局”和“世界百年未有之大

变局”这“两个大局”，深入研判新时代高校“大思政课”建设的背景，这是本研究的重要时代背景。“两个大局”的实质是大变局，根本在“变”字。“世界百年未有之大变局”正在从各个角度、各种途径，并以各种方式对“中华民族伟大复兴的战略全局”造成深刻影响；与世界整体发展不确定性陡增的局势形成鲜明对比的是，作为世界第二大经济体的中国正在迎来前所未有的发展机遇，为世界和平共进带来了新的希望和曙光。“世界要往何处去？人类出路在哪里?”这是“两个大局”抛给我们的世界之问。“中国要朝哪里走？历史任务是什么?”这是“两个大局”抛给我们的中国之问。“要为谁培养人？要培养什么人?”这是“两个大局”抛给我们的教育之问。“两个大局”带给新时代思政课严峻挑战的同时，赋予新时代思政课创新发展的大好机遇，迫切要求“思政课”走向“大思政课”。

第二章

新时代高校“大思政课”建设的大原则

2019 年 3 月 18 日，习近平总书记在主持召开学校思想政治理论课教师座谈会上首次提出“八个统一”原则，为新时代思政课改革创新提供了科学遵循。“八个统一”具体是指：坚持政治性和学理性相统一；坚持价值性和知识性相统一；坚持建设性和批判性相统一；坚持理论性和实践性相统一；坚持统一性和多样性相统一；坚持主导性和主体性相统一；坚持灌输性和启发性相统一；坚持显性教育和隐性教育相统一。“八个统一”是对新的历史条件下高校思政课改革发展的规律性总结，对当前“大思政课”建设亦具有重要指导价值。“大思政课”本质上也是思政课，从思政课走向“大思政课”是时代发展的必然要求。“八个统一”紧随时代发展形势，不仅覆盖全面，贴近现实，而且集时代特点、问题导向和科学理性于一体，为新时代条件下“大思政课”建设提供了大原则。

第一节　思政课“八个统一”的基本内涵

推进新时代高校思政课建设，必须准确把握“八个统一”大原则。从形成背景来看，“八个统一”建立在新的历史条件下对思政课建设面临的问题和挑战进行全面分析的基础之上，具有覆盖面广、可行性高、问题导向性强等鲜明特点。从内容来看，“八个统一”内涵深刻而丰富，每一组“统一”都是对思政课某一个具体维度内在矛盾及问题的揭示与回应，全面透彻反映了新的历史条件下建设思政课的基本立场、基本观点与基本方法，为新时代思政课提供了科学遵循。

一 “八个统一”的丰富内涵

（一）坚持政治性和学理性相统一

这是建设思政课的首要原则。如果说政治性是思政课的灵魂，那么学理性就是思政课的生命。首先，政治性是思政课首要且根本的属性。思政课归根结底是为政治服务的，其是为服务政治而生的课程。没有政治立场支撑或政治方向感的思政课不仅不可想象，而且不可能存在。习近平总书记指出：“政治引导是思政课的基本功能。”[①] 坚持政治性，就是要在坚守马克思主义意识形态主导和坚持党和国家的教育方针的前提下，理直气壮地讲政治，坚定传导传输政治立场、政治观点和政治方法等科学理论及价值。政治性不仅要融合到过程里，还要直接体现在目的上。毛泽东曾生动地将“政治”一词形容为“把支持我们的人搞得多多的，把反对我们的人搞得少少的”。[②] 思政课的政治性也遵从这个道理，即要通过各种传授与影响活动把党的科学政治理论带入青年学生的头脑，赢得他们更广泛的思想政治认同，让更多青年学生自觉地听党话、跟党走，坚定共产主义远大理想和社会主义共同理想，争做中国特色社会主义事业的建设者和接班人。坚持政治性的目的在于塑造人的政治自觉，关键在于运用党的先进政治立场、观点与方法等理论形态武装

① 习近平：《思政课是落实立德树人根本任务的关键课程》，人民出版社，2019，第17页。

② 李皋、丹彤：《基层之治》，人民出版社，2018，第27页。

青年学生的头脑，关键在于发掘马克思主义政治立场、观点及方法的科学理性，如此才能让青年学生形成理性层面的持久且坚定的认同。可见，坚持政治性的核心是突出思政课的政治功能，凝聚强大的社会政治认同和支持基础，让党所开辟的中国特色社会主义道路、制度和理论体系能够经受住任何风险考验，科学地继承并发展下去。

其次，学理性是表达政治性的必要支撑。政治不是空洞语言符号，没有内在学理支撑，政治理论就失去了科学基础。顾名思义，所谓学理，就是学问的道理，即支撑一门学问的内在思路或逻辑。“理”从“道”中来，“道”中蕴含着“理”。任何一个理论如果要表达自身的“理”，都必须遵循一定的“道”，必须通过一定的逻辑规则或思路来阐发、论证。“道”若不存在，则“理”无从彰显。思政课的政治属性建立在具有科学规律的理论基础之上。作为思政课的主体理论，马克思主义是马克思恩格斯及其后继者们运用辩证唯物主义和历史唯物主义分析工具创立的科学思想体系，其政治意识形态是经由无数实践验证及检验了的科学理论形态。可以说，马克思主义的科学性就集中体现在其所蕴含的强大且丰富的学理支撑上。正是这些强大且丰富的内在学理，使得马克思主义理论体系表现出与其他一般社会科学理论明显不同的缜密思维力和逻辑推导力，表现出超越时代的真理特性。马克思说：“理论只要彻底，就能说服人。”[①] 而理论要做到彻底，就要抓住事物的本质，抓住内在的道理。马克思主义的本质只有一个，但其表达揭示本质的角度和方法远不止一种。只有善于从不同维度、不同层次来发掘整理马克思主义政治意识形态的内在学理，依托学理把政治表达出去，用学术讲政治，才能真正让政治立场、观点和方法以更彻底的、更令

① 《马克思恩格斯文集》(第一卷)，人民出版社，2009，第11页。

人信服的姿态抵达人心，也才能真正达到习近平总书记提出的“以透彻的学理分析回应学生，以彻底的思想理论说服学生，用真理的强大力量引导学生”,[①] 让学生在对科学理论真学、真信、真用的过程中建立对党和社会主义的政治自觉和政治自信。

（二）坚持价值性和知识性相统一

从哲学层面来讲，知识是从客体（客观世界）的存在状态出发，主要反映人在认识世界与改造世界过程中积累而来的经验、规律、规则等。价值则是从人的主体需要出发，主要表现为客体满足人的主体需要的状态与程度。无论是知识还是价值，都是围绕人的活动与需要来展开，都不可能脱离人的现实存在而单独存在。从这个层面讲，价值和知识天然就是一体的、统一的。这个统一性在社会教育实践中表现得更为突出。可以说，古往今来的一切教育都是通过传输一定知识来传输一定价值的。知识性要为价值性提供学理支撑，价值性要为知识性提供思想引领。知识与价值在教育过程中的不可分割性赋予了思政课知识性与价值性相统一的内在规定性，也要求其必须坚持知识与价值相统一。

一方面，思政课必须以广博的知识传输为基础。作为承载立德树人使命的主干课程、关键课程，高校思政课的核心内容是马克思主义科学理论。马克思主义的创立堪称人类思想史上的伟大革命。古往今来，还没有哪一个理论体系可以在精深广博的知识层面与马克思主义相媲美。这种在知识层面的精深广博首先得益于马克思本人终其一生笔耕不辍的探索钻研。恩格斯曾如此评价马克思：“在他研究的每一个领域，甚至是数学领域，都有独到的发现，这样的领域是很多的，而且其中任何一个领域他都不是浅尝辄止。”[②] 这

① 习近平：《用新时代中国特色社会主义思想铸魂育人 贯彻党的教育方针 落实立德树人根本任务》，《人民日报》2019 年 3 月 19 日。

② 《马克思恩格斯选集》（第三卷），人民出版社，1972，第 575 页。

也是当前高校思政课体系从基本原理、历史、思想道德、法律、中国化成果、现实的形势与政策等多个维度设立专门课程的原因所在。另外，这种精深广博还得益于马克思主义理论体系内在的开放特性。马克思主义被开创以来经由无数后继者们的创造性继承，不断被赋予具有时代特点的新的知识形态。马克思主义中国化时代化过程就是马克思主义理论知识不断被丰富壮大的过程。这些都是思政课源源不断的知识源泉。

另一方面，思政课必须坚持崇高价值导向。这恰是由思政课的知识属性所决定的。价值反映的是客体对主体需要的满足，如果从人的主体需要出发，事实上没有所谓纯粹的、不代表任何价值立场的中立知识形态。知识与价值的不可分离性决定了一切知识里都蕴含着人的需要、人的取向。马克思恩格斯之所以历经曲折也要创立马克思主义科学知识体系，就是为了谋求大多数人的解放、生存与幸福。这是驱动马克思恩格斯创立马克思主义学说的深层动力，展现出这一学科知识体系的崇高价值取向。这一崇高价值取向落实到高校育人层面就是立德树人，培养符合社会和时代需要的建设者与接班人。具体而言，就是引导学生在理论知识学习过程中，自主建立对辩证唯物主义、历史唯物主义、科学社会主义等的价值认同，树立科学的世界观、人生观与价值观，增强中国特色社会主义道路自信、理论自信、制度自信、文化自信，主动把爱国情、强国志、报国行自觉融入坚持和发展中国特色社会主义，建设社会主义强国，实现中华民族伟大复兴的奋斗之中。① 这表明，思政学科知识内在的丰厚价值意蕴和坚定价值导向明显且强烈区别于一般性学科知识。当前思政课面临多变多元价值冲击的大环境，不仅不能弱化

① 佘双好：《思政课教学要坚持价值性和知识性相统一》，中青在线，2019 年 10 月 17 日，http：//news. cyol. com/app/2019－10/17/content_18198963. htm。

这种崇高价值导向，反而还要通过改革创新去增强它。无论是从事思政理论研究，还是在课堂实践中，都必须把马克思主义的鲜明价值立场和服务指向放在凸显位置，不能只做单纯知识性输出或思维方法的分享。

（三）坚持建设性和批判性相统一

建设性与批判性的对立统一关系存在于一切重大社会改革实践之中。正确处理好这一矛盾关系，对顺利推进高校思政课改革实践至关重要。所有的改革实践都是有“批判”有“建设”，“破”“立”并举的。但要注意，“破”是以“立”为基础的，且“破”的目的在于更好地“立”。

首先，坚持建设性是基本前提和根本目的。坚持建设性就要以“立”为首，以“立”为主，积极树立思政课的正面形象，通过正面传输弘扬马克思主义意识形态、倡导社会主义核心价值观、传播社会正向能量等调动思政课的正向效应。要以改革创新精神来全面激发思政课的内生要素，通过建设政治过硬且能力高超的教师队伍、及时更新并完善教材体系、主动改革并创新教学方法、优化学科建设整体环境等具体建设策略共同促进建设性目标的实现。这其中，调动人的主观能动性和建设一支高素质教师队伍是关键。坚持建设性还要及时推进思政课科学理论的守正创新。高校思政课教师要通过正本清源、追本溯源等方式深刻把握新时代马克思主义科学理论，促进马克思主义基本立场、观点和方法的守正创新，弘扬马克思主义真理精神和崇高价值；要及时发掘马克思主义理论新成果的学理支撑，让学生主动跟进马克思主义中国化时代化的进程；还要借助各种新手段新工具，开拓各种新形式新方法新思维，营造一种马克思主义科学精神、社会主义核心价值无所不在的课程育人氛围。

其次，坚持发挥理性批判工具的作用。理性批判从来不以批判为目的，只是以促进建设的方法与工具而存在。批判工具在马克思主义的创立与发展过程中发挥了不可或缺的积极作用。没有对现实中落后腐朽反动思想文化的持续批判，就不能全面确立马克思主义意识形态的主导地位，也不能持续开辟马克思主义新成果和新境界。“在当前社会多元多变文化背景中，一些错误观点和思潮带有明确的政治指向性、现实关联性和行为诱导性，试图从不同角度消解马克思主义意识形态，否认社会主义制度和中国共产党的领导，给价值观没有定型、尚处于‘拔节孕穗’关键时期的大学生带来许多负面影响。”[①] 坚持以批判工具推进思政课建设，要敢于以主流意识形态直面各种错误观点和思潮。一方面，要理直气壮地讲政治，坚定不移地传信仰，果敢且有力地针对各种错误观点和思潮进行严肃批判，以斗争精神直面并震慑歪风邪气，及时廓清非马克思主义意识形态迷雾，增强社会主义价值共识和引领，在多元多变文化背景中求同存异、把握主方向，提升社会主义意识形态的主导权和话语权；另一方面，要充分发扬马克思主义自身的批判精神，自觉运用辩证唯物主义和历史唯物主义强大分析工具，及时围绕社会错误思潮和文化进行理性剖析和客观批判，帮助学生建立冷静观察能力、理性分析能力与及时鉴别能力，引导他们在全面客观分析、明辨是非曲直的前提下崇德向善、爱国明理。此外，坚持批判还必须尊重客观规律，把“理”字挺在前面，增强批判智慧，讲究艺术方法。科学批判绝不是简单粗暴地强制性引导和严防死堵，而是在有理有节有据基础之上进行导引与疏通，让学生在自行批判过程中形成正确价值判定，自觉回归主流价值。

（四）坚持理论性和实践性相统一

坚持理论与现实相结合，促进理论与实践相统一，这是思政课

---

① 刘丽敏：《坚持建设性和批判性相统一 改革创新思政课》，《中国社会科学报》2019 年 4 月 23 日。

的核心原则。理论与实践在人类现实活动中“一体两面式”的存在方式，要求科学推进思政课建设必须既突出理论，又注重实践。习近平总书记提出的“思政课不仅应该在课堂上讲，也应该在社会生活中来讲”,[①] 强调思政课不仅要展现在科学理论传授上，还要密切对接并融合丰富的生活实践。思政课不仅需要用科学理论知识提升学生对社会主义制度与道路的认同，还需要在实践锻炼中帮助学生廓清并坚定正确的政治方向。

其一，要以科学理论为前提支撑，突出理论导引。思政课程首先是理论性课程，其课程内容是以课本形式和理论形态呈现的。科学理论是思政课程的核心内容支撑。坚持课程的理论性就必须从科学理论自身出发，做好理论的阐释和研究，推动理论表述体系向教学话语体系的转化。具体而言，要推动教师主动学习并深研理论，不仅主动跟进理论创新的节奏，及时学习掌握马克思主义中国化时代化理论成果，关注社会时政变化，而且通过自觉研读原文与经典，提升对科学理论的领悟力、阐释力与传播力。突出理论引导绝不是要求教师“拿来主义式”地照搬灌输理论，干巴巴地宣传理论，而是强调发挥教师在课程传授中的主体自觉，以理论研究者、阐释者与促进者的身份来深挖并传输理论，运用贴近学生、更具现实且更有逻辑的角度和方式梳理并打开理论，引导学生感受理论自身的理性魅力。

其二，要促进思政科学理论走向实践，使其更好地与现实相接。科学理论之所以科学是因为它本身就来源于实践，是经过实践筛选和真理性检验的理论形态。无论是来自思政课程的马克思主义主体科学理论，还是来自其他专业课程内含的具有丰富思政引领价值的科学理论，其科学价值无一例外都是来自实践过程。要向学生

① 杜尚泽：《“‘大思政课’我们要善用之”》,《人民日报》2021 年 3 月 7 日。

真实展示理论自身的科学价值，就必须结合实践教学形式，促使理论走到实践中去。也只有和现实实践融合起来，才能真正实现思政小课堂与社会大课堂携手并进，成就思政课的大格局。鲜活变化的现实社会为思政课提供了大量生动素材，可以通过创设多样实践情境来论证理论，引入丰富现实案例来解释理论，对接社会现实问题来探究理论，契合学生现实关切来分析理论，融合社会服务活动来践行理论等，进一步拉近理论与现实、与生活、与人自身的距离，激发科学理论对学生生活与学习的指导和引领作用，让学生在参与、体验与锻炼的过程中自觉建立理论认同和自信。同时，还要通过实践来培养学生的自主实践精神，引导他们立鸿鹄志、做奋斗者，做科学理论的倡导者与践行者，能够灵活自觉且实事求是地运用理论，提升运用理论的真理性来化解实际困境与难题的能力，以实际行动促进思想力量向现实物质力量转化。

（五）坚持统一性和多样性相统一

马克思主义哲学原理认为，世界是统一的，又是多样的。统一性与多样性既相互矛盾，又相辅相成。统一性是具有多样表现的统一，对多样性具有统领、约束和导向作用。多样性是具有统一特征的多样，能够以丰富样态更好地展现或表达统一性。对于思政课而言，坚持统一性是应然要求，尊重多样性是客观需要。思政课的统一性是由其政治客观属性决定的，主要表现在必须坚守统一的政治方向、理论指导、教材规范、教学目标，接受统一的组织管理、队伍要求等具有普遍约束性的规则，正是这些统一性规则使得思政课成为相对独立且完整的学科体系。其中，遵循统一的政治方向和理论指导对思政课建设具有根本性意义。古往今来，世界各国都是按照自己的政治要求和政治意志来开展教育、培养人才的。思政课就是集中表达并贯彻这些政治要求和意志的关键课程。较之其他类专业课程，思政课在统一性方面表现得更加彻底，因为其必须从课程政治属性出发，旗帜鲜明地服务政治，及时准确地传递党和国家的统一政治要求。推动思政课改革创新，关键在坚守中国特色社会主义政治方向，关键在于把握并巩固马克思主义指导地位，这既是推进改革的统一依据，也是实施改革的统一目的。

还要注意的是，统一性是建立在多样性基础上的。除了及时满足政治意识形态层面的统一性要求，思政课还要及时面向现实教育环境自身的变化挑战，以及学生成长发展中表现出来的各种多样性现实。一要注意教育环境的多元多变。信息技术革命的兴起颠覆性地改变了人类的生产、生活与学习方式，也带来了整个教育体系的信息化变革。对于此，思政课必须应势而为，主动跟进现代教育技术发展节奏，促进思想理论与技术工具的有机高效融合，增强时代感和吸引力。但是必须避免不加甄选、过度使用工具的误区，陷入为求变而求变的“吸睛化”和“娱乐化”趋势。无论教学技术多么丰富多样，内容永远是第一性的。要引导多样形式服务于内容与政治统一性要求，做到形式与内容的协调统一。二要尊重教育客体的多样变化。当前世界各国正在面对前所未有的历史大变局，集中表现为政治、经济、思想文化等各领域的多元存在与不确定性。当代大学生深受这种多元多变环境的影响，在成长背景、认知特点、思维习惯、处世态度及行为方式等各方面表现出多层次的多样性。科学应对这些多样性，需要思政课在主动把握学生成长特点与规律基础上，主动开发利用针对性强的多样课程资源，结合学生自身成长实际和需求，针对个体差异探索不同方法与引导路径，在因时施教、因地施教和因材施教中达成思想共识和价值引领。实践证明，只有尊重多样差异才能走向多样统一，才能推动思政课在改革创新中更具亲和力、针对性，真正发挥其对每一差异化个体的统一性引领价值。

（六）坚持主导性和主体性相统一

在具体的教学过程中，教师与学生分别处于什么位置，彼此之间是什么样的关系，都会直接影响教学效果。一堂效果不好的思政课带给旁观者最直接的感受或者是教师主导和驾驭不好，或者是学生主体参与不好。这说明，要保证思政课堂的效果，发挥教师主导作用与调动学生主体作用同等重要，不可偏废。习近平总书记指出：“思政课教学离不开教师的主导，同时要坚持以学生为中心，加大对学生的认知规律和接受特点的研究，发挥学生主体性作用。”① 在思政课上，教师是施教的主体，处于主导地位，学生是受教的主体，是被主导的主体。发挥教师的主导作用，即是以教师“教”的主观能动性去导引学生的“学”。具体体现在，教师要通过合理安排教学内容，设计教学思路，选用教学方法，开发问题情境，控制教学节奏，把握课堂形态，营造课堂氛围等，确保思政课教学过程能够在自己的主动作为中主动推进，直至达到学生满意的效果。这种主导不是主宰，不是生硬地、强力地压制控制，而是潜移默化地艺术性导引和驾驭，是建立在对学生主体特点、接受规律和思想困惑了然于胸的前提下的无形引导，是能够从容应对课堂新情况新问题的自信引导。由此可见，教师主导作用不是轻易就能达成的。只有当思政课教师在理论功底、创新思维、授课艺术、表达素养及应急应变等方面都有扎实基础时，这种潜移默化的高水平主导才能实现。

思政课归根结底是要作用于学生，影响学生的思想与行为的。发挥教师主导性作用，最终目的还是服务于学生主体。马克思深刻指出：“就单个人来说，他的行动的一切动力，都一定要通过他的

① 习近平：《用新时代中国特色社会主义思想铸魂育人 贯彻党的教育方针 落实立德树人根本任务》，《人民日报》2019 年 3 月 19 日。

头脑，一定要转变为他的意志的动机，才能使他行动起来。”[①] 由此可见，教师的主导性作用能否落实到学生主体身上，关键在于能否通过课堂充分激发起学生的主体能动性，促使科学理论经由他们的头脑加工变为自觉行动的意志。只有教师主导性科学配合学生主体性，才能真正实现教与学的相得益彰。激发学生主体，关键在于提升思政课的针对性与亲和力，提升学生的主动性和自觉性。要重点了解学生的思想需求，把握学生的精神生长点，主动去关切学生的问题与困惑。要通过主导作用促发学生主动思考、主动参与，把内心所思所想所悟呈现在课堂，引导他们走到科学理论中求解自身困惑，萌生思想与情感上的共鸣，进而从内心深处产生信服，认识到学习思政课理论的重要性。当学生主体能动被调动起来，学习氛围自然会充满生气和乐趣，学习的效果也会自然地达成。需要注意的是，学生主体性离不开教师主导性作用，在调动学生主体能动的整个过程中，教师主导性要一直在线，不能缺位。如此，才不会让学生的主体能动迷失方向。

（七）坚持灌输性和启发性相统一

灌输和启发是思政课堂上两种常用的教学方法。汉语词典里，灌输的原义为“把水流引到需要水的地方”，后来被引申为“把思想观念灌注给别人”。可见灌输法强调的是理论通过正面主流渠道持续性地传导与注入。与灌输不同，进行教学启发可以有正面、侧面以及反面等多个维度，且必须抓住有利时机。所谓“不愤不启，不悱不发”，就是强调教师应抓住学生困惑思考的最佳时机予以点拨和指导。灌输和启发在思政课教学过程中同等重要，两者不能割裂使用，必须有机统一起来。习近平总书记针对如何正确使用这两种方法作出清晰论述，他说：“让学生接受马克思主义，离不开必

① 《马克思恩格斯选集》（第四卷），人民出版社，2012，第 258 页。

要的灌输，但这不等于搞填鸭式的“硬灌输”。要注重启发式教育，引导学生发现问题、分析问题、思考问题，在不断启发中让学生水到渠成得出结论”。[①] 意思很明确，一要适度适当地使用灌输法，不要过度；二要在灌输中融入启发，通过有效启发来达到灌输的效果。

首先，要坚持正确且适当地使用灌输。正确使用灌输的前提是为“灌输法”正名，正确地认识并接受灌输。所谓“名正才能言顺”，灌输背上坏名声正是因为长期以来大家对“灌输”的狭隘理解和错误使用。必须清楚，灌输并不等同于强行漫灌，也不是“硬性填鸭”，更不是“控制”和“洗脑”。所谓“填鸭”“洗脑”等类似言论，都只有简单粗暴地“灌”，而没有“输”的引导。科学灌输主张的是像引水浇地一样把理论输送到该去的地方，没有主渠道、没有方向感的灌输就是一通乱灌，抵达不了目的地。思政课之所以要坚持“灌输”主导，主要是因为思政理论具有一定深刻性和抽象性，和学生思想存有一定距离，但其又不能从学生头脑中自发产生。只有通过正面的、持续性的课堂灌输，理直气壮地把理论传输给学生，主动去武装并占领学生的思想阵地，才能不断拉近理论和学生的距离。

其次，科学灌输还必须辅之以启发。因为单纯灌输不仅达不到思政课预期效果，还会对其效果造成损伤。正确打开“启发”需要两个步骤，一是由教师去开启学生的思考，二是引导学生在思考中自主觉悟，得出结论。进行启发教育要有问题导向，教师要有意识地引导学生关注社会现实矛盾和重大问题，再围绕这些问题去发掘、捕捉学生思想中的疑惑点和矛盾点，沿着问题指向去开启学生

① 习近平：《用新时代中国特色社会主义思想铸魂育人 贯彻党的教育方针 落实立德树人根本任务》，《人民日报》2019 年 3 月 19 日。

的思考。没有问题支撑的空洞启发是苍白无力的，不会在学生思想中留下任何痕迹。采用启发还要注意抓准时机。教师要通过学生课堂表现及时研判学生的心理和思想状态，抓住学生疑惑、困顿却思而不能解的时机去启去发。不注意时机地处处启发，或者随机性启发，不仅无助于为学生解惑，反而会滋生他们对理论的茫然。此外，有效启发还要保持耐心。教师不能在启而不决、启而未发的状态下就急急忙忙地把答案塞给学生，而是要耐心地引导一番，为学生指明一条思考的路径，帮助其自主找到问题的答案。如此启发，才能在自然而然中达到效果。

（八）坚持显性教育和隐性教育相统一

显性教育和隐性教育同属于思政教育方法论体系，两者之间既相互区分，又相互联系。“显”为彰，“隐”为藏。没有“显性”无所谓“隐性”，没有“隐性”也无所谓“显性”。当前思政课主要进行的是显性教育，这是由其政治属性决定的。因为只有通过显性教育路径和方法，公开、正面且直接地进行理论传输与引导，才能达到理直气壮、旗帜鲜明讲政治的目的。这说明显性教育在思政课堂具有明显优势。与显性教育相比，隐性教育则相对间接且隐蔽，其往往会通过潜在和间接的方式将教育的目标、内容和思路等隐藏起来，通过环境或情境熏染与渗透等方式将思政价值输送到受教育者的头脑之中，达到润物无声的效果。建好新时代思政课，依然要把显性教育摆在首要位置。要充分利用思政课堂和各种公开场合、公开手段，有组织、有系统、有阵地、有明确导向地开展思政理论教学，直接进行政治理论输出，造就科学理论坚定自信的传输姿态与攻势，形成对学生思想与心理上的震慑效应。尤其要结合信息化传媒优势，通过网络技术与平台扩大理论传输覆盖，让马克思主义科学理论明显地占据网络主流和主阵地，造就正向而强劲的舆论声势。

同时，也要发挥隐性教育的优势。必须明确的是，主张隐性教育不是为了替代显性教育，而是作为显性教育的重要辅助共同营造一种全面的思政教育环境。就像习近平总书记所指出的，“挖掘其他课程和教学方式中蕴含的思想政治教育资源，实现全员全程全方位育人”①。一方面，要实施课程思政，充分发掘其他课程理论和教授方式中的思政元素与正向价值，借助其他专业课堂将它们潜移默化地传输出去。譬如，在工程类专业课程的实训课堂，教师可通过环环相扣的示范操作过程，无形中向学生传达一种严格谨慎的科学精神。另一方面，要通过有意识的环境塑造，致力营建一种浸润式的教育氛围。譬如，可以通过班级制度与文化建设，传递团结友爱、奋斗进取的价值观念；也可以通过校园建筑、雕塑等物质载体，默默传扬校园文化和校训校风求真求上的精神。此外，还要促进全员全程的参与。主动激发高校内外更多岗位的自觉能动，引导每一主体都能意识到自身潜在的育人责任，明白自身言行对青年学生的潜在影响，自觉参与到育人过程中来。譬如，高校可以通过为行政管理、后勤服务等群体设立言行规范和考核要求，引导他们为学生提供诚信、温暖又贴心的服务，传递社会主义核心价值。

二　“八个统一”的内在逻辑

从内在逻辑来看，“八个统一”从课程认识论层面、课程价值论层面以及课程方法论层面三大维度出发，全面清晰展现了新时代思政课应该呈现的“格局”与“样子”。比如，坚持政治性和学理性相统一、坚持建设性与批判性相统一、坚持统一性和多样性相统一是主要偏向于课程认识论层面的内容；坚持价值性与知识性相统

① 习近平：《用新时代中国特色社会主义思想铸魂育人 贯彻党的教育方针 落实立德树人根本任务》，《人民日报》2019 年 3 月 19 日。

一主要偏向于课程价值论层面的内容；而坚持理论性与实践性相统一、坚持主导性与主体性相统一、坚持灌输性和启发性相统一、坚持显性教育和隐性教育相统一则主要偏向于课程方法论层面的内容。这三个层面全面而科学回应了新时代的思政课“是什么样的客观存在、为什么而建以及怎样建好”等核心问题。

（一）从课程认识论层面揭示了思政课的客观样貌

“八个统一”中，坚持政治性和学理性相统一、坚持建设性与批判性相统一、坚持统一性和多样性相统一属于课程认识论层面的内容。所谓课程认识论，主要指从课程性质、课程特点、课程方向等内生属性说明对一门课程客观样貌或实然本体的认识，这类认识重在说明“该门课程实质是什么”，以及“它之所以是它的独特性”。与其他社会实践一样，思政课作为社会实践的一种，具有不可转移的客观实在性。也就是说，其实然本体或客观样貌不会因为现实条件的转移而转移，也不会因个人意志的改变而随意改变。首先，“八个统一”中的“坚持政治性和学理性相统一”，是从政治本质属性揭示思政课的客观样貌。从教育实践角度看，思政课属于科学文化教育实践类别中的一门课程实践，但思政课的政治性要求其无论什么时候、什么条件，面对何种情况都要坚持把政治作为出发点和落脚点、作为主导主线、作为主体内容、作为根本方向、作为首要原则、作为最高目的、作为价值依托等，充分说明把思政课划归到社会政治实践名下，更符合思政课的内生要求。可以说，从课程认识论出发所揭示到的思政课的首要客观样貌应该是政治面貌，这个面貌决定了思政课是以政治属性立身的，根本区别于其他专业课程。并且这个政治性不是空洞的、虚无的，也并非触不可及，而是有着强劲有力的学理支撑，有着脉络清晰的逻辑理路，是这些学理和纹路像四梁八柱一样稳稳支起来的政治性，并赋予这种政治性以坚不可摧的基础。其次，“坚持建设性与批判性相统一”，是从过程层面揭示思政课的客观样貌。恩格斯指出：“世界不是既成事物的集合体，而是过程的集合体。”[①] 万事万物都在过程中存在的属性决定了思政课也是一个动态生长的过程。而作为过程存在的思政课，必然要经过“建设”与“批判”、“破”与“立”的循环往复。但这种循环不是来来回回地重复性循环，而是基于否定之否定科学规律促动下的螺旋式循环与发展。正是这种始终带有批判审视眼光的建设性，以及一直以促进建设为目的的批判性，共同推动着思政课作为一个客观过程向前推进，把思政课曲折前进的过程性样貌具体地展示出来。最后，“坚持统一性和多样性相统一”，是从现实多样层面揭示思政课的客观样貌。现实是多维多元多样的现实，是处于联系发展变化中的、具有复杂属性的现实。思政课是按照统一立场、统一方向、统一课程原则、统一实施规范、统一价值取向等建设起来的课程体系。但这是多元多样多维中的统一，不是整齐划一、千篇一律、“一个模子”的统一，是多元多维基础上的、蕴含着丰富样态的统一，是主动顺应现实多元变化要求，以多样性应变实践增进统一性目标。这种多样统一性，既让思政课绽放出宛如万花筒般的精彩，又不脱离其内在规定性和道路指向。综合起来看，这三个层面的统一要求，完整揭示了新时代思政课的应然状态和客观实在属性。把这三个层面全面整合起来，思政课就宛如一棵蓬勃向上生长的大树，学理是它的根系和脉络，政治是它的主干，多样多元现实表现为它繁茂多姿的枝与叶。它跟随时空变化年复一年地由新生走向衰落，又从衰落里孕育新生、走向新生，永远以批判冷静姿态展现着自己向前向上伸展、蓬勃发展的生命图景，这些共同构成了思政课的独特客观存在。

（二）从课程价值论层面回答了思政课“为什么而建”

“八个统一”中，“坚持价值性和知识性相统一”属于课程价值

---

① 《马克思恩格斯文集》（第四卷），人民出版社，2009，第 298 页。

论层面的内容。价值是指客体自身属性对人的主体需要的满足程度。课程价值论主要是从课程的现实立场、服务指向及社会取向等方面来考察一门课程究竟“为什么而建”，或者说其“能在什么方面以及多大程度上满足主体需要”的认识，这类认识旨在向社会展示课程本体存在的意义及意义的大小等。可以说，“坚持价值性与知识性相统一”就是对思政课价值客观属性的集中揭示和表达。而这个统一原则也间接蕴含于其他七个统一中，是唯一能把其他七个统一原则联结、联通并贯通为一体的基础原则，并且对其他七个方面的统一原则形成价值层面的统摄作用。譬如，要“坚持政治性和学理性相统一”，无论是政治表达还是学理表达，无论是用政治导向学理还是以学理支撑政治，这些具体的过程都要服从于统一的价值指向，即满足学生的思想追求和心理诉求，不然这些所谓表达都将付诸空谈。在“坚持统一性和多样性相统一”原则的过程中，只有注意到学生群体的多样性存在现实、多元个体性特征和多层次思想状态，并时刻以尊重这种多元多样多层现实为前提，才能真正促发思政课传道解惑的作用，用思政理论的科学魅力去满足学生的需求。在“坚持批判性与建设性相统一”的原则上，从“建设”走向“批判”，再由“批判”推动新一轮的“建设”，之所以要坚持这种以“破”促“立”、否定之否定式的螺旋式循环发展的曲折道路，根本目的在于让思政课的价值作用能够一直延续下去，能够为一代又一代学生主体提供思想价值指引。在“坚持理论性与实践性相统一”的问题上，促进理论走向实践、融入实践，把科学理论从教学小课堂引向丰富广阔的社会实践大课堂之全部过程，本身就是对思政课知识理论价值性的实际考察与验证过程，也是用新的鲜活实践来检验思政理论是否“过时”“过气”，是否能继续展现其真理价值的过程。在推进“坚持主导性与主体性相统一”“坚持灌输性与启发性相统一”“坚持显性教育和隐性教育相统一”三大原则的具体过程里，价值引领也是无处不在、无处不有的。从发挥主导性调动教师的积极性、主动性和创造性，到通过主体性的确立激发学生的主动思考和参与；从正面正向灌输去彰显思政理论的政治权威和科学理性，到运用启发方式帮助学生真切感受理论对现实问题的强大解析与化解力；从开展直接的、公开性的思政教育教学，到把思政崇高价值溶解融入到具体的人、物与环境等各种载体之中，达到一种无声无形的教育氛围与效果，这些方法策略的引入和使用无一不在遵循一个统一价值尺度，即通过思政课里充满“美好”意蕴的理论去助力学生主体向好向上向真，不懈追求各种美好价值。用价值引领知识教育，用知识教育去传播价值，这是促使“八个统一”贯通一体、作为一个统一整体存在的逻辑总线索和总链条。通过这个总的逻辑链条，思政课“为谁、为什么而建”的现实意义全面呈现了出来。

（三）从课程方法论层面指明了建好思政课的总体路径

“坚持理论性与实践性相统一”“坚持主导性与主体性相统一”“坚持灌输性和启发性相统一”“坚持显性教育和隐性教育相统一”，这四个统一都是属于课程方法论层面的原则。方法论，就是关于人们认识世界、改造世界的方法、原则和手段的理论体系。课程方法论主要从课程实施与建设出发，以解决实际问题为目标，揭示应该用什么样的方式、方法来提升课程质量与效果，回答思政课“怎么才能建好建强”。毛泽东曾形象地把方法比作过河的船与桥，他说：“我们的任务是过河，但是没有桥或没有船就不能过。不解决桥和船的问题，过河就是一句空话。不解决方法问题，任务也只是瞎说一顿。”[①] 由此可见，方法问题本质上就是用什么来走路、用什么工具来达成任务的问题。首先，“坚持理论性与实践性相统一”原

① 《毛泽东选集》（第一卷），人民出版社，1991，第139页。

则，着重从认识与实践关系的角度来论证传授和习得思政课理论的路径方法，突出的是实践的方法。所谓“纸上得来终觉浅，绝知此事要躬行”。理论是灰色的，但生活之树常青。“灰色”的知识理论只有在“常青”的现实生活实践中，才能真正焕发出迷人的光彩而入脑入心。从实践中走来的理论必须回到实践之中，才能被学生真正认识到、理解到。这是贯穿“教”与“学”过程的根本大法。其次，“坚持主导性和主体性相统一”原则，主要侧重从主客体的主观能动性角度来探寻思政课的教学之道。虽说教无定法，但教师在主观能动驱动下的所有具体教法，其目的都是把思政理论按照自己主导的方向传递出去，确立科学理论的主导地位。学生主体的主观能动是在教师的各种主导方法下产生的，学生对知识的深层理解和运用也是通过他们自己思考、参与等主动性方法产生的。无论是以主导引领为目标的方法群，还是以主体参与为目标的方法群，都是致力于教与学的双赢局面，共同组成了助力教学相长的方法工具箱。再次，“坚持灌输性和启发性相统一”的原则，主要从教师主导方法层面来论证理论灌输法的具体方式及技巧，突出的是运用方法的技巧性。“灌输法”是实践证明了的、具有科学优势的方法理论。而这种方法在今天被诟病、陷入困局的主要原因是对这种方法的教条式理解和使用。当前学生主体的灵活多变要求理论灌输法必须和启发技巧配合起来，启发式地去灌输，如此才能激发出灌输教学法的真正效果。最后，“坚持显性教育和隐性教育相统一”的原则，重点是从公开与隐蔽层面探寻思政课程的为教之道。直接而公开的方法可以彰显思政课理论的科学威信，可以让思政理论在开放场景中有秩序、有方向地传递出去；而隐蔽的、含蓄的方法可以让思政价值在一种无声无息、不易被觉察的情境中传递出去。“显”的方法和“隐”的方法各有特点、各具优势，两者的密切融合可以更好地激发思政教育的效果。综上所述的原则，都是方法论层面不同维度思政教育科学方法的揭示，是推进思政课改革发展强有力的工具。

三 “八个统一”的鲜明特色

“八个统一”原则鲜明展现了新时代思政课的独有特点，主要表现在四个方面。一是这八个原则彼此之间相辅相成、逻辑自洽，构成了一个结构完整、环环相扣的科学系统，展现出明显的系统性。二是其中的每一个原则都能作为一组矛盾关系独自成立，展现出开阔的辩证视野，具有辩证性。三是八个维度的统一全面揭示了当前思政课建设中的困境与问题，表现出强烈的问题导向性。四是这些原则一直处于开放包容姿态，能够以自身的创新发展推动思政课建设跟上时代，具有开放性。

（一）系统性

所谓系统，是指“由许多相互联系、相互作用的要素构成并与周围环境发生关系的具有稳定结构和特定功能的有机整体”[①]。“八个统一”原则就是这样一个有机的系统。习近平总书记将“八个统一”比喻为一套“组合拳”，并指出“只有打好组合拳，才能讲好思政课。”[②] 这个比喻直接印证了“八个统一”的系统性。既然是“组合拳”，那么每招每式都要密切配合起来，说明每一个统一原则都很重要，一招一式都要发挥好，不能偏废其一。倘若这个系统中的某一个原则“掉链子”了，那么整个系统的功能和效果都会大打折扣。倘若只是强调某一个原则或者某个原则的某个方面，“八个统一”同样形不成合力，发挥不出系统的结构优势。

作为一个整体性系统，首先，“八个统一”彼此之间相互联系、

---

① 马克思主义基本原理编写组编《马克思主义基本原理》，2021，第 52 页。

② 习近平：《用新时代中国特色社会主义思想铸魂育人 贯彻党的教育方针 落实立德树人根本任务》，《人民日报》2019 年 3 月 19 日。

相互作用。其每一个统一原则都与其他统一原则构成了一种新的联系。譬如，“坚持政治性与学理性相统一”对于其他七个统一原则形成一种方向上的统帅、引领。其他的原则，无论是认识论层面，还是价值论层面，抑或是方法论层面，都不能脱离这个政治理性方向的引领。因为以学理为支撑的政治属性是思政课安身立命的第一属性。再比如，“坚持价值性与知识性相统一”与其他七个统一原则又构成一种贯穿关系。具体来讲，当其他统一原则真正发生作用的时候，价值和知识的统一关系总是贯穿其中的。因为人类所有实践都是人的目的性活动或者说价值性活动，没有哪种实践可以离开知识和价值而孤立进行。虽然这些统一原则均是站在不同维度揭示出来的规则或规律，但其都是围绕思政课实践这个中心进行的，没有这个实践基础及实践指向，这些规则和规律无异于空谈。因此，当这些原则围绕思政课实践活动起作用时，价值与知识的统一关系就会自然呈现其中。

其次，“八个统一”具有清晰的内部层次与结构，全面展示了新时代思政课的客观面貌。这三次层次依次是认识论层面、价值论层面和方法论层面。“坚持政治性和学理性相统一”“坚持建设性与批判性相统一”“坚持统一性和多样性相统一”属于课程认识论层面的原则，主要揭示新时代思政课的客观面貌。譬如说，它是一个有着理性基础的政治性存在，是一个统一框架下的多样多元性存在，还是一个过程性存在等等。这三个原则帮助大家建立了对思政课作为客观存在的认识。而“坚持价值性与知识性相统一”属于课程价值论层面，揭示“为谁服务、满足什么需要”的问题。剩余的四个原则，“坚持理论性与实践性相统一”“坚持主导性与主体性相统一”“坚持灌输性和启发性相统一”“坚持显性教育和隐性教育相统一”则都是属于方法论层面，指明思政课“怎么做”的问题。从“应该是什么”到“为什么”再到“怎么做”，这三个层次一脉相连，一以贯之地构建了一个思政课原则体系。

此外，“八个统一”原则凸显了“真理”和“价值”两个尺度，使得思政课实践呈现科学实践系统的应有表征。一方面，这些统一性原则是对新的历史条件下探索思政课实践的新认识，具有真理性特征。表现在，它不是一蹴而就得来的，也不是凭借个人感觉和经验得来的，而是在对思政课历史经验科学总结的基础上，在科学研判分析新的条件和新的问题的前提下，经过大量实践摸索、实践检验之后才得以确立的。这个探索过程符合科学认识和实践的过程，符合“真理尺度”。另一方面，“八个统一”的确立，是为了让思政课更加具有针对性、亲和力、感染力和实效性，为了更好地发挥思政课在立德树人中的关键作用，为中国特色社会主义现代化事业凝聚青年学生的智慧和力量，符合“价值尺度”。这两个尺度共同存在且作用于新时代思政课改革发展系统，确保思政课实践能够一直沿着科学尺度、正确方向前进。

（二）辩证性

“辩证性既是世界物质运动的重要属性，也是人类社会发展的根本特征，同时还是思维发展的规律性体现。”① 思政课作为一种社会实践，本身也是一种辩证运动，蕴含着丰富的辩证性。“八个统一”蕴含的“八对矛盾关系”，就是建立在对思政课内在辩证矛盾关系系统发掘的基础上的。思政课实践不仅是一个辩证体系，而且支撑它的逻辑理路也富含辩证性。这恰恰是选用“八对辩证矛盾”来呈现思政课原则的原因所在。

首先，“八个统一”实际上就是“八对矛盾”。矛盾是反映事物内部和事物之间对立统一关系的哲学范畴。“八个统一”中的每一个“统一”都呈现为一对具体矛盾，从“政治性和学理性”到“建

① 易小明：《哲学思维方法论》，湖南师范大学出版社，2015，第 80 页。

设性和批判性”，再到“价值性和知识性”“理论性和实践性”“统一性和多样性”“主导性和主体性”“灌输性和启发性”“显性和隐性”，每一对都是典型的矛盾关系。打开每一对矛盾，都能清楚感受到矛盾双方互相排斥、相互分离的对立关系，同时又相互依存、相互贯通的统一关系。比如，在“坚持理论性与实践性相统一”关系里，理论不是实践，实践也不是理论，但是没有理论也就没有实践，实践需要理论的指导，理论是从实践中产生的。再比如，在“坚持显性教育与隐性教育相统一”原则里，“显”和“隐”肯定是相反的、不同的，但有“显”才有“隐”，没有“隐”也无所谓“显”，有时候，可以在“显”中“隐”，也可以在“隐”中“显”。这些矛盾关系共同构筑并清晰展示了关于如何推进新时代高校思政课改革发展的辩证理路。

其次，“八个统一”清晰揭示了思政课联系与发展的辩证运动过程。联系与发展是唯物辩证法的总观点和总特征。在普遍联系中存在并发展，也是思政课实践呈现出来的总特征。从本质来看，思政课的全称为“思想政治理论课”，表明这门课程与“思想”、“政治”、“理论”、“课程”等有着内在层面的固有联系，这些固有联系是不能去除亦不可分割的，因为无论割断哪一条都不会使其成为思政课。从外在条件来看，思政课实践隶属于社会存在，总是要处于一定社会条件、社会关系之中，并自动接受这些条件和关系的制约。因此，除却“思想”“政治”“理论”“课程”这些内在支撑外，思政课还要不可避免地与社会整体环境，特别是教育环境中各种外在条件发生关联，比如要注意到现实环境的多样多元特点，注意开发并利用一些隐性条件，主动去跟进各类新兴实践等。必须看到，伴随网络信息时代而来的文化冲击、学习革命、生活变革等都为思政课发展带来了新的变量和新的条件，它们促动着思政课展开一轮又一轮的自我变革。但无论怎么变革，这些辩证运动的维度是不变的，变动只是外来的条件。从发展过程看，思政课的这些辩证矛盾运动推动着其不断向前运动发展，不断去适应新的社会历史条件。

最后，“八个统一”体现了对矛盾分析法的科学运用。矛盾分析法是唯物辩证法的根本法则，主张在发现矛盾、分析矛盾的基础上推动现实矛盾问题的解决。矛盾普遍地存在于思政课实践的具体过程中，“八个统一”只是比较突出和主要的部分。如果按照重要程度对这“八对矛盾”做一个排序的话，那么“政治性与学理性”“批判性与建设性”“价值性与知识性”这三对矛盾自然是位于第一序列，因为他们是关乎思政课本质属性的矛盾。所谓“牵牛要牵牛鼻子”、抓问题要抓主要矛盾，只要着力优先解决这三对矛盾，其他几组矛盾问题也会迎刃而解。而在这三对矛盾中，“政治性与学理性”的矛盾又是最核心的，这也是它被列为“八个统一”首位的原因。矛盾分析法要求抓主要矛盾，还要注意矛盾的主要方面。比如，在“政治性与学理性”矛盾关系中，当前的主要方面是学理性，即通过发掘科学学理来促进政治性。在“价值性与知识性”矛盾关系中，需要注意的主要方面则是价值性，要注重激发思政知识的价值作用、价值导向。而在“统一性与多样性”矛盾关系中，当前的重心是加强统一性，以统一性统率并规范多样性。总体而言，“八个统一”就是科学运用矛盾分析法解析当前在思政课问题基础上得出的科学结论，这个结论又引导我们继续以矛盾分析视角去洞悉新的思政课实践。

（三）问题性

问题是时代之声，每一个时代都有属于它自身的独特问题，每一个时代的发展都必须从化解自身问题开始。作为新时代党和国家推进的一项重要实践，推进思政课改革与发展也必须从现实问题层面出发。毛泽东指出：“什么叫问题？问题就是事物的矛盾。哪里有没有解决的矛盾，哪里就有问题。”[①] 可见问题就是矛盾在现实层面的外显或外化。矛盾的普遍存在性决定了现实问题也是一种普遍存在。而社会的运动变化性又决定了旧的问题解决了，新的问题还会产生。可以说迄今为止人类的全部认识与实践就是一个不断发现问题、解决问题的过程。“八个统一”是针对当前思政课发展面对的现实问题提出的改革原则，其直接目的就是解决思政课现实层面的各种问题，在化解问题中推进思政课改革发展。强烈的问题意识和问题导向，坚持从问题中来，到化解问题中去，这是“八个统一”的显著特色之一。

一方面，“八个统一”原则共同致力于立德树人实践，推进解决“为谁培养人、培养什么人以及如何培养人”的根本问题。习近平总书记在全国高校思想政治工作会议上明确指出：“高校思想政治工作关系高校培养什么样的人、如何培养人以及为谁培养人这个根本问题。”[②] 思政课作为立德树人关键课程，其课程理念与实践都是在助力解决这个根本问题。而“八个统一”科学原则的提出，更是直接把思政课建设导向解决这个根本问题。譬如，强调“坚持政治性与学理性相统一”“价值性与知识性相统一”，就是聚焦解决育人政治方向、解决“为谁培养人”及“培养什么人”的问题。思政课的第一要义就是教导青年学生树立正确政治方向和科学价值取向。要引导学生从思政政治理论里蕴含的丰富知识形态中感悟真理的价值力量，树立为党为国的崇高理想信念，才能确保党和国家政治事业后继有人。强调“批判与建设相统一”“理论与实践相统一”“统一性与多样性相统一”“主导性与主体性相统一”“灌输与启发相统一”，都是聚焦于思政课如何建设、用什么路径和方

① 《毛泽东选集》(第三卷)，人民出版社，1991，第839页。

② 《习近平在全国高校思想政治工作会议上强调：把思想政治工作贯穿教育教学全过程 开创我国高等教育事业发展新局面》，《人民日报》2016年12月9日。

法去育人等关于“怎么培养人”的问题。这些都说明，坚持以“八个统一”推进思政课建设，实质上就是以问题意识贯穿推进立德树人实践，确保立德树人根本问题能够从课程初始层面就得到直接和有力地贯彻。

另一方面，“八个统一”原则的每一个统一都精准对焦一个问题，都是对高校思政课乃至思政教育现实重大问题的揭示和回应。问题是时代发展的先声，也是思政课改革与发展的先声。从这个意义上讲，发现并提出问题比直接去解决问题更加重要。“八个统一”原则就是在主动发现与探索问题过程中形成的。具体而言，它是站在新的社会历史条件下对思政课实践进行全面问题式审视的结果，是主动走到现实问题之中去寻求问题化解之道的结果。譬如，“坚持政治性与学理性相统一”的原则，所揭示的就是当前思政课普遍存在的政治说教化、空泛化、抽象化等类似问题，而这些问题的根源在于学理发掘不够、学理支撑不足。当前最重要的是政治性学理的发掘，这个问题解决好了，必然会带动解决政治说教、空泛与抽象等问题。再比如，“坚持统一性与多样性相统一”的原则，反映当前的困境是思政课对多样多元的现实情况掌握不足且关照不够，致使统一性逐步脱离现实。只有主动走近并接纳客体的多样现实，坚持具体情况具体分析，思政课的统一性要求才能被更好地贯彻并落实下去。还有“坚持灌输性和启发性相统一”，问题在于传统单一的灌输方法已经不适应今天学生的认知特点与需求，必须用启发的方式去灌输，才能重新焕发灌输方法的现实意义。可以说，每一个统一原则都与某个现实问题直接相关，这种问题意识和导向促使思政课不断依据新的条件做出改革与创新。

（四）开放性

思政课的对象是人，目的是培养人，始终围绕人的存在而存在，是一种有目的、有意识地塑造人的思想行为的社会实践活动。

人的存在方式的变化必然会影响思政课的存在方式，并对其提出进一步的要求。“八个统一”的提出，就是为了帮助思政课乃至整个思想政治教育能够及时适应现实社会与人（对象）的发展变化，助力思政课体系永远保持一种开放意识和发展姿态。唯此，才能确保高校思政课不断适应现实社会及现实对象的变化节律。

1.“八个统一”的开放性来源于马克思主义的现实性

马克思主义对现实世界的关注、对现实的人的关注是以往很多思想理论所不能企及的。马克思认为：“人们自己创造自己的历史，但是他们并不是随心所欲地创造，并不是在他们自己选定的条件下创造，而是在直接碰到的、既定的、从过去承继下来的条件下创造。”① 现实条件的客观性决定了人们改造思政课也不能随心所欲，不能按照自己的主观意愿行事，而必须在思政课直接碰到的、既定的、从过去继承下来的条件下去促动其改革发展。这些共同构成了思政课改革发展的现实条件。但这个现实不是封闭的、静止的现实，而是处于开放状态的、流动的现实。根据这种现实前提凝结而来的“八个统一”原则自然也具有开放与流动的特性。主要表现在，“八个统一”的每个统一都是立足于现实条件、对接现实问题、作用于现实对象。无论是哪个统一原则，其在思政课实践中发挥作用的首要前提是对其所遭遇的客观现实的无条件接纳与尊重。譬如，“坚持政治性与学理性相统一”，必须看到，这里所谓政治只能是当前中国特色社会主义政治现实，而这个政治现实不是某一点、某一面，而是一个全方位的广阔现实，其不仅是方向的指引，还有理论体系与实践的支撑；其不仅是现实层面的，还蕴含着丰富的历史脉络；其不仅是关乎中国的，还关乎着世界的整体的格局和走势。唯有坚持开放意识，才能真正把这种政治性所面向的广阔与丰富现实呈现给

① 《马克思恩格斯文集》（第二卷），人民出版社，2009，第470～471页。

学生，进而引导学生从中厘清、把握政治大势的历史必然性。

2. “八个统一”的开放性主要表现为理论自身的创新品格

马克思主义科学理论是高校思政课的理论基础。“八个统一”作为新时代思政课的建设原则，它的提出不仅仅是为了顺应现实的需要，还为了顺应理论自身的发展需要。能够与时俱进、保持自我更新，是马克思主义作为科学理论的基石。习近平总书记指出，“马克思主义并没有结束真理，而是开辟了通向真理的道路”[①]，因为“马克思的整个世界观不是教义，而是方法。它提供的不是现成的教条，而是进一步研究的出发点和供这种研究使用的方法。”[②]以创新品格支撑的马克思主义理论体系，必然推动思政课实践体系与时俱进。“八个统一”原则就是在与时俱进中推动思政课改革与发展的创新性成果。主要表现在，“八个统一”原则为思政课的守正创新提供了创新路径与方法指引。例如，“坚持批判性与建设性相统一”原则，要求以批判态度和方式来推进思政课理论与实践，以科学批判作为创新动力持续推进思政课的思想性、理论性、亲和力、针对性和实效性等目标的实现。但要知道，科学使用批判性思想武器的前提是开放意识，是面向未来发展的开放性思维。封闭状态下，单纯为批判而进行批判，思政课的改革则只能停留在一些人的思维阶段，既走不进现实，也到不了未来。恰恰是以开放意识、开放性思维来审视思政课改革，以马克思主义与时俱进的理论品格来推动思政课理论与实践改革，“八个统一”科学原则才得以产生、确立并被揭示出来。另外，这种创造性还表现在其表达方式上。不同于以往的思政规律与原则，“八个统一”以哲学化的语言、辩证的思维方式，以矛盾关系的

① 《习近平谈治国理政》(第二卷)，外文出版社，2017，第 33 页。
② 《马克思恩格斯文集》(第十卷)，人民出版社，2009，第 691 页。

形式来揭示并阐明思政课改革创新的根本规定、价值原则、基本方法等，从全面开放视野来把握思政课实践中的守正与创新、批判与继承、变与不变、传统与现代、现实与未来，让思政课的理论与实践得到前所未有的拓展。

3. “八个统一”原则有力地开拓了思政课的现实领域

“八个统一”原则来源于对新时代思政课现实环境与现实条件的全面审视。事实证明，今天思政课的现实环境与条件远比以往的复杂多样，且充满各种不确定性。“八个统一”的提出，就是引导思政课走出传统一域、一时、一课的局限，主动以变化形式顺应正在遭遇的广阔与复杂现实。比如，“八个统一”中关于统一性与多样性关系的论述，关于理论与实践关系的论述，关于显性教育与隐性教育关系的论述等，都在主张将思政教育与现实中各种新兴领域、形式与载体相融合，推动学校小课堂与社会大课堂、显性课堂与隐性课堂、统一化课堂与多样性课堂等结合起来，这些开放理念有力地开拓了当前的思政实践领域，对于促进全过程、全方位思政教育格局大有助益。

第二节 “大思政课”建设与“八个统一”

2022 年 7 月，教育部等十个部门联合颁发了《全面推进“大思政课”建设的工作方案》（以下简称《方案》），明确要求坚持开门办思政课，充分调动全社会力量和资源，通过建设“大课堂”、搭建“大平台”、建好“大师资”等途径全面推进“大思政课”建设。从本质来看，“大思政课”依然隶属于思政课范畴，其是对思政课实践在时间、空间和人员等层面的进一步扩展。思政课的“八个统一”原则不仅适应于“大思政课”实践，也是推进“大思政课”实践科学发展的根本遵循。

一 “大思政课”的本质是思政课

“大思政课”的本质是思政课，这主要是由“大思政课”的指导思想、根本任务、价值目标等本质属性决定的。推行“大思政课”的目的不是取代思政课，而是推动思政课的改革创新，帮助其更好地适应新时代国家发展环境和整体生态的根本性改变。

从指导思想来看，“大思政课”以新时代的马克思主义为最高指导。对于一门课程而言，方向具有首要的意义。马克思主义是我们立党立国的指导思想，也是“大思政课”建设的指导思想。《方案》明确指出：“全面推进‘大思政课’建设，要坚持以习近平新时代中国特色社会主义思想为指导，聚焦立德树人根本任务，推动用党的创新理论铸魂育人，不断增强针对性、提高有效性，实现入脑入心。”[①] 习近平新时代中国特色社会主义思想是当代中国的马克思主义，是中国共产党带领中国人民围绕新的历史条件下如何建设和发展社会主义的规律性总结，为新时代“大思政课”提供了全方位的指引。党的十八大以来，习近平总书记关于新时代教育工作尤其是高等教育改革与发展的一系列重要论述，关于全国思想政治工作和意识形态工作的重要部署，关于哲学社会科学的科学指示，以及专门针对思想政治理论课改革的指导意见等，从各个角度、各个方面、甚至各种细节为“大思政课”的理论与实践提供全面指导，旨在指引其更好地坚守社会主义育人方向，指引其在培育社会主义建设者与接班人上发挥关键作用。党和国家对“大思政课”的高度重视，已然促使“大思政课”作为一个课程体系进入党和国家的战略全局，进入中国特色社会主义的发展全局中。这是推进“大

① 《教育部等十部门关于印发〈全面推进“大思政课”建设的工作方案〉的通知》（教社科〔2022〕3号），教育部网站，2022年8月10日，http：//www.moe.gov.cn/srcsite/A13/moe_772/202208/t20220818_653672.html。

思政课”第一要明确的。

从根本任务来看，“大思政课”以立德树人为最高目标。思政课是落实立德树人根本任务的关键课程，“大思政课”也是如此。从思政课走向“大思政课”，不仅不是对立德树人根本任务的肢解，而且有利于汇聚更多力量，以更科学的方式去促进根本任务的达成。具体而言，一方面，“大思政课”的形式更丰富、联动更广泛、实践更有力，有助于构建一种更具亲和力的思政教育教学环境，能够更好地强化科学理论的价值导向，让学生自觉建立对马克思主义的理论认同，进而提升对党和国家的政治认同。另一方面，“大思政课”的包容性强，在教育理念上更具开放意识和创新思维，不仅有助于调动思政课教师的积极性、主动性，还能吸纳更多社会力量参与到思政教育中来，让立德树人根本任务的实现有了更加强大的力量和环境支撑。可以说，“大思政课”较之思政课的整体优势，促使立德树人根本任务在“大思政课”改革中得到了更好的聚焦和贯彻，促使其以更出色的表现推进完成为党育人、为国育才的历史使命。

从价值目标来看，“大思政课”以社会主义核心价值为最高旨归。弘扬并践行社会主义核心价值是思政课的价值标尺，也是“大思政课”的价值旨归。这是由“大思政课”的知识理论基础决定的。党和国家致力于推进“大思政课”改革，并没有改变其思政课的本质功能。作为一个课程体系，传输科学理论知识依然是“大思政课”的第一要义。坚守以马克思主义科学理论为主体的广博知识体系决定了“大思政课”的价值主体只能是贯穿在这一知识体系之中的社会主义核心价值，而不是其他别的价值。并且相比于单纯的思政课堂，“大思政课”的丰富形式对于传输思政理论的价值更具优势。现行的思政知识体系覆盖了历史、哲学、道德、法律、政策及优秀传统文化等多个领域。“大思政课”通过开发丰富形式来传输这些具体知识形态，可以推动用历史情境讲历史，用道德的实践传道德，以现实的视角看政策，用文化的语言讲文化等，有助于社会主义核心价值借助丰富的传输过程传扬出去。从这个意义来看，思政课的价值意蕴并没有因为“大思政课”之“大”而被稀释，反而在更多时空、更多场域被进一步地放大并凸显出来。在“大思政课”实践中，社会主义核心价值指向更加明确且突出了。

二 “八个统一”的实践意义

“八个统一”对于新时代的思政课建设而言，具有“标杆”和“标尺”的双重意义，它不仅为新时代思政课“朝哪里改革，怎么建设”提供了科学指南，而且为思政课实践具体过程提供了基本原则、规范和规则。

“八个统一”为新时代思政课改革创新提供了科学遵循。“八个统一”是从新时代思政课实践中凝结而来的科学经验，是关于思政课改革与发展的规律性总结，具有科学的方法论意义。首先，“八个统一”从思政课“主渠道”层面回应了“培养什么人、怎样培养人、为谁培养人”的根本问题，指引思政课改革始终坚守科学方向。这些具体原则从不同层面出发论证如何提高思政课的实效性，推进思政课的内涵建设，落实思政课的关键作用，发挥思政课不可替代的作用与价值，是对思政课在全面剖析基础上的理性分析与引导，深刻指出了思政课走进学生内心的基本原则与方法，对于现实思政课实践具有直接的指导价值。其次，“八个统一”直面思政课建设过程中的重大矛盾与问题，从八个主要方面给予理论与实践的路径指引。这些原则不是空穴来风，而是对长期思政课建设过程中历史经验与规律的提炼和总结，是被历史实践检验了的、对当前依然具有指导意义的科学原则。并且这其中的每一个原则都蕴含着双向的维度和选择，都体现了兼而有之、兼而有重的辩证智慧，避免把思政课建设引入“非此即彼”的发展误区，是确保思政课沿着正确科学道路发展的有力保障。最后，“八个统一”强烈的问题意识为思政课创新发展提供了契机。问题是发展的先机，思政课能不能发展关键在于能不能找准思政课的问题。“八个统一”从八对矛盾出发揭示了思政课的现实普遍问题所在，引导各级主体对准这些普遍性的问题去思考、去创新，对于创新推进思政课、普遍提升思政课效果具有直接的价值。

“八个统一”确立了思政课对立德树人实践的关键意义。思政课是落实立德树人的关键课程，发挥着不可替代的重要意义。但要注意，思政课这种不可替代的关键价值并不是由思政课自身来阐发的，而是借助“八个统一”的原则指向来确立的。“八个统一”对于新时代思政课而言是本质规定性或内在规律层面的存在，是由内而发的指引思政课实践的基础原则。这其中每一个统一的最终指向都是具体现实的，都落实到青年学生的培养与塑造之上，而不是以空对空。“立德树人”的首要目标就是塑造、影响并培育青年学生，但这种目标的实现不是随意的。“八个统一”原则中所主张的“政治性与学理性相统一”，“统一性与多样性相统一”，“理论性与实践性相统一”，“主导性与主体性相统一”，“灌输性与启发性相统一”，“显性与隐性相统一”等，突出强调诸如学理性、多样性、实践性、启发性及隐性教育等当前思政课亟待建设的重点，公开揭示了一种以青年人期待的、喜爱的方式来培育青年的必由路径，从内在学理层面确立了思政课对于立德树人的现实价值，引导思政课沿着规律所指明的方向去疏解问题，真正把立德树人实践做到青年学生的心里去。

“八个统一”巩固了思政理论在人才培养中的核心价值。思政课传递的是思想政治理论，这是众所周知的事实。但长期以来，思想政治理论对于人才培养的价值总是被弱化、被边缘化，严重阻碍了思政课关键作用的发挥。“八个统一”的提出，从党和国家战略要求的层面确立了思政理论不可替代的核心价值，让思政理论回归到人才培养的核心位置。思想政治素质必须居于新时代人才素质结构中的最大板块和核心区域，这个不容忽视且不能改变的客观事实是经由“八个统一”阐发出来的。譬如“政治性与学理性相统一”，强调的是通过发掘学理的方式来培育并坚定学生的政治素质；“理论性与实践性相统一”，强调的是通过实践形式增进学生的思想价值认同，提升思想素质；“主导性与主体性相统一”，“灌输性与启发性相统一”，强调的是通过教师主导来激发学生的主体能动，在提升学生思想上的自觉能动的同时增进他们的科学思维素养。由此可见，思想政治素质对于青年学生的重要现实意义，不仅能在“八个统一”推进思政课实践的过程中自觉自然地呈现，而且能在用这些原则引导青年学生去自觉感受、自主参与的过程中得到认同和肯定，这无疑是“八个统一”原则对于新时代思政课改革最独特的价值。

“八个统一”为新时代思政课开辟了广阔的发展前景。思政课作为一种社会实践，其行进的方式方法必然受制于具体的社会历史条件。新时代所呈现出来的社会历史具体条件相比于以往有着鲜明而深刻的不同，从无所不在的信息化环境到多元多变现实，从“百年未有之大变局”到中西意识形态领域斗争加剧，从学习方式的变革到生存方式的转移，如此等等，可知思政课所处现实环境的复杂性和不确定性是前所未有的。“八个统一”原则从改革方向和方法上揭示了这种客观现实，同时也为思政课走向“大思政课”开辟了路径。要有效应对这种复杂多样的现实环境，思政课必须坚持改革创新，必须主动走向“大思政课”。“八个统一”的每一个维度都是在这一维度上对思政课生存空间的拓展，特别是“统一性与多样性相统一”，“批判性与继承性相统一”，“理论性与实践性相统一”等等，要么引导思政课横向扩展实践领域，要么引导思政课向纵深发掘理论深度，这都是在开拓思政课生存发展的时空。可以说，推动思政课向“大思政课”发展，是“八个统一”直接作用于思政课改革的现实价值之一。

三 “大思政课”建设需要坚持“八个统一”

习近平总书记说：“‘大思政课’我们要善用之。”[①] 推进“大思政课”之善用，关键要善用“八个统一”原则。坚持以“八个统一”为切入、为原则，横亘在“大思政课”建设之路上的矛盾才能被大幅缓解，推进“大思政课”的主观能动性才能被充分调动，善用“大思政课”的积极效果才能被全面激发。

“八个统一”有助于疏解“大思政课”发展的内在矛盾，促进“大联动”。任何实践都是在矛盾中推进的，新时代推进“大思政课”建设也不例外。特别是在当前的时代变局中，源于“大思政课”鲜明的意识形态属性，“大思政课”所面临的改革障碍和矛盾问题层出不穷，严重影响着改革的推进。“八个统一”的提出，特别是“八对矛盾”的揭示，像是用一把手术刀把“大思政课”在改革中的疑难杂症剖析了出来，让人们清楚地看到应该朝哪些部分发力、怎么用好力度，引导改革实践顺利通关。唯物辩证法认为，矛盾是普遍存在的，且所有事物都是在矛盾运动中促进自我发展的。缓和与疏解矛盾的前提是矛盾本身处于激化状态，即矛盾双方力量不平衡的状态。譬如，“八个统一”之所以将“政治性与学理性相统一”摆在首要突出位置，是因为现实中思政课的政治性表达已经普遍性地脱离了学理路线、进入空洞喊口号的话语误区。必须加强学理性发掘，让思政课的政治价值有所依托，如此才不会走向极端。其余的每一个统一及其所揭示的每一对矛盾也都是如此，都是

① 杜尚泽：《“‘大思政课’我们要善用之”》，《人民日报》2021 年 3 月 7 日。

从某一维度把矛盾的失衡或激化状态揭示出来，督促改革主体从矛盾一方入手去补充补足，力促双方实现平衡，抵达双方的真正统一。无论是平衡状态还是统一状态，都必须靠联动方式去实现。因为每一个统一背后牵扯到的理念、方式、方法以及主体力量等都是多种多样的，唯有以联系联动的方式去推动，才能在矛盾运动过程中探寻到一个平衡点，实现矛盾双方的统一。

“八个统一”有益于调动建设“大思政课”的主体能动，形成“大师资”。推进“大思政课”建设，关键在党能否把领导力落实，真正调动课程相关主体的能动与自觉，形成“大师资”建设格局。“八个统一”原则为“大思政课”的实施形式、现实场域及时域的丰富和拓展，为更多相关主体参与到这一实践中、协同推进“大思政课”建设提供了有力支撑。譬如，强调“灌输性与启发性相统一”，“显性教育与隐性教育相统一”，“理论性与实践性相统一”，“统一性与多样性相统一”，为高校各级行政管理人员、社会各级党委党组织力量进入或参与思政课教育教学提供了可能。尤其是“八个统一”所主张的启发形式、实践路径、隐性教育的表达方式和多元多样的展示舞台，为社会领域关注和支持思政课的各类潜在主体提供了现实可行的机会，有助于他们以自身喜欢的实践方式为思政课提供现实资源，或通过直接参与来传递思政价值。以“八个统一”为遵循，在坚守科学方向和秩序的前提下，调动各方参与思政课建设的主体意愿和能动性，协调协同各方有利资源条件助力“大思政课”建设，凝聚关心关爱青年学生成长成才的“大师资”力量，是推进“大思政课”顺利进行的至关重要一步。

“八个统一”有利于推动“大思政课”内涵式发展，激发“大效果”。坚持内涵式发展是新时代高等教育改革发展的必由之路，也是推进新时代“大思政课”高质量发展的必由之路。对于“大思政课”而言，“内涵式”建设意味着要从课程内部要素出发，通过优化课程体系、凸显课程内容、改革课程方法、促进课程实践等途径来提升思政课的质量和效果，提升学生的喜爱度和认可度。“八个统一”原则及其所揭示的思政课八个维度的内在逻辑，为推进“大思政课”内涵式发展提供了重要指引。厘清这些内在逻辑是思政课优化自身、提升内涵的前提。“政治性与学理性相统一”所彰显的是政治层面的逻辑，这是主逻辑与主干道。“批判性与建设性相统一”明确的是理论层面的建设逻辑；“理论性与实践性相统一”则突出的是实践层面的逻辑；“价值性与知识性相统一”主要凸显的是价值层面的逻辑，等等。这些逻辑就是“大思政课”课程体系优化与发展的具体改革方向，是促进“大思政课”内涵式发展的具体改革方向。把“八个统一”指明的八条逻辑引入“大思政课”改革实践，必将激活课程的内容、价值、方法等内部要素，把课程的内在活力激发出来，并将其转化为课程对外的吸引力和感染力，对学生产生深层次、实质性的引领。

第三节 “大思政课”建设遵循的原则

推进“大思政课”是当前党和国家围绕新时代思想政治工作形势实施的一项重要改革举措，其应有价值与实际成效正不断在改革实践领域彰显出来。从“思政课”走向“大思政课”，党和国家坚持“一体化”推进思政课的建设思路越来越清晰、越来越有力。习近平总书记提出的“八个统一”原则是被实践证明了的思政建设的规律性总结和原则遵循。坚持以“八个统一”来推进新时代“大思政课”实践，就必须准确研判并把握“大思政课”的现实条件，着力在增强“政治性”、“学理性”、“实践性”和“协同性”等重要原则上下功夫。

一 政治引领为首，坚持政治性

“政”，通“正”也。无论做什么，正确的方向和道路永远是第一位的。“政治性与学理性相统一”原则在“八个统一”中居于首要位置，突出说明了正确政治方向对“大思政课”建设的决定性意义。习近平总书记明确指出：“办好中国的事情，关键在党。”[①] 我们的教育是党领导下的教育，党是“大思政课”的直接开创者、领导者和推进者。因此，在关乎当前“大思政课”要“朝哪里改、改什么、不改什么”等重大原则问题上，必须充分体现党的政治意志，突出党的强大政治引领，致力“培养一代又一代拥护中国共产党领导和我国社会主义制度、立志为中国特色社会主义事业奋斗终生的有用人才”，“在这个问题上，必须旗帜鲜明、毫不含糊”。

坚持政治性，一要贯穿贯彻党的领导。首先要廓清思想认识，全面提振重视“大思政课”的思想自觉。政治引领从政治自觉开始。古人云：“知之愈明，则行之愈笃。”思想上清晰明白，行动才坚实有力。不可否认，作为已有近 60 年历史的课程体系，高校思政课在致力社会主义人才培养、壮大党的力量基础等方面做出了突出贡献。但现实中，且不论“大思政课”，人们对传统思政课的认知认同程度与其应有的价值地位都不尽匹配。特别是市场经济兴起后，伴随世俗利益观念、个人功利主义不断蔓延，一些人对思政教育的价值认知趋于模糊，于无形中冲淡了社会认同。不仅造成学业上普遍的“重专业轻思政”倾向，亦严重消解着思政课的现实价值。习近平总书记站在党和国家命运的高度为思政课发声，强调思政课对于立德树人的关键作用不可替代，[②] 中共中央办公厅、国务

① 《习近平谈治国理政》第 2 卷，外文出版社，2017，第 43 页。

② 习近平：《思政课是落实立德树人根本任务的关键课程》，人民出版社，2020，第 2 页。

院办公厅颁布的《关于深化新时代学校思想政治理论课改革创新的若干意见》（以下称《意见》）亦是站在时代全局来定位思政课，要求从世界百年未有之大变局、党和国家事业发展全局，从坚持和发展中国特色社会主义、建设社会主义现代化强国、实现中华民族伟大复兴的高度来办好思政课。把思政课提升到如此高度，不是出于偶然因素，而是日益复杂变幻的国内外形势推动的必然结果。面对各种西化、腐化和异化思潮的轮番冲击，要牢牢抓住青年学生的思想，引领他们听党话、跟党走。对于目前依然存在的“不重视、不关心甚至漠视思政教育的现象”，当务之急是廓清模糊认识，及时打破思想束缚，主动厘清“大思政课”建设与人才培养以及党之大计、国之大计之间的紧要关联，从思想根子上去提振重视，如此才能真正笃定全面重视“大思政课”的内心自觉，确保改革深度推进。

二要提高政治自觉，把党的引领贯彻“大思政课”全过程。针对思政课改革，中央明确要求建立党委统一领导、党政齐抓共管、有关部门各负其责、全社会协同配合的工作格局。地方党委首先要主动扛起主体责任。思政教育离不开地方支持，地方各级党委的重视、协调和领导力度等直接影响着思政课的育人效果。地方党委要“把思想政治理论课建设摆上重要议程，抓住制约思政课建设的突出问题，在工作格局、队伍建设、支持保障等方面采取有效措施”，[①] 把关注重心往促进思政课建设方向倾斜。首先，要促进建立长效交流机制，多同师生接触，回答师生关注的理论和现实问题，帮助师生把脉党的理论政策和社会发展形势，实打实地参与到“大思政课”建设中，自觉抵制“走马观花、蜻蜓点水”等空泛形

① 习近平：《用新时代中国特色社会主义思想铸魂育人 贯彻党的教育方针 落实立德树人根本任务》，《人民日报》2019年3月19日。

式，以“钉钉子”的态度，发掘实质性问题，拿出实质性措施。其次，各级学校党委作为直接领导主体，要全程指导并参与“大思政课”建设。要带头走进课堂，带头推动思政课建设，带头联系思政课教师，带头开拓“大思政课”实践。充分把握当前形势，创造性开展工作，在资源、人才配置和政策方面主动向思政工作倾斜。推动落实书记校长带头抓“大思政课”体制机制，创立社会各界与学校思政课协同建设机制。

三要及时更新内容，推进党的创新理论融入融进“大思政课”，其本质是思政课，其首要功能马克思主义理论教育，要始终走在理论前列，用科学理论武装人。在新的时代条件下继续开好思政课，就要紧跟马克思主义理论的创新节奏，用习近平新时代中国特色社会主义思想铸魂育人。理论的科学魅力必须由实践检验。作为中国当代马克思主义和21世纪马克思主义，习近平新时代中国特色社会主义思想的强大实践力量伴随着行进中的中国实践不断被激发、验证并传播。这种随时随地可“现身说法”的科学理论，对学生的思想政治引领不可估量。要全面加强习近平新时代中国特色社会主义思想武装，集中科研力量做好新思想的阐释工作，加快推进新思想进教材、进课堂、进头脑。学科建设上，重点加强以习近平新时代中国特色社会主义思想为核心内容的思政课课程群建设；课程设置上，围绕习近平新时代中国特色社会主义思想设定课程模块，开设系列选择性必修课程；学习培训上，加大习近平新时代中国特色社会主义思想研修力度，提升教师整体理论素养。

四要强化价值导向，促进政治性、党性与人民性的统一。“大思政课”的政治性既蕴含着一种政治选择，也蕴含着一种价值选择。这是由马克思主义理论本质所决定的。马克思主义科学理论体系是在劳苦大众谋解放谋幸福的价值驱动中一步一步地确定并发展起来的，带有鲜明的人民立场与为民指向。马克思主义所指明的崇高社会理想是以广大人民幸福自由为标准的。而中国共产党人作为马克思主义武装起来的无产阶级政党，其立党建党、开辟中国特色社会主义伟大事业的初衷和目的就是为人民谋幸福、为民族谋复兴。党性是马克思主义理论政治性的集中反映，从这个逻辑意义来看，政治性、党性和人民性在本质上是统一的。选择马克思主义科学理论就等同于选择了社会主义方向，选择了中国共产党的领导，选择了为人民谋利益。坚持“大思政课”的政治性本质，就要引导学生坚定中国特色社会主义共同理想和共产主义远大理想，引导他们把个人理想和社会理想结合起来，把个人价值实现融入为党为国的实践中去，融入为人民服务的事业中去，促进政治性、党性与人民性的统一。

二 学理道理为要，突出学理性

政治性蕴含着学理性，学理性支撑着政治性。思政课的政治性是要靠学理性去表达的，没有学理基础的政治表达注定是空洞无味的。“大思政课”所传输的思想政治理论蕴含着其他学科知识不能比拟的丰富学理。科学发掘并运用这些学理道理，推动用学理道理讲政治，有助于从由内而外地提升理论的科学魅力，对于提升“大思政课”亲和力和实效性大有助益。

突出学理性，要强化学理性探究。作为“八个统一”里首个统一性要求，政治性和学理性也是“大思政课”的首要内在矛盾，二者既相互制约又相互促进。一方面，马克思主义理论缘起于阶级斗争的需要，具有强烈的意识形态属性，这是思政课政治性的基本前提。另一方面，马克思主义必须依托于思想与知识载体来表达自己，表现为丰富的知识理论形态和严谨的历史逻辑体系，学理基础十分深厚。习近平总书记指出，当前矛盾的焦点在于如何以透彻的学理分析回应学生，以彻底的思想理论说服学生，用真理的强大力量引导学生。[①] 这必然要求加强对政治理论的学理性探究，以学理性话语来支撑思政课的政治话语。发掘丰富学理首先要坚守底线思维，把政治原则贯穿学理探究全过程，在政治立场、方向等重大问题上保持战略定力，确保知识学理经得起严肃的政治性审查。其次，学理性探究要以促进“用学术讲政治”为目的，不能为研究而研究。习近平总书记强调在工作实践中“要学习掌握唯物辩证法的根本方法，不断增强辩证思维能力，提高驾驭复杂局面、处理复杂问题的本领”,[②] 学理性探究亦要遵循此理。要辩证运用归纳与演绎、分析与综合、抽象与具体、历史与逻辑等科学思维方法来疏通知识学理，娴熟掌握矛盾分析、历史分析等多维角度，探索并搭建学术逻辑与政治现实之间的多样客观联系，用学理逻辑的严密性来论证政治逻辑的科学性，以学术理性支撑政治理性，用理性思维的智慧激发课程内在的“政治使命感”。最后，学理探究是一项复杂且长期的工程，需要集结多方力量共同参与，特别要调动教师主体的研究与创新能动性。要主动创设有利条件、整合有益资源、搭建研究平台，为课程学理的集中化、持续化研究提供物质保障，把学理研究建设成课程教学必要且基础的一环。

突出学理性，重在把道理讲深、讲透、讲活。思政课是党和国家向青年学生传输自身政治价值的重要途径，其对象具有一定特殊性。青年学生的世界观、价值观尚处于未成型阶段，具有很强的可塑造性。要引领青年、赢得认同，就要用青年喜爱的方式去开展教育，用令人信服的道理去赢得人心。事实上，不只是思政课理论，任何一门课程的理论都是建立在学理之上的。单单突出思政课的学

---

① 习近平：《思政课是落实立德树人根本任务的关键课程》，人民出版社，2020，第 18 页。

② 习近平：《辩证唯物主义是中国共产党人的世界观和方法论》，《求是》2019 年第 1 期。

理性，是因为思政课讲述的不是一般的道理，而是建立在科学基础之上的、蕴含着真理性的马克思主义道理。没有深邃丰富的学理体系支持，马克思主义博大精深的理论体系便无从得来。从思政课走向“大思政课”，马克思主义的政治价值没有变，蕴含其中的道理支撑没有变。当务之急是主动发掘并通过丰富形式把这些道理讲深、讲好、讲活，这是提高“大思政课”水平的根本路径。一要通过发掘道理把道理讲深讲透。发掘道理就是梳理理论的内在逻辑，就如同抽丝剥茧一样一层一层去打开理论背后的逻辑思路，帮助学生厘清理论的价值是从哪里开始阐发的。比如讲述“马克思主义行”，就要进一步去论证“为什么行”以及“是什么支撑了它的行”，要深入历史视野去追溯“行”的动力、“行”的表现，能够在横纵时空对比中说明“是马克思主义行，而不是别的行”，通过各种角度的学理发掘，彻底地展示“马克思主义行”的力量，让学生从内心真正去信服它、认同它。二要通过链接现实把道理讲活。道理都是从现实中来的。以理服人首先要把“理”和学生的现实联结起来，用“理”来疏解学生的思想困惑解决和现实难题。学生对于政治理论的低感知主要在于他们感知到的理论大多处于抽象形态，离他们的现实太远。通过与现实生活、现实问题链接，不断拉近理论与现实的距离，才能促使理论活化并发生作用。好的思政教育应该充分激发并调动科学理论解疑释惑的功能，及时回应学生在学习、生活、社会实践以及在社会舆论热议中所遇到的真实困惑。青年学生作为现实生命个体的现实困惑是多种多样的。只有把道理引向现实、引向学生自身，主动用道理来解析并回应多样现实困惑的时候，道理的现实生命力才会呈现出来，学生也才会感知到理论的价值。当前理论讲述“假、大、空”问题反映的就是单纯用道理讲道理、道理与生活现实“两张皮”的现象。可见，讲好学理，必须依托具象的现实。

突出学理性，还要引导学生用学理分析问题。所谓学以致用，掌握理论学理逻辑的根本目的不是让学生认识理论本身，而是要引导学生能够主动运用学理逻辑来分析世界、分析自己。辩证唯物主义和历史唯物主义是支撑马克思主义科学理论的科学学理支撑。通过帮助学生建立辩证视野和历史思维，锻炼他们自身的理性思维能力，对于提升“大思政课”质量有事半功倍的效果。“大思政课”的现实价值要落实在学生的成长方面，学生理论知识的习得和思维能力的习得应该是同步同向的。只有这两者同步成长、同步提升，才算真正落实了传道授业解惑的责任。所以，理论传输不能止于把学理发掘出来呈现给学生，还要引导学生自己用学理的逻辑去分析理解新的问题，引导他们运用辩证和历史的思维方式看世界、看社会、看人生，主动建立起理性思维意识和习惯，实现对知识理论的学懂弄通，达成理论的内化。譬如，面对“中国共产党人为什么能”的问题，从历史与现实角度去论证，从辩证对比角度去分析，从社会需要层面去回应，等等，从这些学理路径去分析都是可行的。关键在于还要引导学生运用这套学理方法来分析历史与现实，分析世界与人生。当学生意识到支撑共产党走向成功的理性逻辑也可以用来引领自己的人生道路、化解自身问题的时候，课程的价值以及理论的价值才开始真正发生。而这，才是理论传输的正确方式。

三 实践活化为重，注重实践性

马克思主义是有着鲜明实践特征的科学理论。实践是马克思主义产生与发展的动力，也是推进“大思政课”建设的动力。“大思政课”以马克思主义为指导思想、主要内容，必然要汲取马克思主义的实践精神，不断走向实践、深入实践去发展并完善自己。习近平总书记强调：“‘大思政课’我们要善用之，一定要跟现实结合起来。"[①] 善用"大思政课"的关键在于用好实践，发挥并调动实践的作用。坚持以问题为导向去催生实践，用多元的视角去拓新实践，以"一体化"理念去延展实践，才能不断把思政课引向实践，让理论活化起来。

1. 注重实践性，要以问题为导向去催生实践

人的社会生活本质上是实践的，实践是人最主要的存在方式。毛泽东说："实践证明：感觉到了的东西，我们不能立刻理解它，只有理解了的东西才能深刻地感觉它"，[②] 形象说明了实践对于人的认识深化的重要意义。"大思政课"作为社会生活场域的一个组成部分，其本质上也是实践的。以实践来活化及深化思政理论，就要促进科学理论与现实问题精准耦合，要注意以现实问题去催生实践。实践不是自发自主的，必须依靠人的主观能动来驱动。而人的主观能动又主要靠想要化解矛盾和问题的现实需要来激发，靠问题意识来激发。"重理论轻实践"是当前思政教育中的一个普遍顽症，许多学校即使开发了专门的思政实践课程，也大多流于形式、实效不好，其主要症结在于这些课缺少基本的"问题意识"。但凡理论要走向实践，都必须有现实中的问题靶向。开发社会实践课堂，首先要及时契合社会焦点问题，提升教学的针对性。要在具体活动中设立启发性情境，引导学生去发现、去思考、去觉悟问题，在这个过程中自然而然地得出结论。问题和矛盾是无处不在的。课堂的主导性应主要放在引导学生主动去发现并直面问题，引导学生在近距离观察社会问题或现象的过程中，用问题解析来加深对社会发展规律、发展趋势的理解，客观理性地认识中国和世界。尤其要避免那种没有问题线索，却以实践为名，为活动而活动，"走马观花、蜻

① 杜尚泽：《"'大思政课'我们要善用之"》，《人民日报》2021年3月7日。

② 《毛泽东选集》（第一卷），人民出版社，1991，第286页。

蜓点水”甚至“放羊式”的实践课堂。这种形式主义实践不仅无益于答疑解惑，还会招来学生的厌烦。其次要紧密融合青年学生心中之问，或心中关切。实践课堂本就是抽象理论与多元现实、“有字之书”和“无字之书”、学生心中疑惑与多样问题（或创设）情境相互碰撞与激荡的过程，其实施的关键在于发现学生心中之惑。发现问题远比解决问题更重要。忽略学生内心感受与需求、避开学生疑问与困惑，生硬地把一些徒有华丽包装、没有实际内涵的实践课强加给学生，只能适得其反。只有发掘出问题所在、敢于捕捉那些严重挑战青年学生思想价值观念的社会焦点问题，巧妙设置或融入针对性的实践情境来答疑释惑，才能让学生在亲身参与的过程中获得真切实在的情感共鸣与内心感受，于无形中打开思想疙瘩，真正达到思想武装或改造的目的。

2. 注重实践性，要用多元的视角去拓新实践

实践是检验理论真理价值的唯一方式，而这种方式本身是开放的、多元的。马克思主义哲学认为，实践是指人用自己的本质力量影响并改造客体，同时也接受客体影响并改造的具体过程。直白地讲，实践就是人与外在世界（事物）相互影响相互作用的过程。在这个逻辑下，人的实践范围是可以无限拓展的。“大思政课”之“大”就是建立在课程实践的丰富与广阔之上的。唯有以坚持开放、多元视角去拓新实践，才能真正确立“大思政课”之“大”。首先，要探索青年人喜欢的实践形式。相比于以往，当前现实实践领域具有无可比拟的丰富性。特别是伴随社会新兴领域的开拓，新颖实践形式可谓层出不穷。时下青年人中流行的所谓“沉浸式”“实战式”“玩转”等流行名词代表了他们对待生活实践的认识倾向。“大思政课”要吸引青年，就要主动借助这些新理念来丰富并拓新实践。就以“沉浸式”概念为例，其所推崇的其实是一种能够调动个体全身心参与的实践状态。这一理念对实践情境的要求较高，需要达到一

种“身临其境”之感。比如党史课就可以尝试“沉浸式”实践方式，通过创设研讨、辩论、剧场、体验等各种条件来营造历史情境，引导学生全身心感受历史过程得出对历史事件或人物的客观评判，让历史思维能力得到锻炼。其次，要大胆引入虚拟实践。人的实践形式、实践内容和实践水平总是跟随时代的变化而变化。作为信息时代的产物，虚拟实践在青年学生中逐渐兴起且广受欢迎。用虚拟实践来提升“大思政课”吸引力也不失为一种明智的选择。当务之急是要积极探索用虚拟情境来展现思政元素或者把思政价值隐匿到虚拟元素之中的具体方式，确定运用虚拟元素的“分寸”或“度”。因为过度的游戏包装就可能让这个实践走偏或变味。最后，要引导学生自我实践。当前学生大多拥有很强的个体独立意识，对独立实践形式有较高的兴趣。自我独立实践注重独立原则下的生活历练、劳动锻炼和服务体验。“大思政课”的实践性不一定都要靠组织实践、群体实践来实现。按照课程主导的方向，基于理论的价值指向，引导学生独立自主地去探索、去锻炼、去验证，其效果可能会更好。譬如，在开展社会主义核心价值教育中，就可以引导学生把这些观念贯穿到他们个体性的学习与生活之中去，通过亲身实践去感知诸如“诚信、友善”等要求对自己的价值意义。

3. 注重实践性，要用“一体化”理念去延展实践

“一体化”理念是当前“大思政课”改革的核心理念。其主张的是一种贯通思维，倡导课内实践与课外实践的贯通，学校与家庭的贯通，小课堂与大课堂的贯通，大中小学校思政课体系的贯通等。理念贯通的目的在于实践的贯通。可以说，“一体化”理念带有浓烈的实践特性，或者说“一体化”理念就是要将思政课引向“大思政课”实践。坚持以“一体化”理念引导“大思政课”实践，首先要打通观念壁垒。尽管“大思政课”改革已如火如荼，但很多人在观念上还很滞后，不明白“一体化”贯通的意义何在。在应然

状态上，思政教育本身就具有贯通性。作为一种感染人、影响人、塑造人的教育力量，思政价值传输从教育的初始阶段就开始了，从家庭到学校到社会，从小学到中学到大学，其可以发生在社会生活的各个场域中，可谓是无处不在的。但在事实状态下，思政教育因为实施主体的不同而具有了相对独立性。而主张“一体化”贯通不是要抹杀这种独立性，是要促进各种现实教育场域的链接互动，把思政教育从一时一域引向全员全方位全场域，这是对思政传统教育理念的创新与突破。但这种突破还是要先从观念上开始，其次要从实践层面去打通。各级责任主体要有意识地去推动各个思政课场域的联合联动。目前大中小思政体系的贯通工作已经开启，但依然停留在形式层面，亟须从内容实质层面去探索促进。当前的工作重点在于开拓社会大课堂，主动调动社会各方资源和各方力量，激发社会大实践的社会效应。同时，家庭生活场所也是思政课重点实践场域，要推进课内与课外、学校与家庭的有效贯通，促使课内思政实践与家庭家风建设实践同频共振，这也是大实践的重要一环。

四　多样协同为效，讲究实效性

善用“大思政课”必须注重协同性，讲究实效性。这是由思想政治教育自身典型的普遍联系性和系统性特征所决定的。作为一项复杂系统工程，“大思政课”的实效必须靠协同来呈现，在协同中加强。只有充分发挥学校、社会、家庭各方各层面的主观能动性，促使各方各层面协同协力、同向同行，才能真正激发“大思政课”的大实效。

1. 讲究实效性，需要协同推进思政课程和课程思政建设

习近平总书记指出：“要用好课堂教学这个主渠道，思想政治理论课要坚持在改进中加强，提高思想政治教育亲和力和针对

性，满足学生成长发展需求和期待，其他各门课都要守好一段渠、种好责任田，使各类课程与思想政治理论课同向同行，形成协同效应。”[①] 既要发挥思政课程“主渠道”的主体功能，又要调动课程思政“一段渠”的积极作用，这是新时代学校推进“大思政课”改革的核心议题。没有协调与协同，学校层面的“大思政课”格局便无法形成。一方面，要促成思政课程与课程思政同向同力的思想自觉。当前课程思政“参与力度小、推进难度大”的一个主要原因在于部分教师的思想意识尚未彻底转变，还停留在“思政归思政、专业归专业”的陈旧认识里。要引导教师从大中小教育体系以及思想政治教育体系的整体性过程，从立德树人历史使命的高度来审视思政课程与课程思政协同的意义。必须看到，思政课程与课程思政在育人方向、育人目标、育人价值等本质层面都具有高度统一性。习近平总书记明确指出所有专业教育都要“为人民服务，为中国共产党治国理政服务，为巩固和发展中国特色社会主义制度服务，为改革开放和社会主义现代化建设服务”，[②] 明确了思政课程与课程思政的共同育人价值。尽管思政课程和课程思政属于不同的学科范畴，拥有不同的知识理论体系，两者在教学理念、内容、形式等方面的差异性使得它们在价值认识与选择方面也会呈现差异性，但无论怎样，两者归属于社会主义教育实践体系、归属于党的统一领导，这些客观性又使得它们在认同社会主义核心价值、中华优秀传统价值以及全人类共同美好价值等方面必然是高度一致的。这是思政课程和课程思政能够同向同力、共同育人的坚实基础。必须主动从本质层面进行疏通引导，才能从思想根子层面确立对于课

---

① 习近平：《把思想政治工作贯穿教育教学全过程 开创我国高等教育事业发展新局面》，《人民日报》2016 年 12 月 9 日。

② 习近平：《把思想政治工作贯穿教育教学全过程 开创我国高等教育事业发展新局面》，《人民日报》2016 年 12 月 9 日。

程思政实践更广泛的价值认同。另一方面，要构建思政课程与课程思政合力育人的体制机制。学校党委要自觉肩负推进思政课程与课程思政协同育人的主体责任，主动建立党政齐抓共管的工作联动机制，从顶层设计、制度安排、人员配备及经费支持等层面予以全面系统的保障。要拟定专项工作方案，通过全面整合学校内外思政资源、打通学科壁垒、增进思政与非思政跨学科经验交流等方式，促进二者交相呼应、互为支撑、相互借鉴、相互促进的良性运行环境。[①] 同时，还要注意发挥思政理论研究对课程思政的先锋导向作用，及时凝聚骨干科研团队专门就课程思政疑难点进行研究攻关，用科学理论成果去提升课程思政的实效，充分激发“每一段渠”的生命活力，使其能够源源不断地为思政课“主渠道”提供补给。

2. 讲究实效性，需要协同建设“大课堂”“大平台”“大师资”

“大思政课”之“大”，不止体现为实践的广阔性，还体现为舞台之大、力量之大。随处可用的场域支撑，召之即有的人力支持，这才是“大思政课”成其为“大”的坚实基础，是“大思政课”实效性的强有力支撑。首先，要系统促进“大课堂”建设。建设“大课堂”的核心是把理论与实践相结合，不断拓宽思政课的教学场域，确保思政课不仅“在课堂上讲”，而且在“在社会生活中讲”，促进尽可能多的社会生活形态及其场域都能够和思政教育有机结合起来，促成全社会全场域合力育人的有利局面。要主动树立开放意识和创新性思维，并依此去延展课程的运行空间，开发“大思政课”经典课程群，不断促使课程从课内走向课外、从校内走向校外、从传统专属时空走向现代开放时空，促使思政课流动起来、行走起来，实现课程与社会实践领域的无缝对接和良性互动。但要注

① 莫俊峰:《“大思政课”视域下思政课程与课程思政协同育人研究》,《北京教育(德育)》2022 年第 6 期。

意，在追求“大课堂”教学场域扩张的同时，还要同步开拓沉浸式教学、体验式教学、互动式教学等创新形式并予以跟进，确保围绕思政课的内涵式建设也要同步跟进。而且“大课堂”的开拓不能以削弱思政课主阵地、主渠道的主功能为代价，还是要确保思政课主渠道的核心地位和引领价值，确保“大课堂”始终有一个内核阵地。其次，要协同建设“大平台”。建设“大平台”重在发挥线上线下的协调功能。信息智能技术对教育领域带来的最大影响莫过于开辟了一个无限广阔且形式多样的线上教育世界，颠覆性地改变了传统思政课授课模式。各方育人主体要主动建立信息化教育改革思维，自觉从信息化视角来审视思政课正在遭遇的现实发展瓶颈，在边学习边探索中大胆推进思政课信息化改革。必须认识到，信息化改革趋势的不可逆转不是来自信息化技术驱动，而是来自青年学生主体的紧迫需要。在诸如微博、微视频、微空间等网络信息场域几乎全面覆盖青年群体的生活与实践的事实面前，能否通过信息化思政建设去占据更多的网络空间和平台，已经成为关乎思政教育未来生存境遇的重大课题。当务之急是要加速集结一支集专业信息技术与创新转化智慧于一体的高精专思政力量，通过技术突破不断打破思政课理论融入各类线上时空的壁垒，精准研判并掌握“网生代”学生的认知和行为特点，有针对性地进行网络思政时空和平台开拓，确保把思政元素推进到青年学生喜爱的每一个线上时空中，并旗帜鲜明地标树思政理论的独特引领价值。同时要注意线上时空和线下时空的贯通联动，激发现实与虚拟联动的“大平台”之大效应。最后，要着力构建“大师资”。“大师资”之大，关键在于这是一支“专职为主、专兼结合、数量充足、素质优良”的队伍，这是“大思政课”建设的力量保障。一方面，要充分发挥专职思政课教师“主力军”作用。要严格按照配备比例要求、专业思政素质、师德师风标准等来选拔专职思政课教师，通过严格的教学培训、集体磨课和课程竞赛实践来打磨一批功底扎实、学生喜爱的教学型骨干教师；通过专业化理论培训、专项课题研究、研习实践锻炼和考核制度等培养一批马克思主义理论研究骨干，从专业角度真正把思政课的专业魅力发掘出来、传输出去。另一方面，要积极调动辅导员、班主任以及非思政课专业教师的“生力军”作用。通过各种培训渠道和激励措施提升辅导员和班主任的思政素质和主观能动性，让他们心无旁骛地做好学生工作，及时为学生排忧解难，做学生思想的引路人。用高水平理论培训引导非思政课专业教师全心全意投身课程思政实践，发掘并汇聚每个专业课的思政价值。此外，还要发挥兼职教师“协同军”作用。优先吸纳诸如退休党政干部、道德模范、劳动模范、优秀科技工作者、革命战士、抗疫英雄等各条战线上的各种先进力量加入思政课建设，用他们充满正能量的典型事迹为思政课“现身说法”。及时选聘地方优秀党政领导干部、企事业单位优秀行业专家、社科理论界研究骨干等加入“大思政课”队伍，引导他们用自身丰富经历和实践来验证思政价值，并为“大思政课”资源开发提供持续而坚实的支持。

3. 讲究实效性，需要积极探索协同性评价体系

好的教育教学实践通常都有好的评价工具。良好的评价考核体系是促动各方育人主体自觉参与“大思政课”的重要动力，对“大思政课”实效有着重要助力。鉴于“大思政课”效果必须建立在高度的协同协作之上，针对“大思政课”育人主体的评价体系也必须彰显协同性的特征。首先要构建蕴含有协同性考量的评价标准。要把对育人主体的协同意识、思维和能力等全面纳入考评范围，突出体现评价标准里的协同性导向，让他们充分意识到协同协作对于“大思政课”建设的独特意义。其次要坚持多样性与统一性互为支撑的评价指向。“大思政课”在内涵、实践形式、传输途径上所表现出来的丰富多元要求针对它的评价体系必须考量多样形态，而其

在育人方向、价值等方面的高度统一性又决定了评价体系中必须坚持政治主导。必须坚持评价标准的丰富多样性与政治主导性的协同统一，这是确立“大思政课”之“大”评价体系的关键所在。再者要促进过程评价和结果评价、短期评价和长期评价、理论教学评价和实践教学评价相统一，确保评价体系始终处于开放姿态。这其中，要重点突出过程评价、长期评价和实践教学评价的比重，以此引导各方育人主体明确当前“大思政课”着力改革的方向。最后还要注重引入多元评价主体，增进评价结果的客观性。多元主体中，要适当增加学生评价主体的比重，凸显学生对课程获得感、体验感与认可度等方面的评价因素，以此引导育人对提升“大思政课”亲和力、针对性和实效性的关注。同时还要灵活引入社会评价主体，从社会需求角度去考量“大思政课”的育人效果是否契合社会客观期待，从而促进其更好地改革创新，更好地与育人价值导向和社会需求导向对接。

综上所述，“大思政课”作为新时代铸魂育人的系统工程，在改革推进上较之以往思政课实践力度更大、难度更大。坚持以“八个统一”原则推进“大思政课”改革，并在改革过程中重点突出“政治性”、“学理性”、“实践性”和“协同性”，重点推进用学理性去凸显政治性、以协同性去增强实践性，这是经过科学探索得出的提升“大思政课”实效的可行性路径，是确保“大思政课”顺利适应新的历史条件及变化的科学遵循。当前这一改革进程还处于初级阶段，不仅要靠把守正确原则去导航定向，而且需要绵绵用力去持续推动，唯此“大思政课”实践的实效性才会不断呈现出来。

小　结

“大思政课”的本质是思政课，这主要由“大思政课”的指导思想、根本任务、价值目标等本质属性决定。推行“大思政课”的目的不是取代思政课，而是推动思政课的改革创新，帮助其更好地适应新时代国家发展环境和整体生态的根本性改变。从根本任务来看，“大思政课”以立德树人为最高目标。思政课是落实立德树人根本任务的关键课程，“大思政课”也是如此。从思政课走向“大思政课”，不仅不是对立德树人根本任务的肢解，而且有利于汇聚更多力量、以更科学的方式去促进根本任务的达成。

推进“大思政课”之善用，关键要善用“八个统一”原则。坚持以“八个统一”为切入、为原则，横亘在“大思政课”建设之路上的矛盾才能被大幅缓解，推进“大思政课”的主观能动性才能被充分调动，善用“大思政课”的积极效果才能被全面激发。

“八个统一”有助于疏解“大思政课”发展的内在矛盾，促进“大联动”。任何实践都是在矛盾中推进的，新时代推进“大思政课”建设也不例外。特别在当前的时代变局中，源于“大思政课”鲜明的意识形态属性，“大思政课”所面临的改革障碍和矛盾问题层出不穷，严重影响着改革的推进。“八个统一”的提出，特别是“八对矛盾”的揭示，像是用一把手术刀把“大思政课”在改革中的疑难杂症剖析了出来，让人们清楚地看到应该朝哪些部分发力、怎么用好力度，引导着改革实践顺利通关。

“大思政课”作为新时代铸魂育人的系统工程，在改革推进上较之以往思政课实践力度更强、难度更大。坚持以“八个统一”原则推进“大思政课”改革，并在改革过程中重点突出“政治性”、“学理性”、“实践性”和“协同性”，重点推进用学理性去凸显政治性，以协同性去增强实践性，这是经过科学探索得出的提升“大思政课”实效的可行性路径，是确保“大思政课”顺利适应新的历史条件及变化的科学遵循。

第三章

新时代高校“大思政课”建设的大内容

第一节　新时代高校“大思政课”建设的内容体系

任何一种理论都不是凭空问世的，产生于19世纪40年代的马克思主义有着深刻的社会根源、阶级基础与思想渊源。由马克思和恩格斯共同创立的马克思主义的诞生并非偶然，而是社会历史条件成熟下的思想产物。马克思和恩格斯所处的时代正好是资本主义快速发展的时代，也是资本主义社会基本矛盾开始充分显现的社会历史时期。

资本主义的快速发展造成社会贫富差距迅速拉大，资本主义的剥削和压迫导致无产阶级大量产生，造成了严重的社会两极分化，而周期性的经济危机频繁爆发，致使整个社会动乱不堪、工人阶级的生活困苦不堪，各地的工人运动此起彼伏。载入史册的三大工人运动标志着历史舞台上迎来一股全新且独立的政治力量。正是在这一社会时代背景下，马克思主义在继承并改造了德国古典哲学、英国古典政治经济学和科学社会主义的基础上，结合人类历史发展规律，深刻揭露了资本主义剥削和压迫的本质，结合无产阶级反对资产阶级斗争的需要，马克思创立唯物史观、剩余价值学说等伟大理论，为广大无产阶级反抗资产阶级提供了思想武器和行动指南，成为指导全世界无产阶级的最强大思想武器。

马克思和恩格斯是近代以来两位伟大的思想家，尤其是马克思，其一生致力于人类解放事业，他的丰功伟绩使他成为人类发展史上的一座丰碑、一种精神。马克思与恩格斯所共同创立的学说是人们把握规律、改造世界的强大理论武器；马克思主义揭示了依靠人民推动历史前进的人间正道，从而使它具有强大而持久的生命力。在马克思主义的指引下，中华民族实现了从站起来、富起来到强起来的历史性飞跃。

中国共产党自成立起，就将马克思主义写在党的旗帜上，成为中国共产党的指导思想和行动纲领，是每个党员必须要认真学习、深刻领悟的思想源泉，也是每一个党员武装头脑的强有力武器，更是每个党员思想行动的指南，是每个党员的看家本领。共产党员要想练就拒腐防变的过硬本领，就要坚定不移坚持马克思主义科学理论，提升党性修养以坚定理想信念。广大党员必须用马克思主义理论武装自己的头脑，树立坚定的马克思主义信仰和理想信念。

广大青年大学生是国家和民族的未来，是社会主义的建设者和接班人，而以立德树人作为根本任务的高校更应该高举马克思主义理论旗帜，将其落实到教育教学的全过程。高校要以马克思主义为指导并将其落实到教育教学各个方面，推动习近平新时代中国特色社会主义思想进教材、进课堂、进师生头脑，把理想信念的种子播撒到学生心灵深处。高校要实现为党育人、为国育才，落实并深刻回答好“培养什么人、怎样培养人、为谁培养人”的根本性问题。

一　马克思主义理论武装体系

党的十四大首次提出了“理论武装”这一概念，而理论武装就是要让人民群众掌握马克思主义理论，让马克思主义真正做到“进头脑”，并在传播过程中内化于心、外化于行。“马克思主义行”的重大论断再次肯定了马克思主义理论的重大理论价值和实践意义，为党的理论创新指明了前进的方向，也为新时代“大思政课”建设提供了重要指引。面对新形势下出现的各种复杂思想，我们需要弘扬主旋律，用社会主义核心价值观引领社会思潮，团结人民群众共同抵御西方思潮的冲击。

（一）辩证唯物主义和历史唯物主义教育

早在中共七大时，党就明确地将辩证唯物主义和历史唯物主义写入党章作为党的思想理论基础。而自党的十八大以来，党中央多次强调要学习掌握辩证唯物主义和历史唯物主义。学习好、掌握好辩证唯物主义和历史唯物主义是中国共产党在中国式现代化道路中赢得优势、赢得主动、赢得未来的重要理论指导，也是广大青年大学生坚定马克思主义立场、坚守马克思主义观点、坚持马克思主义方法的重要理论基础。

第一，以马克思主义为旗帜的政党要求将辩证唯物主义和历史唯物主义作为理论指南。任何理论都有其哲学基础，马克思主义理论也不例外。马克思主义哲学是理解马克思主义理论的钥匙和关键，不学习马克思主义哲学就不能正确理解与准确把握马克思主义理论的实质与内核。只有学习辩证唯物主义和历史唯物主义，才能懂得马克思主义哲学的基础和核心，进而掌握马克思主义理论。因此，辩证唯物主义和历史唯物主义教育是我国社会主义教育的应有之义，也是广大青年大学生学习理解和掌握马克思主义立场、观点、方法与世界观的重要内容。

第二，辩证唯物主义和历史唯物主义是指引我国社会发展历史方位的“指南针”。历史唯物主义揭示了人类走向未来社会的必然趋势，为中国特色社会主义提供方向。辩证唯物主义和历史唯物主义是观察社会、分析社会发展规律的科学理论和指导方法，我国之所以能在新中国成立以后，成功完成社会主义初期改造并顺利迈入社会主义现代化建设，能在关键时刻适应时代之需进行改革开放，得力于广大中国共产党人学习好、掌握好辩证唯物主义和历史唯物主义，更离不开马克思主义理论学习和教育。在我国社会主义发展历程中，中国共产党之所以能跳出历史周期律，战胜前进道路上各种各样的艰难险阻，化解各种复杂矛盾和应对重大风险挑战，关键在于辩证唯物主义和历史唯物主义行。

第三，辩证唯物主义和历史唯物主义是中国共产党人的世界观和方法论，集中体现了马克思主义的立场、观点和方法，并确立了人民作为根本的立场，这是历史唯物主义揭示的历史发展规律。人民是历史的创造者，也是中国共产党力量之源、执政之基。历史唯物主义要求中国共产党的执政必须坚持以人民为中心，尊重人民主体地位，紧紧依靠人民推进改革开放、推进社会主义现代化建设，并实现好、维护好、发展好最广大人民群众的根本利益，让发展成果惠及全体人民，最终实现人民共同富裕。

新时代的青年大学生学习辩证唯物主义和历史唯物主义理论，要理论联系实际，要着眼于社会新的实践与发展；要带着问题学，要学以致用、用以促学、学用相长，从而做到在干中学、学中干，要让辩证唯物主义和历史唯物主义成为广大青年大学生所掌握的思想武器和科学方法，成为广大青年大学生未来认识世界、改造世界的强大物质力量。

（二）马克思主义政治经济学教育

马克思主义政治经济学是马克思主义理论体系三大组成部分之一，是马克思主义的重要组成部分，在马克思主义三大理论体系构成中居枢纽地位，是我们坚持和发展马克思主义的必修课。马克思主义政治经济学的价值底色是坚持以人民为中心的发展，一切的发展是为了人民。因此，增进人民福祉、促进人的全面发展和不断实现共同富裕是马克思主义政治经济学的出发点和落脚点。

党的十九届六中全会指出，坚持理论创新是中国共产党百年奋斗的宝贵历史经验之一。新中国成立后，在马克思主义政治经济学思想的指导下，以毛泽东为代表的中国共产党人在学习苏联经济发展模式的基础上，进一步将马克思主义政治经济学与当时国家经济发展状况结合起来，探索出一条既符合我国社会主义国家现实经济状况，又适应不断变化的国内外矛盾的经济发展新道路，避开了苏联经济结构布局的不足，并成功实现了经济发展、恢复了民生。党的十一届三中全会提出把党和国家工作重心转移到经济建设上来，实行改革开放的历史性决策。会议决定进行经济建设、推动经济发展，就要提高资源配置效率。这个具有里程碑式意义的会议，把中国推入世界经济发展的大潮流，中国经济取得了飞速的发展，人民生活日新月异。改革开放所取得的巨大经济发展成就足以证明马克思主义政治经济学的正确性和共产党理解、运用马克思主义政治经济学的灵活性。

中国共产党非常重视对马克思主义政治经济学的灵活运用。中国经济发展所遇到的实际情况，马克思主义政治经济学未有任何现成的答案，事实上，也不可能有现成的答案。中国共产党以"变革全部生产方式"作为经济领域内的革命目标，把马克思主义政治经济学基本原理与中国不同时期的社会经济发展结合起来，以推动马克思主义政治经济学的中国化发展。我们党在新民主主义革命时期的经济纲领，以及在社会主义建设道路探索过程中提出的创造性经济思想，如统筹兼顾等，是对马克思主义政治经济学原理的原创性贡献。党的十一届三中全会以来，中国共产党人再次推动马克思主义政治经济学中国化新发展，形成了当代中国马克思主义政治经济学创新理论成果。

自党的十八大以来，中国特色社会主义新时代是中国社会发展新的历史方位，新时代的定位表明我国进入“强起来”的崭新阶段。启航新征程，在以习近平同志为核心的党中央领导下中国找到创新马克思主义政治经济学的新钥匙，开创出马克思主义政治经济学中国化发展的新高度、新境界。以习近平同志为核心的党中央将时代发展新背景和国内外经济形势新变化结合起来，将马克思主义政治经济学基本原理同我国新阶段经济发展新特征结合起来，并在此基础上深入优化调整国内经济发展结构，推动我国经济增长新动力以及实现高质量发展等系列经济改革政策和手段。同时针对以上经济改革手段提出了一系列新思路和新办法，赋予马克思主义政治经济学以新的经济发展理念和发展新高度。新时代的经济发展强调政治立场、发展模式、发展道路等重大政治问题，强调既要“有效的市场”，也要“有为的政府”。在经济发展的根本目的上，坚守以人民为中心的发展理念，明确提出不仅要为人民创造美好生活，更要实现全体人民的共同富裕。

实践证明，在习近平经济思想指导下，我国经济增长实现了重大结构性变革，打赢了脱贫攻坚战，实现了第一个百年奋斗目标。习近平经济思想成为马克思主义政治经济学中国化的最新理论形态，是“新时代我国经济工作的科学行动指南”[①]。

（三）科学社会主义教育

人类社会能从空想的社会主义社会发展到现实的社会主义社会，这是人类社会发展史上的一个伟大创举。150 多年前，马克思、恩格斯批判性地继承了 18 世纪三大空想社会主义者（法国圣西门、傅立叶和英国欧文）的理论成果，创立了科学社会主义理

① 中共中央宣传部、国家发展和改革委员会：《习近平经济思想学习纲要》，人民出版社、学习出版社，2022，第 9 页。

论。在此之前，包括空想社会主义在内的，很多社会主义理论学说，普遍认为人类社会的发展道路是杂乱无章的，或者认为少数杰出人物创造历史。很显然，这些论点都是建立在历史唯心主义的基础之上。马克思与恩格斯批判性地吸收了德国古典哲学等理论，把唯物论和辩证法与社会历史结合起来，揭示出社会化生产和资本主义占有之间的矛盾，从而创立了唯物史观和剩余价值理论。在此基础上，马克思第一次把社会主义学说奠定在历史唯物主义的基础上，使之成为科学社会主义。

列宁在继承马克思科学社会主义的基础上，结合国情，尝试在落后国家发动无产阶级革命，将理论同现实相结合，建立无产阶级政权。建立政权后，列宁又将无产阶级专政的国家分为四个发展阶段。这四个发展阶段也就是后来人们所熟知的过渡阶段、社会主义初级阶段、社会主义高级阶段和共产主义阶段。遗憾的是，列宁没有足够的时间定义确定社会主义实践中各个阶段的科学内涵。列宁在落后国家所建立的无产阶级政权虽然不是马克思所定义的社会主义社会，但是列宁的尝试是对马克思科学社会主义的继承和发展，是科学社会主义发展的第二个阶段。

以毛泽东为代表的中国共产党人在革命条件成熟的情况下，实现了无产阶级革命的胜利，于社会经济落后的中国建立起无产阶级政权。毛泽东在继承马克思科学社会主义的基础上，批判性地借鉴吸收苏联经验，创造性地提出新民主主义革命的理论，在社会经济落后的中国与社会主义之间架起一座理论桥梁，明确提出新民主主义社会是通向社会主义社会的过渡性社会。在新民主主义理论的指导下，顺利完成了生产资料所有制的社会主义改造，我国随后进入社会主义社会。毛泽东所建立的社会主义国家也不是马克思所定义的社会主义。然而，毛泽东的社会主义改造的实践是在马克思科学社会主义的指导下完成的，这是对马克思科学社会主义的丰富和发展。

党的十一届三中全会后，我国开始决定推行改革开放。然而，摆在我们面前的第一个难题是在以公有制为主体的社会主义条件下如何发展市场经济？针对这个问题，中国共产党创造性地提出了社会主义初级阶段理论。邓小平认为“贫穷不是社会主义”①，落后国家革命后走向社会主义要经过初级阶段这一必经之路。这一历史阶段的中心任务就是发展生产力，改革不适应生产力发展的生产关系及上层建筑，发展市场经济。随后，党的十三大对“社会主义初级阶段”进行了系统阐发。“社会主义初级阶段”的提出，对于马克思科学社会主义而言，具有里程碑式意义。这标志着无产阶级政党对社会主义初级阶段的认识经历了将近一个世纪的时间，“它萌芽于列宁的新经济政策及四个阶段的设想，雏形于毛泽东的新民主主义思想和实践，成形于邓小平社会主义初级阶段理论”②。所以，邓小平提出社会主义初级阶段理论，是科学社会主义学说的重大发展和成功实践，是马克思科学社会主义学说发展的第三个阶段。

社会主义初级阶段是当代中国的最大国情、最大实际和建设中国特色社会主义的总依据，习近平总书记在党的二十大报告中明确指出：“我国是一个发展中大国，仍处于社会主义初级阶段，正在经历广泛而深刻的社会变革，推进改革发展、调整利益关系往往牵一发而动全身。”③ 以习近平同志为核心的党中央强调我们要牢牢把握“社会主义初级阶段”这个最大国情，推进任何方面的改革都要牢牢立足这个最大实际。

① 《邓小平文选》（第三卷），人民出版社，1993，第 64 页。

② 成友信：《科学社会主义的新发展与现代教育》《北京师范大学学报》（社会科学版）1998 年第 3 期。

③ 习近平：《高举中国特色社会主义伟大旗帜 为全面建设社会主义现代化国家而团结奋斗——在中国共产党第二十次全国代表大会上的报告》，人民出版社，2022，第 20～21 页。

科学社会主义是马克思主义理论的重要组成部分，也是指导我们党和国家发展中国特色社会主义的一门首要科学，它具有普遍的指导作用，能回答社会主义革命和建设的许多重大问题。高等院校突出科学社会主义理论教育十分必要，是培养高素质社会主义建设者的需要。1988 年《科学社会主义的理论与实践》作为全国高等教育一门公共政治理论课，开设至今，这门课程已经伴随着中国特色社会主义发展道路的成长跨越了新世纪。课程开设的目的在于，广大青年大学生作为未来社会建设的接班人，对我国社会主义发展阶段以及未来我国社会主义如何更好地发展要有系统的认知和了解，这是广大青年学生用马克思主义理论武装头脑、坚持四项基本原则、做到政治坚定的重要前提。

（四）马克思主义中国化的三次理论飞跃

自中国共产党诞生以来，把马克思主义基本原理与中国具体国情、具体实际相结合，与中华优秀传统文化相结合，实现了马克思主义中国化的三次伟大飞跃。《中共中央关于党的百年奋斗重大成就和历史经验的决议》明确指出，毛泽东思想是马克思主义中国化的第一次历史性飞跃，中国特色社会主义理论体系实现了马克思主义中国化新的飞跃，习近平新时代中国特色社会主义思想再次实现了马克思主义中国化新的飞跃。青年学生只有了解三次伟大飞跃，才能更好地走好新征程，进而以实现中华民族伟大复兴为己任。

1. 马克思主义中国化的第一次历史性飞跃

毛泽东思想的形成具有毛泽东的个人特质和卓越贡献成因，这与他在湖南一师所受的教育背景，特别是杨昌济对其哲学思维方式的培育是分不开的。有着湖湘文化发祥地和中国现代师范教育摇篮美誉的湖南一师培育了毛泽东超越常人的哲学思维方式、强大的事物洞察能力以及重调查研究的工作作风。这些能力和工作作风后来成为他革命事业追求的永恒动力，一直贯穿他的整个人生。如在辛亥革命以后，“诸路轮番上演而皆走不通”之时，俄国十月革命的胜利为中国革命道路带来了希望，有志青年毛泽东敏锐地选择了马克思列宁主义作为救国思想。这些能力和工作作风更是在他离开湖南一师参加革命时清晰明了地展现出来。如他领导秋收起义，带领队伍攻打长沙不下时，他审时度势，立即掉转枪头，力排众议，带领队伍上井冈山，提出“农村包围城市，武装夺取政权”的中国特色革命道路，开辟了党的第一个革命根据地；1938 年，在抗日战争的危急关头，毛泽东发表的《论持久战》对当时的战争局势、敌我力量对比、国际环境等诸多因素进行客观、冷静的分析，有力地驳斥了以蒋介石为代表的国民党和以王明为代表的党内右倾投降主义分子所鼓吹的“亡国论”和“速胜论”等有害论调。他的哲学思维和洞察事物本质的能力鼓舞了民心，为中国的抗日战争带来光明、指明了方向。毛泽东之所以能领导中国共产党，战胜一切艰难险阻，并取得革命事业的成功，建立新中国，这是人民的功劳，也离不开毛泽东在湖南一师接受教育过程中所培育出的超越常人的思维能力和务实的工作作风。

在马克思列宁主义思想的指导下，毛泽东这些超越常人的思维能力和务实的工作作风得以充分发挥，成功地带领中国共产党人历经 28 年浴血奋战推翻了“三座大山”。毛泽东革命理论和实践思想，实现了马克思主义中国化的第一次飞跃，形成了毛泽东思想。马克思主义中国化的第一次飞跃，具有重要的历史意义，它以铁一般的事实证明：社会主义是颠扑不破的真理，也是救国救民的良方。

2. 马克思主义中国化的第二次历史性飞跃

从邓小平到江泽民、胡锦涛，连续三代党的领导集体围绕如何建设有中国特色的社会主义市场经济这一主题，深入推进我国社会主义改革开放，改革经济结构和资源配置方式，大力解放和发展生产力，“形成中国特色社会主义理论体系，实现了马克思主义中国化新的飞跃”①。

党的十一届三中全会是在党和国家面临何去何从的重大历史关头召开的，改革开放势在必行。邓小平指出：“如果现在再不实行改革，我们的现代化事业和社会主义事业就会被葬送。”② 在邓小平同志领导下和老一辈革命家支持下，在总结我国社会主义建设过程中的正反经验教训，吸收借鉴世界各国的经济发展先进经验的基础上，新一代中国共产党人在“什么是社会主义”“怎样建设社会主义”等问题面前，以邓小平为主要代表的共产党人立足国情，坚持解放思想、实事求是原则，在新的实践基础上继承前人又突破陈规，开拓了马克思主义的新境界，开创了社会主义国家发展的新高度，创立了邓小平理论。

党的十三届四中全会以后，以江泽民同志为主要代表的中国共产党人高举改革开放旗帜，深入推进我国对外改革开放的口径，加深对什么是社会主义、怎样建设社会主义和建设什么样的党、怎样建设党的认识，形成了“三个代表”重要思想。20 世纪 80 年代末 90 年代初，世界社会主义遭遇严重曲折，国内外形势发生重大改变，国际上东欧剧变、苏联解体。以江泽民同志为主要代表的中国共产党人，从全面总结党的历史经验和如何适应新形势新任务的要求出发科学判断形势，全面把握大局，从容应对困难和风险，坚定地以马克思列宁主义、毛泽东思想为指导，把马克思主义与具体国情再次有机结合，提出“三个代表”重要思想。

党的十六大以后，以胡锦涛同志为主要代表的中国共产党人，

---

① 《中共中央关于党的百年奋斗重大成就和历史经验的决议》，人民出版社，2021，第 18 页。

② 《邓小平文选》（第二卷），人民出版社，1994，第 150 页。

深刻认识和回答了新形势下我国社会主义应该要什么样的发展、怎样发展等系列重大问题，形成了科学发展观。科学发展观的核心在于坚持马克思主义以人为本的思想，强调以人为本、全面协调可持续发展，保障和改善民生，促进社会公平正义与和谐社会主义发展，进一步深入推进党的执政能力建设和先进性建设，在新形势下成功地坚持和发展了中国特色社会主义。

实践反复证明，只有在坚持马克思主义的地位不动摇的基础上，把马克思主义基本原理与中国具体实际结合起来，才能不断开拓马克思主义发展的新境界，不断涌现马克思主义时代化的新理论、新成果，并能真正指导中国不同时期的建设和发展。中国特色社会主义理论体系科学系统地阐明了中国特色社会主义的思想路线、发展道路、发展阶段、依靠力量、根本任务等系列重大问题，贯通了马克思主义哲学、政治经济学、科学社会主义等领域。马克思主义中国化的第二次飞跃是中国共产党在国家发展面临重大困境时向人民交上的中国共产党如何实现国家富强和人民富裕这一历史使命的答卷。

3. 马克思主义中国化第三次历史性飞跃

以习近平同志为核心的党中央深刻总结党成立以来的历史经验，继往开来，从新的实际出发，对“新时代坚持和发展什么样的中国特色社会主义、怎样坚持和发展中国特色社会主义；建设什么样的社会主义现代化强国、怎样建设社会主义现代化强国；建设什么样的长期执政的马克思主义政党、怎样建设长期执政的马克思主义政党”① 等三大时代课题提出一系列原创性的治国理政新理念、新思想、新战略，并创立了习近平新时代中国特色社会主义思想。

① 《中共中央关于党的百年奋斗重大成就和历史经验的决议》，人民出版社，2021，第25～26页。

自党的十八大以来，习近平总书记领导全党全军全国各族人民艰苦奋斗、砥砺前行，以共产党人的强烈政治担当和巨大的政治勇气，统筹国内、国际两个大局，坚决贯彻党的基本理论、基本路线、基本方略，统揽伟大斗争等党的工作方针，推出一系列重大举措和系列重大改革，战胜一系列国内外重大风险挑战，解决了许多长期想解决而没有解决的难题，办成了许多过去想办而没有办成的大事。尤其是经过八年接续奋斗，我国农村贫困人口全部脱贫，绝对贫困得以消除，区域性整体贫困得到解决，脱贫攻坚战取得全面胜利，小康社会目标全面实现，党和国家的社会主义事业取得历史性成就、发生历史性变革，彰显了中国特色社会主义的强大生机活力，为实现中华民族伟大复兴奠定了坚实的基础、提供了完善的制度保障。十年伟大成就的取得都源于以习近平同志为核心的党中央的坚强领导，源于习近平新时代中国特色社会主义思想的正确领导和科学指引。党的十九届六中全会对习近平新时代中国特色社会主义思想的定位，是对习近平新时代中国特色社会主义思想“新飞跃”的充分界定。

总之，马克思主义中国化的三次历史性飞跃给中华民族带来了深刻的变化，实现了党百年奋斗的四个历史时期重大转变和中华民族的重大发展。马克思主义中国化的三次理论飞跃证明，只有马克思主义与中国具体国情结合，并植根本国、扎根本民族历史文化沃土，马克思主义真理之树才能根深叶茂。百年来，中国共产党坚持把马克思主义基本原理同中国具体实际相结合，同中华优秀传统文化相结合，坚持活学活用，坚持马克思主义理论的不断创新，古为今用，推陈出新，反对马克思主义教条化，使马克思主义在中国不断焕发出强大的生命力；同时，马克思主义中国化的理论与实践也不断丰富和发展了马克思主义，真正推动了中国特色社会主义建设事业不断发展和前进。推进马克思主义中国化历史性飞跃的发展过程就是不断确立、夯实马克思主义在中国共产党真正的思想指导地位的过程。

二 “五史”教育体系

2014 年 7 月 7 日，习近平总书记在纪念全民族抗战爆发七十七周年仪式上的讲话中强调“历史是最好的教科书，也是最好的清醒剂”①；在 2019 年 3 月 18 日召开的学校思想政治理论课教师座谈会上习近平总书记又明确提出，“历史是最好的老师”②，并且强调要学好党史、新中国史、改革开放史、社会主义发展史。2020 年 1 月 8 日，习近平总书记在“不忘初心、牢记使命”主题教育总结大会上提出“四史”教育，明确强调要把学习贯彻党的创新理论同学习党史、新中国史、改革开放史、社会主义发展史结合起来。③ 2022 年 10 月 22 日，习近平总书记在党的二十大报告中指出：“新时代十年的伟大变革，在党史、新中国史、改革开放史、社会主义发展史、中华民族发展史上具有里程碑意义。”④ 这一重要论述将中华民族发展史提升到同“四史”同样的地位，体现党中央对“五史”教育的高度重视。高校大思政课与“五史”教育体系相融合，引导学生学深悟透中国共产党为什么“能”、中国特色社会主义为什么“好”、马克思主义为什么“行”这三大命题是高校大思政课建设的重要任务。

---

① 习近平：《在纪念全民族抗战爆发七十七周年仪式上的讲话》，《人民日报》2014 年 7 月 8 日。

② 《习近平重要讲话单行本》，人民出版社，2021，第 286 页。

③ 习近平：《在“不忘初心、牢记使命”主题教育总结大会上的讲话》，《人民日报》2020 年 1 月 9 日。

④ 习近平：《高举中国特色社会主义伟大旗帜 为全面建设社会主义现代化国家而团结奋斗——在中国共产党第二十次全国代表大会上的报告》，人民出版社，2022，第 15 页。

（一）党史

党史是指中国共产党自1921年成立以来，从无到有、逐渐成熟的百年发展史，也是中国共产党推动中华民族不断向前发展的百年历史。党史内涵十分丰富，不仅是一部中国共产党带领全国人民艰苦奋斗、筚路蓝缕，实现从站起来到富起来再到强起来的不懈奋斗的历史，也是一部中国共产党在推进马克思主义中国化实践过程中不断反思、不断探索、不断总结的历史，是马克思主义中国化的发展史。从时间跨度来看，党史就是从1921年中国共产党的成立到党领导人民完成抗日战争、解放战争、新民主主义革命胜利等，再到创建新中国，领导人民进行社会主义革命与建设，再到改革开放，再到习近平新时代中国特色社会主义，至今已有102年历史。

中国共产党的百余年的奋斗历程，既是一部艰苦卓绝的斗争史，也是一部苦难辉煌的奋斗史，更是一部感天动地的壮丽史诗。据不完全统计，近代以来，为中国革命和建设事业献出宝贵生命的烈士约有2000万。[①] 他们大多数是共产党员，大多数没有留下姓名。历史是最好的教科书，也是最好的营养剂。习近平总书记强调要从党史学习中汲取滋养，感悟伟大，培养党性。大思政课视阈中的党史教育，“要树立正确党史观”[②]。高校党史教育，应着重讲好中国共产党为什么“能”这一命题，引导学生树立正确党史观，立足当下，深刻把握党的发展脉络和发展主线，以发挥党史资政育人的功能，目的就是要引导学生正确认识党全心全意为人民服务的宗旨，团结带领各族人民不怕牺牲、不懈奋斗的历史；认识党始终坚持马克思主义基本原理同中国具体实际相结合、同中华优秀传统文

① 祝灵君编《新时代中国共产党100问》，当代世界出版社，2021，第27页。

② 习近平：《在党史学习教育动员大会上的讲话》，人民出版社，2021，第24页。

化相结合，不断推进马克思主义中国化的历史；感悟党勇于自我革命，永葆先进性和纯洁性的历史。

（二）新中国史

新中国史即中华人民共和国史，是指从 1949 年新中国成立至今，在党的领导下中国迈向繁荣昌盛的历史，“就是 1949 年中华人民共和国成立后中国人民在中国共产党的领导下进行社会主义革命、建设和改革的历史”①。新中国成立至今，已走过 74 年的发展历程，新中国成立后，我们进行了社会主义革命与建设，确立了社会主义基本制度。中华人民共和国的成立，结束了中华民族近代历经磨难、饱受屈辱的被侵略、被殖民史，为中国共产党带领中华民族实现民族复兴创造了前提条件。新中国成立后，中国共产党领导人民进行社会主义革命，走上了社会主义道路。党的十一届三中全会后，进入改革开放和社会主义现代化建设时期，确立社会主义初级阶段基本路线，开创了中国特色社会主义市场经济。党的十八大以来，中国特色社会主义进入新时代，习近平总书记在党的二十大报告中指出，“十年来，党中央采取了一系列战略性举措，推进一系列变革性实践，实现一系列突破性进展，取得一系列标志性成果，经受住了来自政治、经济、意识形态、自然界等方面的风险挑战考验，党和国家事业取得历史性成就、发生历史性变革”②。

70 余年的发展，中国共产党带领全国人民全心全意地推动国家和民族的发展，“在中华人民共和国 70 余年的历史进程中，中国人民的生活发生了翻天覆地的变化，国家各项制度从无到有、日趋

① 王炳林、刘奎：《关于学习党史、新中国史、改革开放史、社会主义发展史的思考》，《思想政治教育理论导刊》2020 年第 8 期。

② 习近平：《高举中国特色社会主义伟大旗帜 为全面建设社会主义现代化国家而团结奋斗——在中国共产党第二十次全国代表大会上的报告》，人民出版社，2022，第 6 页。

完善，同时也有着为维护国家利益和良好发展环境的斗争”[①]。“毫无疑问，中华人民共和国史是中华民族历史进程中的一部分，而且是极为辉煌的一部分，是正在不断发展着的中国通史的一部分。”[②]新中国史教育融入大思政课建设的目的是要引导学生树立正确的家国观、历史观，厚植爱国主义情怀，积极投身到社会主义现代化国家建设的新征程中去。

（三）改革开放史

改革开放史，“是从 1978 年中共十一届三中全会后，中国共产党领导人民推进改革开放和社会主义现代化建设的过程。改革开放无疑是中国共产党、中华人民共和国和中华民族历史上具有重大意义的大事件”[③]。改革开放史是指以党的十一届三中全会为开端，不断推进社会主义制度完善和发展的历史。改革开放作为决定中国命运的关键一招，在四十年多来从探索尝试、到自觉推进、再到自信深化，通过一系列制度变革、思想革新、行动合力，“摸着石头过河”与“加强顶层设计”相统一，中国特色社会主义制度逐渐走向成熟，创造了世所罕见的“两大奇迹”，使中国从大踏步赶上时代发展潮流转为引领时代发展。

改革开放是共产党的一次伟大觉醒，也是中国共产党、中华人民共和国和中华民族历史上具有重大意义的里程碑事件。改革开放极大地解放了生产力，极大地释放了每一个中国人的创造力。中国人民的生活开始富起来，改革开放改变了每一个中国人、每一寸中国大地，让中国人民的生活、中华民族的精神面貌从此焕然一新，

① 王炳林、刘奎：《关于学习党史、新中国史、改革开放史、社会主义发展史的思考》，《思想政治教育理论导刊》2020 年第 8 期。

② 王炳林、刘奎：《关于学习党史、新中国史、改革开放史、社会主义发展史的思考》，《思想政治教育理论导刊》2020 年第 8 期。

③ 王炳林、刘奎：《关于学习党史、新中国史、改革开放史、社会主义发展史的思考》，《思想政治教育理论导刊》2020 年第 8 期。

为中华民族复兴、为中国走入世界舞台奠定了坚实的物质基础。

改革开放史教育融入大思政课建设的目的是要求广大青年大学生在学好党史、新中国史的基础上，更加深刻地理解中国特色社会主义为什么“好”这一命题，引导学生树立以改革创新为核心的时代精神，引导青少年在工作和学习中坚持开拓创新、锐意进取，提高其面对新时代、新挑战的信心。

（四）社会主义发展史

社会主义发展史，是世界社会主义从空想到科学、从理论到实践、从一国到多国以及在实践中不断战胜挫折而向前发展的历程。社会主义发展史是指世界社会主义五百多年的探索史。习近平总书记强调要从中国特色社会主义的历史源流、从六个时间段对其进行科学认识①。认识社会主义是人类发展的必然趋势，认识到社会主义的建设不仅仅只有一种模式、一条道路，也不是一蹴而就、一帆风顺的过程，同时要认识到中国共产党所开辟的中国特色社会主义道路对于科学社会主义发展的深刻意义。

社会主义发展史教育融入大思政课建设的目的是着重讲好马克思主义为什么“行”这一课题，引导青少年从源头上弄清楚社会主义从哪里来、中国特色社会主义从哪里来，引导青少年在新时代高举科学社会主义的伟大旗帜。

（五）中华民族发展史

我国是一个多民族国家，由 56 个民族组成，是一个历经 5000 多年发展历程的大家庭。一部中国史，就是一部各民族交融汇聚的发展史，也是各民族开拓进取、砥砺前行的发展史。各民族团结一心，共同开拓了辽阔的疆域，推动了中华民族悠久的发展历程。中华文化是各民族优秀文化的集大成，是中华民族历经数千年发展而

---

① 杨学龙：《中国特色社会主义制度自信研究》，人民出版社，2018，第 213 页。

沉淀下来的集体智慧结晶，也是千千万万中华儿女共同的精神家园。

中华儿女凭借勤劳和智慧开创了繁盛的民族文化，迎来昌盛国力，也不断开创出中华民族物质文化发展的盛世。中华民族发展史是中华民族文化不断发展的历史，5000多年的历史文化发展，不仅让中华民族屹立于世界之林，而且中华文化也随着强盛的国力早已漂洋过海、远播四方，让世界各族人民对中华民族有了很深的了解和认识，也对中国古老的民族刮目相看。

中华民族发展史教育融入大思政课建设的目的是使学生树立正确的民族观，铸牢中华民族共同体意识，树立正确的历史观和民族文化自信观，鼓励学生爱党爱国，投身国家民族发展大计，共同书写中华民族伟大复兴的新篇章。

三　社会主义核心价值观培育体系

2012年，党的十八大正式提出社会主义核心价值观，即以“倡导富强、民主、文明、和谐，倡导自由、平等、公正、法治，倡导爱国、敬业、诚信、友善”为主要内容的社会主义核心价值观[①]。关于社会主义核心价值观的内涵，习近平总书记指出：“核心价值观，其实就是一种德，既是个人的德，也是一种大德，就是国家的德、社会的德。”[②] 社会主义核心价值观是社会主义先进文化的精髓，是当代中国精神的集中体现，凝结着全体人民共同的价值追求，体现着社会主义核心价值体系的根本性质和基本特征，是社会主义核心价值体系的高度凝练和集中表达。

社会主义核心价值观虽然只有24个字，但它涵盖了三个不同

---

① 《中共中央办公厅印发〈关于培育和践行社会主义核心价值观的意见〉》，《新华日报》2013年12月24日。

② 习近平：《青年要自觉践行社会主义核心价值观——在北京大学师生座谈会上的讲话》，人民出版社，2014，第4页。

的逻辑层次，分别为国家层面的价值目标、社会层面的价值取向以及个人层面的道德准则。“富强、民主、文明、和谐”，是我国社会主义现代化国家的建设目标，也是从价值目标层面对社会主义核心价值观基本理念的凝练，在社会主义核心价值观中居于最高层次，对其他层次的价值理念具有统领作用。“自由、平等、公正、法治”，是对美好社会的生动表述，也是从社会层面对社会主义核心价值观基本理念的凝练。它反映了中国特色社会主义的基本属性，是我们党矢志不渝、长期实践的核心价值理念。“爱国、敬业、诚信、友善”，是公民基本道德规范，是从个人行为层面对社会主义核心价值观基本理念的凝练。它覆盖社会道德生活的各个领域，是公民必须恪守的基本道德准则，也是评价公民道德行为选择的基本价值标准。社会主义核心价值观是中国共产党在充分总结改革开放以来思想文化领域和精神文明建设经验的基础上，坚持将马克思主义基本理论与中国优秀传统文化相结合，深化对社会主义精神文明建设、社会主义核心价值体系的认识，凝练并提出社会主义核心价值观。

“社会主义核心价值观是综合展现国家发展程度和政治生态、社会经济制度、文化氛围和法制建设、公民道德水平和行为要求的总体性价值目标。”① 中国共产党对社会主义核心价值观的凝练和提出经历了一个不断深化认识的过程，其中既有我党对马克思主义理论学说认识的不断深化，也有我党对推动有中国特色的社会主义国家不断发展的实践经验总结，因此，社会主义核心价值观的提出，既有理论认识上的深化，也是对实践经验的积累与总结。

党的二十大报告指出：“用社会主义核心价值观铸魂育人，完

① 马金婷：《“课程思政”视域下社会主义核心价值观教育研究》，《吉林广播电视大学学报》2022 年第 2 期。

善思想政治工作体系，推进大中小学思想政治教育一体化建设。坚持依法治国和以德治国相结合，把社会主义核心价值观融入法治建设、融入社会发展、融入日常生活。”① 高校将社会主义核心价值观教育体系融入大思政课教育，是适应时代课题的重要之举，是为党为国培育实现中华民族伟大复兴时代新人的重要内容，是提升新时代青年大学生价值观的重要教育内容。

（一）社会主义核心价值观理论与实践渊源

1. 马克思主义基本原理是社会主义核心价值观的灵魂

马克思主义是我们党的根本指导思想，是党治国理政的重要理论来源，这就决定了马克思主义是社会主义意识形态的旗帜，决定了马克思主义是社会主义核心价值观的灵魂。社会主义核心价值观是全中国各族人民在中国共产党的坚强领导下对于现代化国家实现形态的价值诉求，也是对马克思主义、毛泽东思想和中国特色社会主义理论体系的集中体现和价值表达。社会主义核心价值观的每一项内容都能在马克思、恩格斯的著作中找到详细的理论分析和支持。

价值承载着理想，理想内蕴着价值。马克思主义将“真”“善”“美”的人类价值追求与共产主义的世界观、人生观、价值观有机统一，是迄今人类对“真、善、美”最全面、最深刻的把握，也将人的价值与社会发展有机统一。社会主义核心价值观就是对马克思主义真、善、美的价值与崇高社会理想追求的高度提炼。社会主义核心价值体系既是马克思主义关于价值论述的重要组成部分，也是在实践中不断发展和创新的马克思主义价值理论。

2. 中华优秀传统文化是社会主义核心价值观的重要理论来源

中华优秀传统文化特别重视生命价值教育、人格教育、美德教

① 习近平：《高举中国特色社会主义伟大旗帜 为全面建设社会主义现代化国家而团结奋斗——在中国共产党第二十次全国代表大会上的报告》，人民出版社，2022，第 44 页。

育，倡导讲仁爱、重民本、守诚信、崇正义、尚和合、求大同、止至善的道德生活，尤其是中华优秀传统文化中所蕴含的心性道德修养思想，对人的品行修为、精神境界追求等方面有着重要的指导意义。

习近平总书记强调：“我们提倡的社会主义核心价值观，就充分体现了对中华优秀传统文化的传承和升华。”[①] 社会主义核心价值观必须深深扎根于中华优秀传统文化这块坚实的土壤之中。若非如此，则社会主义核心价值观会成为无源之水、无本之木。习近平总书记在党的二十大报告中特别强调：“中华优秀传统文化源远流长、博大精深，是中华文明的智慧结晶，蕴含的天下为公、民为邦本、为政以德、革故鼎新、任人唯贤、天人合一、自强不息、厚德载物、讲信修睦、亲仁善邻等，是中国人民在长期生产生活中积累的宇宙观、天下观、社会观、道德观的重要体现，同科学社会主义价值观主张具有高度契合性。”[②] 中华优秀传统文化在中华民族繁衍中代代相传、生生不息，中华优秀传统文化是中华民族的根基与血脉，这为社会主义核心价值观的凝练和提出提供了重要的思想理论来源。

3. 改革开放是社会主义核心价值观提出的重要实践来源

改革开放是伟大的中国共产党在治国理政中的一次伟大创举，它深刻地改变了中国的面貌，直接影响并改变了中国社会的方方面面，也直接影响并彻底改变了每一个中国人的生活和精神面貌。短短四十余年的改革开放，中国共产党带领中国人民创造出了人类历史上的经济发展奇迹，人民的物质生活得到极大的改善和丰富，世

① 《习近平谈治国理政》（第一卷），外文出版社，2018，第171页。

② 习近平：《高举中国特色社会主义伟大旗帜 为全面建设社会主义现代化国家而团结奋斗——在中国共产党第二十次全国代表大会上的报告》，人民出版社，2022，第18页。

界上最大人口国家的民众过上了令人难以相信的富裕生活，这种富裕甚至已经超过了不少欧洲国家民众的生活水平。跨国旅游成为不少百姓生活的一部分，中国旅游研究院2020年3月10日发布《2019年旅游市场基础情况》显示，仅2019年，我国出境游人数就高达3亿人次，是东南亚和欧美国家主要游客来源国。然而，国人在异国他乡的一些不道德行为被西方不良媒体恶意夸大，引发负面影响。当然，一些国人的不文明现象确实引人反思，改革开放给民众带来了物质生活水平的提高，同时也应该为民众提供正面的价值引导和精神追求。物质生活上的富有也应该呼唤精神追求。精神文明建设与物质文明建设必须保持同步、协调发展，从一定程度上看，精神文明建设甚至还要略高于物质文明建设。正是从这个层面考量，精神文明建设被提上日程，并且变得越来越重要。

如何平衡物质文明与精神文明的关系，这既是改革开放实践过程中需要解决好的一个发展问题，同时，也是一个关乎价值观的问题，必须得到妥善处理。社会主义核心价值观提出的一个重要实践来源就是中国共产党认真总结改革开放以来思想文化领域和精神文明建设的经验教训，积极弘扬和传承中华优秀传统美德教育以构建精神价值追求和民族精神，并将精神层面建构起来的价值理论，用以引领社会主义现代化国家建设以及每个社会主义国民的价值观培育。

4. 社会主义核心价值观的价值引领

广大青年大学生要准确把握社会主义核心价值观的深刻内涵。社会主义核心价值观虽然只有24个字，但它涵盖了三个不同的逻辑层次，分别为国家层面的价值目标、社会层面的价值取向以及个人层面的道德准则。

“富强、民主、文明、和谐”，是我国社会主义现代化国家的建设目标，也是从价值目标层面对社会主义核心价值观基本理念的凝练，在社会主义核心价值观中居于最高层次，对其他层次的价值理念具有统领作用。富强是民族强盛、国家实现现代化，是符合中华民族期盼的美好梦想，是国家安全稳定、人民安居乐业的重要保障和坚强后盾。民主，是人民当家做主，是人民的民主，是人民行使权力、拥有幸福生活的前提。文明，是社会主义文化的精练表达，是社会进步的一个重要标志，是对社会主义精神文明建设状态的高度凝练，能为国家发展和民族复兴提供无私奉献、友爱互助的友好环境。和谐是社会和谐，社会需要持续稳定，这是经济健康发展的重要保障，是为民众提供安定、和谐、美好生活环境的前提。同时，和谐也必须是人与自然的和谐。经济发展必须建立在人与自然和谐的基础上，经济发展不能以破坏大自然为代价，这就是习近平总书记强调的“绿水青山就是金山银山”。[①]

“自由、平等、公正、法治”，是对美好社会的生动表述，也是从社会层面对社会主义核心价值观基本理念的凝练。它反映了中国特色社会主义的基本属性，是我们党矢志不渝、长期实践的核心价值理念。自由，即自由的意志、自由的存在、自由地发展，人人都有自由的权利来追求美好的幸福生活。平等，是公民在法定范围内享有同等权利的先决条件，是对每个公民合法权益的尊重与保障。公正，能够保障人民生活和发展自由平等，是社会的公平和公正。法治，是依法治国，是实现社会公平正义的坚强后盾，是强化社会主义法治建设的必要手段，是保护公民合法权益的强有力武器。

“爱国、敬业、诚信、友善”，是公民的基本道德规范，是从个人行为层面对社会主义核心价值观基本理念的凝练。它覆盖社会道德生活的各个领域，是公民必须恪守的基本道德准则，也是评价公

① 习近平：《习近平谈治国理政》（第三卷），外文出版社，2020，第 361 页。

民道德行为选择的基本价值标准。爱国是每个国民最真挚的情感，国人必须热爱祖国，拥护祖国统一，拥护中国共产党的领导，维护国家利益。爱国是每个公民内心应该遵循的根本准则，维护国家荣誉、利益和安全，与危害祖国的言行举止作斗争。敬业，是恪尽职守，尊重工作，勤恳积极，平等对待每份工作，尊重每份职业。敬业是向上进取的工作态度，是弘扬社会良好工作环境风气的表现。诚信，是诚实守信、宽以待人，是衡量一个人道德品行的重要标准。诚信要求人与人交往时坦诚相见，是传承中华优秀传统美德的基本要求。友善，是友好和善，是社会交往的必备礼仪，是人与人沟通交流和相处的桥梁纽带，是体现公民良好素质和品行的重要内容。

开展高校大思政课，融入社会主义核心价值观教育，就要引导大学生爱党、爱国、爱人民，并以此加强个人品德培育，切实提升道德修养和思想品行，以爱国为基、以敬业为尺、以诚信为本、以友善为度，坚定个人理想信念，形成良好品德行为，培育高尚的道德情怀，以德才兼备为目标，促进自身的全面健康发展。

四　红色革命文化传承体系

红色是中国共产党和中华人民共和国最鲜亮的底色，红色革命文化是中国共产党领导中国人民在伟大斗争和社会主义建设中，以马克思主义为指导，所构建、形成的以“斗争精神”为内核和价值取向的特有文化体系和精神样态，是极具中国特色的先进文化。红色革命文化是在中华优秀传统文化滋养下，在百年革命和社会建设的实践中淬炼并具有明确范畴、特定内涵、独特功能、特有形态的文化。因此，红色革命文化有着丰富的革命精神和厚重的历史文化内涵。习近平总书记指出：“革命传统资源是我们党的宝贵精神财富，每一个红色景点都是一个常学常新的生动课堂，蕴含着丰富的政治智慧和道德滋养。”[①]

红色革命文化就是一部鲜活的教科书，是体现建党精神的英雄谱。中国共产党在革命、建设、改革各个历史时期所取得的伟大成就，离不开无数英雄人物在党领导下的无私奉献和努力奋斗。一个个红色故事、一个个革命英烈，党的百年奋斗历程中各个领域涌现出了无数的英雄，正是这些千千万万个英雄绘就了祖国发展的美好蓝图，成就了党的伟业，他们是中国共产党红色革命文化的具体创造者，他们所具有的革命品格就是伟大建党精神的凝结。

红色革命文化是由中国共产党人、先进分子和人民群众在长期的革命实践中创造出的先进文化，它蕴涵着革命先烈丰富的爱国主义情怀和不懈的奋斗精神，红色革命文化在当代依然具有极大的时代价值，能激励一代代中国人不断奋勇前行。习近平总书记也多次指出，要把红色资源利用好，把红色传统发扬好、把红色基因传承好。[②] 因此，高校大思政教育注重红色革命文化的当代价值，加强红色革命文化的传承教育是十分必要的。

（一）红色革命文化的形成

红色革命文化是中国共产党人以巨大牺牲和无私奉献所开创的文化，是跨时代的宝贵财富，也是高校思政教育的优质文化根基，红色革命文化的形成有其理论来源和实践基础。

毛泽东曾指出“红色革命文化是中国人民学会了的马克思列宁主义的新文化”[③]。依据马克思历史唯物主义的观点，经济基础决定上层建筑，红色革命文化也是在红色经济的背景下产生的。在土

---

① 《习近平在湖南调研时强调 以更加奋发有为的精神加强和改进党的建设 为实现“十二五”时期良好开局提供坚强保证》，《人民日报》2011 年 3 月 24 日。

② 《习近平在视察南京军区机关时期强调贯彻全军政治工作会议精神扎实推进依法治军从严治军》，《人民日报》2014 年 12 月 16 日。

③ 《毛泽东选集》第 4 卷，人民出版社，1991，第 1514 页。

地革命时期，中国共产党以井冈山为最初的起点，建立起了以偏远的山区和农村为主的革命根据地，开辟了“农村包围城市”的革命发展道路。唯物史观还强调要尊重人民群众的主体地位，指出人民群众是推动历史发展和社会进步的决定性力量。红色革命文化同样坚持人民群众的历史主体地位，强调全心全意为人民服务。在短短几年时间里，红军在自己的革命根据地实现了稳健的货币和金融运转，建立起了健全的全民教育体系，也形成了初步的工业化建设。根据地的经济发展为红色革命文化的形成和发展奠定了充足的物质基础。

红色革命文化具有鲜明的阶级性，它反映了一定社会统治阶级的意识形态。中国历史上无数次的农民起义之所以不能上升到文化层面，是因为农民起义本身是一种暴力革命，并且它的目的是建立起一个新的封建王朝，它从自身的利益出发，而不是以人民利益为出发点和落脚点，更没有科学的理论体系作为指导。中国共产党领导无产阶级在同各种反动势力的斗争中，以马克思主义的科学理论为指导，并将中国具体实际结合起来，以人民利益为出发点和根本立场，代表人民群众的根本利益诉求。为了人民利益而奋斗，目的是实现共产主义、实现每个人的全面和自由发展。

红色革命文化是社会主义先进文化。红色革命文化是党领导人民群众在争取民族独立、国家富强、人民幸福的过程中形成和积累起来的，是无产阶级推动发展的一种先进文化。无产阶级在与封建主义、帝国主义以及官僚资本主义“三座大山”的力量进行斗争时，涌现出一大批救亡图存、身先士卒的英雄烈士，充分展现了中华儿女不屈不挠、敢于抗争、争取解放的伟大精神，这些精神正是中国优秀传统文化中包含的注重国家社会整体利益的奉献精神、以和为贵的和谐友爱精神、重视理想信念追求以及自强不息、追求正义等美德所体现所形成，最终成为人民喜闻乐见的先进文化，为新时代党领导人民进行社会主义现代化建设带来了强大的精神动力。

（二）红色革命文化中的精华是百年精神谱系

习近平总书记在党员学习再教育动员大会上指出：“在一百年的非凡奋斗历程中，一代又一代中国共产党人顽强拼搏、不懈奋斗，涌现了一大批视死如归的革命烈士、一大批顽强奋斗的英雄人物、一大批忘我奉献的先进模范，形成了一系列伟大精神，构筑起了中国共产党的精神谱系，为我们立党兴党强党提供了丰厚滋养。”[①] 党的精神谱系是在中国共产党领导人民革命、建设和改革的百年历史发展中产生的，是中国共产党在斗争中不畏强敌、英勇抗战的强大精神武器，是中国共产党从诞生至今发展壮大的不竭精神动力。

党的百年精神谱系是红色革命文化的核心和精华。中国共产党精神谱系贯穿于整个中华民族追求民族独立、人民解放和国家富强、人民富裕的历史长河中，形成于党带领人民群众的革命斗争中，是中国共产党从诞生到发展壮大的伟大精神之匙。红色革命文化是中国共产党领导人民在革命、建设和改革中形成的物质文化、精神文化和制度文化的有机统一。党的精神谱系本质上是党的红色精神文化，而红色精神文化对红色革命具有引导作用，即使在当今建设中国特色社会主义文化强国的道路上，红色革命精神仍然具有新的时代内涵和指导意义。中国共产党人精神谱系历经百年，要全面深刻认识中国共产党人的精神谱系，就需要全面认知中国共产党丰富的红色革命文化。

中国共产党精神谱系以红色革命文化为文化源头。恩格斯指出：“每一个时代的理论思维，包括我们这个时代的理论思维，都是一种历史的产物，它在不同的时代具有完全不同的形式，同时具

① 习近平：《在党史学习教育动员大会上的讲话》，人民出版社，2021，第 19 页。

有完全不同的内容。”[①] 红色革命文化记录了无数中华儿女用鲜血和生命为民族独立、人民解放而英勇斗争的奋斗历史，红色基因深耕于共产党人的心中，成为共产党人的精神。一方面是由于红色革命文化的熏陶，红色革命的斗争实践从根本上决定了红色革命文化内容，而红色革命文化内容又促成了红色革命精神内涵的产生。从历史来看，中国共产党精神谱系产生于新民主主义革命时期。井冈山精神、长征精神、西柏坡精神等革命精神就是在红色革命文化的熏陶下产生的，构成了中国共产党精神谱系的最初形态。另一方面，中国共产党精神谱系的传承需要红色革命文化的滋养。中国共产党人的拼搏奋斗都是为了推进中国的社会革命，实现中华民族伟大复兴。“改革是中国的第二次革命”[②]，新时代的改革实质是一次自我革命，革命过程中所体现的解放思想、实事求是、开拓创新的精神也都被纳入党的精神谱系。毛泽东曾告诫全党：“我们要保持过去革命战争时期的那么一股劲，那么一股革命热情，那么一种拼命精神。”[③] 红色革命实践和红色革命文化是党的精神谱系的精神根基，在新时代我们依然要注重对红色资源的开发与保护，让红色革命文化深入人心。

将中国共产党精神谱系融入高校思想政治教育，融入大思政课建设，是实现立德树人根本任务的必然要求。新时代高校“大思政课”要将弘扬中国共产党精神谱系实现“进教材”“进课堂”“进头脑”，将精神谱系内化为学生的政治认同、文化认同和思想认同，让学生自觉献身社会主义现代化建设之中，将爱国爱党之心贯彻到实际行动之中。

---

① 《马克思恩格斯选集》（第三卷），人民出版社，2012，第 873 页。

② 《邓小平文选》（第三卷），人民出版社，1993，第 113 页。

③ 《毛泽东文集》（第七卷），人民出版社，1999，第 285 页。

五 学科课程思政教育体系

高校思想政治教育工作一直备受党和国家的高度重视，不断推进高校思想政治教育的建设是落实“立德树人”根本任务的内在要求，而构建“课程思政”与高校思政课协同育人机制是新时代落实根本任务的重要途径，也是新时代赋予高校教育的重要使命。

（一）课程思政的提出及其内涵

2016 年习近平总书记在全国高校思想政治工作会议上指出，做好高校思想政治教育，要用好课堂教学主渠道，在改进思想政治理论课的同时使各类课程与思想政治理论课同向同行，形成协同效应。① 2019 年习近平总书记在学校思想政治理论课教师座谈会上再次指出，思政课创新要坚持显性教育和隐性教育相统一，同时挖掘其他课程和教学方式中蕴含的思想政治教育资源。② 2020 年 5 月，教育部印发《高等学校课程思政建设指导纲要》，文件明确规定“要紧紧抓住教师队伍‘主力军’、课程建设‘主战场’、课堂教学‘主渠道’，让所有高校、所有教师、所有课程都承担好育人责任，守好一段渠、种好责任田，使各类课程与思政课程同向同行，将显性教育和隐性教育相统一，形成协同效应，构建全员全程全方位育人大格局”③。

课程思政既不是一门专业课程，也不是将“课程”与“思想政治教育”二者简单相加，而是一种新理念、新方式，是充分挖掘各门课程中的思想政治教育资源，将思想政治教育贯穿于学科课程教

---

① 《习近平谈治国理政》（第二卷），外文出版社，2017，第 378 页。

② 习近平：《思政课是落实立德树人根本任务的关键课程》，人民出版社，2020，第 23 页。

③ 《教育部关于印发〈高等学校课程思政建设指导纲要〉的通知》（教高〔2020〕3 号），教育部网站，2020 年 6 月 1 日，http：//www.moe.gov.cn/srcsite/A13/moe_772/202208/t20220818_653672.html。

学全过程，将专业教育与价值观教育有机结合起来，从而实现立德树人的根本任务。从某种意义上说，课程思政是挖掘专业教育中的价值育人因素，是思政课教育在专业教育中的延伸。从核心内容的角度来看，主要服务于解决“培养什么样的人”的问题。

（二）课程思政与思政课同向同行

习近平总书记强调“学校思想政治工作不是单纯一条线的工作，而应该是全方位的，要完善课程体系，解决好各类课程和思政课相互配合的问题”[①]。习近平总书记的重要论述指出了课程思政与思政课协同育人、同向同行的必要性。因此，我们首先要厘清高校课程思政与思政课之间的内在关系。思政课与课程思政，二者既有联系又有区别，但其作用发挥机制是一致的。二者虽然在概念和范畴上有所区别，前者是高校立德树人的关键课程，是进行系统全面的思想政治教育的理论类课程，在思想政治教育体系中处于绝对主导地位；而后者是新的教育理念、课程理念，在思想政治教育体系中亦能发挥积极作用。然而，二者还有着密切关联性。二者在育人目标、方向上具有一致性，都是指向立德树人的最终目标；在育人内容和功能上具有互补性，思政课主要进行理论的讲授和灌输，而“课程思政”发挥着润物细无声的功能。在围绕立德树人的共同目标上，二者相辅相成、相互补充，思政课与课程思政能共同构建“思政教育＋思政元素”综合育人体系，这是二者同向同行的前提。

课程思政与思政课同向同行、协同育人，就是要坚持守正创新，发挥思政课红色育人主渠道作用，挖掘专业课程的育人元素，将红色教育元素嵌入专业人才培养方案、教学大纲、教材编审等各方面；贯穿于课堂讲授、教学研讨、考试考核、毕业论文等各环

① 习近平：《思政课是落实立德树人根本任务的关键课程》，人民出版社，2020，第27页。

节，实现大思政课综合育人的协同效应。

思政课与课程思政的同向同行离不开学校的顶层设计。就育人主体而言，它强调的是全员协同育人，除了思想政治理论课的教师之外，还需要其他教育主体，如党委、学科专业课教师、社会等其他力量，来分担破解传统思想政治教育教师“孤岛”现象，形成教育合力。就育人过程而言，它强调的是全过程的协同，高校课程思政与思政课同向同行是一个动态发展的过程，贯穿高校学生的整个培养过程，在全过程中知识教育与思想政治教育相协调。就育人机制而言，它强调从指导机制、课程机制、实施机制、激励机制、考评机制和监督机制六个方面来健全各方面的运行机制，为二者同向同行提供坚实的机制保障，发挥教育合力。

六　中华优秀传统文化教育体系

（一）中华优秀传统文化传承教育

中华民族历史悠久，文化源远流长、博大精深，中华文明是世界五大古老文明之一，也是五大古老文明体系中唯一没有中断的文明。五千多年的文明发展，孕育出丰富的哲学思想、道德情操、价值观念、审美品格、艺术情趣、辩证思维、科学智慧等，涵盖内容非常广泛、智慧深邃、博大精深，是中华民族宝贵的精神矿藏，是我们取之不尽、用之不竭的思想宝库。习近平总书记指出：“中华传统文化源远流长、博大精深，中华民族形成和发展过程中产生的各种思想文化，记载了中华民族在长期奋斗中开展的精神活动、进行的理性思维、创造的文化成果，反映了中华民族的精神追求，其中最核心的内容已经成为中华民族最基本的文化基因。”[①] 中华优秀文化是中华民族独特的精神

① 《习近平在中共中央政治局第十八次集体学习时强调 牢记历史经验教训历史警示 为国家治理现代化提供有益借鉴》，《人民日报》2014 年 10 月 14 日。

标识，是当代中国文化的根基，是维系全世界华人的精神纽带，也是中国文化创新的宝藏。中华民族不仅创造出繁盛的物质文明，而且创造出走向世界、影响东南亚乃至欧美的文化思潮，从而使中华民族在世界上赢得“文明古国，礼仪之邦”之美誉。

党的十八大以来，习近平总书记特别强调优秀传统道德教育的重要意义，同时，围绕弘扬中华优秀传统文化、传承中华传统美德做出了一系列重要论述，中央部委也密集出台文件，大力倡导和弘扬中华优秀传统道德教育。如 2017 年中共中央办公厅、国务院办公厅印发的《关于实施中华优秀传统文化传承发展工程的意见》；2018 年，由中央宣传部牵头的中华优秀传统文化传承发展工程部际协调组成立；2021 年，中宣部印发《中华优秀传统文化传承发展工程“十四五”重点项目规划》；等等。在全面建成小康社会后，中华优秀传统文化与传统美德作为实现“第二个百年奋斗目标”与中华民族伟大复兴中国梦的重要精神支柱的作用日益凸显。学习、弘扬与传承中华优秀传统文化，深刻领会其重要意义、内涵实质，有益于青少年从中汲取丰富营养，进而增强民族文化自信。

（二）中华民族传统美德教育

数千年来，中华民族传统美德教育培育、塑造了中华民族无数的仁人志士。中华传统美德教育积淀着中华民族最深厚的精神追求和文化基因，包含着人类社会文明发展的思想精髓，符合社会主义现代化建设的基本要求，具有超越时空、跨越国度的永恒价值，是中华民族留给人类文明的宝贵精神财富。习近平总书记指出“中华文化源远流长，积淀着中华民族最深层的精神追求，代表着中华民族独特的精神标识，为中华民族生生不息、发展壮大提供了丰厚滋养。中华传统美德是中华文化精髓，蕴含着丰富的思想道德资源”①。

① 《习近平谈治国理政》第 1 卷，外文出版社，2018，第 164 页。

从古至今，中华民族非常重视伦理道德，有着悠久而深厚的优良道德传统，形成了儒、道、墨、法等思想流派的传统道德思想精华。在两千多年的历史发展过程中，儒、道等各家伦理思想相互影响、相互吸收，形成了独具中华民族特色的伦理道德体系，习近平总书记在党的二十大报告中将其概括为“天下为公、民为邦本、为政以德、革故鼎新、任人唯贤、天人合一、自强不息、厚德载物、讲信修睦、亲仁善邻”① 等。

中华优秀传统美德是以“五仁”为主的伦理道德体系。因此，“仁、义、礼、智、信”在中华民族道德建设的长河中具有本源地位，是中华民族传统美德的核心价值理念和基本要求。“五仁”道德体系是古今中国非常重要的道德准则与伦理原则，具有启智润德的作用。爱人利物之谓仁。儒家认为“仁”是最美好且最应具有的品质，是立人之基；“义”是平等、互重，是因时、因人、因地制宜，是有所为有所不为；“礼”为正人身之法，赋予人社会责任感与个体价值意识；“智”是知识性与价值性、理想与实践的统一；“信”即诚，守约，言行一致，诚信乃立身之本。习近平总书记特别推崇道德教育，在优秀传统文化的基础上将道德教育概括为“讲仁爱、重民本、守诚信、崇正义、尚和合、求大同”②。

1. 讲仁爱

仁爱即宽仁慈爱，出自道家《淮南子》，“尧，立孝慈仁爱，使民如子弟”。孔子对“仁”的定义是“泛爱众”，即不仅仅爱自己、爱他人，还需要爱世界上的一切生命，更进一步提出“泛爱众而亲仁”的思想。《孟子》中的“亲民”思想便是儒家对仁爱思想的继

① 习近平：《高举中国特色社会主义伟大旗帜 为全面建设社会主义现代化国家而团结奋斗——在中国共产党第二十次全国代表大会上的报告》，人民出版社，2022，第 18 页。

② 《习近平谈治国理政》第 1 卷，外文出版社，2014，第 164 页。

承与发展。再到《礼记·大学》中所揭示的大学之道“在明明德，在亲民，在止于至善”。具体体现在自尊互敬、助人为乐的和乐风范，孝敬父母、尊敬师长的伦理规范，“老吾老以及人之老，幼吾幼以及人之幼”的孝亲敬老伦理道德等。

2. 重民本

以民为本的人本思想是中华优秀传统美德的基石。春秋《管子》提出“政之所兴在顺民心，政之所废在逆民心”；孟子提出“民为贵，社稷次之，君为轻”；范仲淹提出“先天下之忧而忧，后天下之乐而乐”；《史记》指出“治国有常，利民为本”；宋朝苏轼提出“民者，天下之本；而财者，民之所以生也”；朱熹认为“王道以得民心为本”、清末梁启超则提出“天下者，天下人之天下，非一人之私有故也”，等等。从这些仁人志士的话语中既能感受到他们浓厚的爱民情怀，也能反映出中华民族重民、贵民的厚重智慧。

3. 守诚信

诚实守信是中华民族代代相传的为人处世之美德。习近平总书记强调“以诚实守信为荣，以见利忘义为耻”。[①]《论语》提出“言必信、行必果”“民无信不立”“人而无信，不知其可也”；《老子》指出“轻信必寡诺”；《庄子》提出“不精不诚，不能动人”。除了这些智者们提出的诚信教育思想外，我国还有诸多感人的诚信教育故事，如家喻户晓的商鞅立木取信、季布一诺、曾子杀猪等皆体现了诚信的重要性。

4. 崇正义

中华传统美德中的正义，是“正”与“义”的有机统一，通常情况下，古代单用“义”字，其繁体为“義”，“做正也”的意思。

① 鄢本凤：《社会主义和谐文化建设研究》，人民出版社，2010，第266页。

《中庸》认为：“义者，宜也。”正义是天下和谐的前提、人之为人的社会性要求以及社会伦理中的责任担当。

5. 尚和合

在2008年北京奥运会的开幕式上，表演者们用一个字向全世界人民展示了中华民族的核心精神——和。中华民族自古就是热爱和平的民族，爱好和平是中华民族精神的核心内容，也是构成中华传统美德的重要组成部分。我国“和合”思想源远流长，自古便尊崇“和而不同”、“以和为贵”以及“和羹之美，在于合异”等思想，这些思想体现了我国传统的社会生活、国家交往、文化传承与交流的方方面面。习近平总书记在20世纪80年代曾对“和合”思想之内涵与重要性进行过阐释，“‘贵和尚中、善解能容、厚德载物、和而不同’的宽容品格，是我们民族所追求的一种文化理念。自然与社会的和谐，个体与群体之间的和谐，我们民族的理想正在于此，我们民族的凝聚力、创造力也正基于此”①。正是因为中华民族推崇和合思想，所以，中华民族在两千多年的强盛发展中从未侵略过任何一个民族。这足以证明中华民族和合精神的实质。

6. 求大同

“大道之行，天下为公”“大同世界”的社会理想是几千年来世世代代中国人民的美好愿景。《礼记》曾对“大同”思想有详细的描述：“大道之行也，天下为公，选贤与能，讲信修睦。故人不独亲其亲，不独子其子，使老有所终，壮有所用，幼有所长，矜寡孤独废疾者，皆有所养；男有分，女有归；货恶其弃于地也，不必藏于己；力恶其不出于身也，不必为己。是故谋闭而不兴，盗窃乱贼而不作，故外户而不闭，是谓大同。”从《礼记》的描述中，不难

① 习近平：《之江新语》，浙江人民出版社，2013，第150页。

发现，大同分为四个层面，国家政治层面，提倡天下为公的贤人政治；社会治理层面，提倡选贤任能；个人层面，提倡民众相互关心、关爱；社会福利层面，提倡老有所终，壮有所用，幼有所长，矜寡孤独废疾者皆有所养。我国传统大同理想社会和现实版的“小康”社会有着很大相似性，但区别在于，大同社会是我国古人向往的理想社会，而小康社会则是伟大的中国共产党带领中国民众已全面实现的社会。

第二节 “大思政课”建设内容体系的辩证关系

一 “大思政课”内容体系的各自特性

“大思政课”建设的六大内容体系虽然在内涵和本质上相互关联、相互支撑，甚至相互包涵。然而，这六大内容体系又各自独立，具有独立的本质特征和独立的存在意义。从形成渊源、内涵以及发展来看，“大思政课”建设的六大内容体系有着各自独特的生成背景、历史渊源以及独特的内涵。

（一）六大教育内容体系的独特性

马克思主义理论武装体系诞生在德国，却在中国得到了丰富和发展，马克思、恩格斯、列宁的思想是马克思主义理论武装体系的基础性理论，是中国特色社会主义理论体系不断丰富、发展甚至发生飞跃的理论基础和来源。“五史”教育体系主要是关于中华民族、社会主义以及中国共产党三者之间的发展关系。“五史”教育体系的时间跨度很长，涵盖了中华民族上下五千多年的发展史，涵盖的内容是中华民族数千年的艰苦奋斗、文化传承以及中国共产党带领中国人民实现中华民族独立解放的历史。社会主义核心价值观在党的十八大所提出，时间跨度在“五史”教育体系中相对较短，然而，意义巨大、影响深远。社会主义核心价值观内容精，仅有24个字，体现社会主义核心价值体系的根本性质和基本特征，是社会主义核心价值体系的高度凝练和集中表达，更是中国共产党领导中国特色社会主义建设、发展的价值取向。红色革命文化是在革命战争年代，由中国共产党人、先进分子和人民群众共同创造并极具中国特色的先进文化，红色革命的核心词是中国共产党人，是中国共产党人带领人民群众所创造出来的独特文化，是中国特色的先进文化。学科思政课程思政是新时代党和国家对高等教育提出的新要求，是关于中国特色社会主义接班人培养的一项重要举措，是对党提出的“为谁培养人、培养什么人、怎样培养人”重要方法的引领，是高校立德树人的根本遵循之一。中华优秀传统文化是中华民族发展历程中所形成的独特民族文化积淀，是中国人的精神家园和独特的内在基因，是中国人独特的精神标识和性格特征，是广大青年学生教育的重要内容之一。

（二）六大教育内容体系发挥不同的育人作用

“大思政课”由于六大内容体系独特的历史渊源、内涵和特性，而发挥着不同的育人功能和作用，能解决时代新人培育过程中不同的教育难点、堵点问题，提升“大思政课”育人的成效。

马克思主义理论武装体系主要是解决广大青年学生的理想信念问题，是坚定大学生马克思主义信仰教育的重要途径。这就是习近平总书记所着重强调的“要坚持不懈传播马克思主义科学理论，抓好马克思主义理论教育”。[①] 解决“立德树人”的“首要问题”，在于抓好马克思主义理论教育。马克思主义理论教育体系具有特殊的指导地位，它规定着其他教育体系的方向、准则和要求，

① 十谈编写组：《加强和改进新形势下高校思想政治工作十谈》，人民出版社，2017，第194页。

起着导向和规范的作用。“五史”教育体系是培育新时代学生爱党、爱国、热爱中华民族的情怀与担当，牢固树立中华民族共同体意识的重要知识载体。“五史”教育体系，着力解决的是广大青年大学生的“四个自信”问题，从中国共产党为什么“能”、马克思主义为什么“行”、中国特色社会主义为什么“好”的深刻道理中领悟“四个自信”的深刻内涵，增强做中国人的志气、骨气、底气。大力开展“五史”教育，是高校“大思政课”落实“立德树人”教育根本宗旨的应有之义。社会主义核心价值观主要解决的是青年大学生的价值观教育问题。社会主义核心价值观是涵养青年学生高尚品格的重要内容，是引导青年学生健康成长的价值诉求。培育青年学生的社会主义核心价值观，使青年学生在学习中增长知识、锤炼品格，在实践中感知，在行动中领悟，真正把社会主义核心价值观内化于心、外化于行，让社会主义核心价值观成为青年大学生思想的指引、精神的追求、价值的坐标、行动的纲领。红色革命文化传承体系是涵养青年学生崇尚奋斗与进取精神的重要资源，其蕴含的不懈努力、百折不挠的革命意志和奋斗精神具有永恒的教育意义。红色革命文化主要解决的是青年大学生的努力奋斗、积极进取的问题。红色革命文化能涵养青年学生的奋斗进取精神，高校必须大力弘扬红色革命文化。将红色文化融入“大思政课”中，具有重要的时代意义，是培养新时代大学生在人生道路上保持艰苦奋斗、追求上进的重要精神力量。学科课程思政教育体系是思政课与课程思政同向同行、协同推进的重要机制，主要解决的是高校立德树人的路径问题。落实思政课与专业课同向同行，推进第一课堂与第二课堂共促共进，完善学校教育与社会教育互动互生，全面深化思政课立德树人的功能交融。中华优秀传统文化教育体系是解决培养大学生坚定文化自信的重要途径。博大精深的中华文化是中华民族的精神标识，在历史长河中不断发展创新。继承和弘扬中华优秀传统文化，才能增强青年大学生的文化自觉，使其以更加强烈的历史主动精神创造中华民族现代文明。

二　“大思政课”内容体系的内在联系

从内容和作用上看，构建高校大思政课建设的六大内容教育体系既相互独立又相互关联、相互交叉、相互支撑、互为一体，并且内在教育价值的逻辑性是统一的。在教育功能上，虽然六大教育内容体系相互发挥着独特的教育意义和功能，解决时代新人培育过程中不同的教育难点问题；然而，这六大内容体系又共同服务于立德树人的根本任务，构成高校大思政课建设的主要内容，与高校思政课在内容和价值上具有统一的逻辑性，共同服务于“培养什么样的人、如何培养人以及为谁培养人”的根本问题。

（一）马克思主义理论武装体系是高校“大思政课”建设的根本理论遵循

马克思主义理论武装体系是广大青年大学生树立马克思主义信仰、坚定理想信念教育的核心内容，是为党培养新时代的马克思主义者，也就是培养具有远大的共产主义理想、坚定的马克思主义理想信念的中国特色社会主义事业建设者和接班人的重要教育内容。马克思主义理想信念教育的核心任务以培育坚定的马克思主义信仰为宗旨，通过对马克思主义理论和实践的学习，正确、精准地把握马克思主义的本质内涵，科学界定马克思主义的理论边界，充分释放马克思主义的生命力，彰显马克思主义的科学性、合理性，引导广大青少年自觉坚持和灵活运用马克思主义理论。高校“大思政课”建设主要通过系统的马克思主义理论教育，引导大学生树立坚定的马克思主义理想信念，坚定“四个自信”，帮助广大青年学生树立共产主义信仰和正确的世界观、人生观、价值观。马克思主义理论武装体系与高校大思政课建设的其他内容共同构成一个整体的育人体系，共同回答“为谁培养人、培养什么人、怎样培养人”的教育根本问题。

马克思主义理论武装体系是高校“大思政课”建设的根本理论遵循和理论内核。中国共产党以马克思主义理论为指导，这就决定了党的教育体系必须坚持马克思主义理论教育的核心地位。高校“大思政课”是新时代思政课教育的一种新理念，其独特的政治性、思想性、意识形态性等决定其必须以马克思主义理论为根基和核心。贯彻落实马克思主义理论武装体系的教育内容是高校“大思政课”建设的根本要求，也是高校“大思政课”建设的核心任务。

马克思主义理论武装体系具有特殊的指导地位，它规定着其他教育体系的方向、准则和要求，起着导向和规范作用。也就是说，其他五大教育内容体系必须以马克思主义理论武装体系为指导，不能脱离该体系，否则就会不明方向。当然，马克思主义理论武装体系也不能离开其他五大教育体系，否则就会变得抽象空洞。另外，马克思主义理论武装体系、“五史”教育体系、社会主义核心价值观培育体系、中华优秀传统文化教育体系等五大教育体系充盈和丰富了高校大思政课的内容建设，它们紧紧与新时代中国特色社会主义社会建设相贯穿与联结，共同支撑起新时代的“大思政格局”。

（二）“五史”教育体系是培育学生对党和中华民族产生深刻认同的重要理论

“五史”教育体系是围绕党史、新中国史、改革开放史、社会主义发展史及中华民族发展史而展开的思想政治教育体系，是培育新时代学生爱党、爱国、热爱中华民族的情怀与担当，牢固树立中华民族共同体意识的重要知识载体。“五史”教育体系的直接理论来源是唯物史观，大力开展“五史”教育，是高校大思政课落实“立德树人”教育根本宗旨的应有之义。“五史”教育体系，着力解决的是让广大青年大学生领悟中国共产党为什么“能”、马克思主义为什么“行”、中国特色社会主义为什么“好”的深刻道理。这不仅有利于提升党史、新中国史、改革开放史、中华民族发展史、社会主义发展史的学习教育成效，而且对坚定“四个自信”、保持历史定力，反对历史虚无主义，增强做中国人的志气、骨气、底气教育发挥着独特而重要的教育功能。

“五史”教育是培育学生对党和中华民族产生深刻认同的重要理论。通过“五史”教育，能厚植学生的爱国底色，提高其历史领悟力，增强文化自信、坚定历史自信，夯实中华民族共同体意识，使学生坚定不移跟党走，自觉争做新一代社会主义合格建设者与接班人。

（三）社会主义核心价值观是涵养青年学生高尚品格的重要内容

树立中国特色社会主义共同理想和共同价值观是社会主义核心价值观建设的关键主题，也是社会主义核心价值观所要解决的核心问题。所以，用什么培养青年、如何培养青年、培养什么样的青年是关系社会主义事业发展所要解决的重大课题。社会主义核心价值观作为当代中国主流价值观，是涵养青年学生高尚品格的重要内容，是引导青年学生健康成长的指路明灯。2016 年 4 月，习近平总书记在知识分子、劳动模范、青年代表座谈会上即提出：“广大青年要自觉践行社会主义核心价值观，不断养成高尚品格。”[①] 社会主义核心价值观主要解决的是青年大学生的价值观教育问题。

引导广大青年大学生树立中国特色社会主义共同理想，并围绕这一理想而展开奋斗是社会主义核心价值观教育的重要任务。习近平总书记在党的二十大报告中呼吁广大青年要“坚定不移听党话、跟党走，怀抱梦想又脚踏实地，敢想敢为又善作善成，立志做

① 习近平：《在知识分子、劳动模范、青年代表座谈会上的讲话》，人民出版社，2016，第 11 页。

有理想、敢担当、能吃苦、肯奋斗的新时代好青年”[①]。国家的希望在青年、民族的未来在青年，历史和现实都告诉我们，青年一代有理想、有担当，国家就有前途，民族就有希望。青年高尚品格的养成对新时代实现第二个百年奋斗目标，实现中华民族伟大复兴中国梦意义深远。2017 年 10 月，习近平总书记在党的十九大报告中指出：“中国梦是历史的、现实的，也是未来的；是我们这一代的，更是青年一代的。中华民族伟大复兴的中国梦终将在一代代青年的接力奋斗中变为现实。”[②] 时代呼唤担当，民族振兴是青年的责任，新时代的中国青年大学生要担当起时代大任，必须具备正确的价值观引导。广大青年大学生必须把正确的道德认知、自觉的道德养成、积极的道德实践紧密结合起来，要自觉树立和践行社会主义核心价值观，在学习中增长知识、锤炼品格，在实践中感知、在行动中领悟，真正把社会主义核心价值观内化于心、外化于行，让社会主义核心价值观成为青年学生思想的指引、精神的追求、价值的坐标、行动的指南。

（四）红色革命文化是涵养学生奋斗与积极进取精神的重要资源

习近平总书记强调要“着力讲好党的故事、革命的故事、英雄的故事，厚植爱党、爱国、爱社会主义的情感，让红色基因、革命薪火代代传承”[③]。党的二十大报告指出，要用好红色资源，着力培育担当民族复兴大任的时代新人。党的二十大报告还提出了在全社会弘扬奋斗精神的重要任务。青年学生是党和国家事业的未来，是新时代中国特色社会主义事业的重要建设者。具备积极的奋斗和

---

① 习近平：《高举中国特色社会主义伟大旗帜 为全面建设社会主义现代化国家而团结奋斗——在中国共产党第二十次全国代表大会上的报告》，人民出版社，2022，第 71 页。

② 习近平：《决胜全面建成小康社会 夺取新时代中国特色社会主义伟大胜利——在中国共产党第十九次全国代表大会上的报告》，人民出版社，2017，第70 页。

③ 习近平：《在党史学习教育动员大会上的讲话》，人民出版社，2021，第 26 页。

进取精神是青年学生成长成才的重要方面，也是青年学生履行新时代历史使命的重要基础条件。让新时代的青年大学生传承党的奋斗精神，这是培育新时代青年大学生的新使命、新任务。

红色革命文化是中国共产党和中国人民在艰苦卓绝的革命斗争实践中孕育形成、在社会主义建设和改革时期不断创新发展的物质财富与精神财富的总和。红色革命文化蕴含着超越时空的感染力和引导力，其所蕴含的不懈努力、百折不挠的革命意志和奋斗精神具有永恒的教育意义。青年学生正处于人生的“拔节孕穗期”，涵养学生的奋斗进取精神，必须大力弘扬红色革命文化，将红色文化融入思想政治教育中，发挥以文化人、以文育人的重要功能。

新时代青年的理想、活力、奋斗是中国精神和中国力量的生命力所在。新时代青年大学生是走在时代前列的开拓者、创新者和奉献者。民族复兴的使命要靠奋斗来实现，人生理想的风帆要靠奋斗来扬起。回望过去，一代代中国青年把青春奋斗融入党和人民的事业中，谱写了一曲又一曲壮丽的青春之歌。观察现在，我们的生活条件好了，但奋斗精神一点都不能少，中国青年永远奋斗的好传统一点都不能丢。眺望未来，坚持好、发展好中国特色社会主义，把我国建设成为社会主义现代化强国，是一项长期任务，需要一代又一代人接续奋斗。时代各有不同，青春一脉相承，奋斗前后相续。只要广大青年以国家富强、民族振兴、人民幸福为己任，胸怀理想、志存高远，投身中国特色社会主义伟大实践，并为之不懈奋斗，中华民族伟大复兴的中国梦终将变为现实。

（五）中华优秀传统文化是培育大学生文化自信的重要理论

马克思主义思想是产生于德国的一种无产阶级新思想，对于中国而言，是一种外来思想文化。俄国十月革命以后，先被先进知识分子所接受、后成为中国人民和中国共产党的指导思想，指导中国的革命、社会主义建设和改革开放，并取得巨大的胜利和建设成就。马克思主义从外来思想到党的意识形态的转变，其关键密码就是把马克思主义基本原理同中国具体实际相结合、同中华优秀传统文化相结合。

习近平总书记在庆祝中国共产党成立100周年大会上的讲话中提出“两个结合”的重要论断，并深刻阐释了马克思主义与中华优秀传统文化的内在关系，指明马克思主义基本原理是一个动态发展的中国化过程，而中华优秀传统文化是贯穿马克思主义中国化百年发展历程的重要资源。

广大青年大学生学习马克思主义，必须深刻领悟“两个结合”的本质内涵，才能深刻领悟马克思主义中国化的发展历程和本质要求。中华优秀传统文化是推动马克思主义理论“本土化”的重要思想文化资源，是马克思主义不断获得旺盛生命力的力量源泉，广大青年学生要坚持好、运用好贯穿其中的立场观点与方法，以坚定的马克思主义信仰、强大的中华文化自信心，在新时代伟大实践中不断开辟马克思主义中国化时代化新境界。

（六）学科思政教育体系是协同思政课立德树人的重要机制

学科思政教育体系是指学校在开展课程思政工作过程中互相联系的各种教育要素的有序组合，是协同思政课立德树人的重要途径。通过建设“多层次多维度”、“分层分类分段”和“现代化时代化”的学科思政教育体系，能够实现思政课与课程思政联动，落实教书育人。

打造“多层次多维度”学科思政教育体系，协同思政课在目标确立上要做好立德树人。坚持政治导向，提高政治站位，树立大思政课理念，通过关注培育学生的理想信念，协同思政课教育引导学生了解世情国情、党情民情，增强对中国特色社会主义理论的政治认同、思想认同和情感认同，坚定“四个自信”；坚持文化实践，提高文化自信，丰富大思政课内涵，通过关注培育学生的公民素养，协同思政课教育引导学生积极践行社会主义核心价值观，学会将国家、社会、公民的价值要求融为一体，做遵纪守法、诚信友善的现代公民；坚持主体地位，提高职业能力，构建大思政课格局，通过关注培育学生的职业素养，协同思政课教育引导学生树立职业理想，践行职业操守，形成良好的职业精神、职业行为、职业习惯和职业品格。

构建“分层分类分段”学科思政教育体系，协同思政课在内容实施上做好立德树人。通过加强分层设计，将思政育人总体目标有机融入学校硬件软件建设，开发设计具有本课程特色的思政教育主题及实施办法，实现全方位育人；通过加强分类建设，不断优化课程思政内容供给，创新思政课程教学模式，提升思政理论教学历史厚度、思想高度、理论深度和实践热度，增强思政课的吸引力、感染力和教育力，实现全课程育人；通过加强分段实施，根据学校教育教学的不同阶段，系统规划和设计思政教育内容与实施要求，鼓励学生参与思政课程教学创新设计，将课堂所学转化为教学创新设计实践能力，不断提高思政育人的针对性、实效性，实现全过程育人。

落实“现代化时代化”学科思政教育体系，协同思政课在教育评价上做好立德树人。通过改革优化学科思政评价方法手段，根据不同专业、不同课程、不同年级学生实际情况，结合智慧校园建设和教育信息化建设，运用人工智能、大数据等现代信息技术，不断提高思政教育评价的效率和效果，进一步激发学生的主体意识和学习兴趣。建立思政课教师专业发展长效机制，完善激励机制，教师专业职称评聘和先进表彰在一定程度上向思政课教师倾斜，加大培训力度，发掘和树立思政课教师先进典型，把师德师风作为评价教师队伍建设的第一标准，促进教育评价“指挥棒”服务于落实立德树人根本任务。落实思政课与专业课同向同行，推进第一课堂与第二课堂共促共进，完善学校教育与社会教育互动互生，全面深化思政课立德树人的功能交融。

三 “大思政课”内容体系的共同目标

高校大思政课建设的六大教育内容体系虽然在内涵上存在着区别，并且不同的教育内容承载着不同的教育任务，但在教育功能和教育目标上，这六大教育内容体系是一致的，那就是都服务于立德树人的育人共同目标。

马克思主义理论武装体系从政治方位上明确了高校大思政课建设的本质属性。马克思主义理论武装体系内在于高校大思政课之中，规定大思政课建设的本质属性，如果失掉了马克思主义理论的指导地位，大思政课建设便会变质与变味，也会失去前进的方向。正如习近平总书记所强调的，“办好我们的高校，必须坚持以马克思主义为指导，全面贯彻党的教育方针”①，为大思政课建设指明了方向。马克思主义理论武装体系不同于自然界中的元素，不是只存在于特定环境之中，而是作为精神层面的本质属性，从无限性上规定着高校大思政课建设的特定形态，贯穿于高校大思政课建设的全过程与各环节。“五史”教育所坚持的历史观来自马克思主义历史观，社会主义核心价值观教育所秉承的共同理想源自马克思主义价值观，红色革命文化教育所强调的奋斗精神契合马克思主义实践观，中华优秀传统文化教育符合马克思主义中国化需要，学科思政课程教育体系是落实辩证唯物主义和历史唯物主义教育的必然要求。此外，坚持马克思主义理论武装体系有利于体现党对高校大思政课建设的领导地位。坚持党的领导，是高校大思政课建设的特色。不懈传播马克思主义理论体系，传播党的创新理论成果，为受

---

① 《习近平谈治国理政》第2卷，外文出版社，2017，第377页。

教育者提供科学理论武器、奠定科学思想基础，集中体现了党的领导地位。因此，在思想政治教育过程中，必须把马克思主义理论武装体系内容作为重中之重，更好地规范和引导大思政课建设的其他教育内容。

“五史”教育体系从历史方位明晰了在高校大思政课内容建设中要树立并坚持科学的历史观，警惕和反对历史虚无主义。历史发展有其自身客观规律，人类社会的发展本质上是一个由不同阶段构成的“自然史”过程。马克思从繁芜丛杂的历史事件背后找到历史发展的客观规律，并同恩格斯一道创立了唯物史观，用它来剖析社会发展过程。“五史”教育体系承担了洞悉世情、国情与党情的任务，站在什么样的历史观下来讲好“五史”，关系大思政课育人功能的实现问题。从历史长河中分析社会发展的演变机理，从而探究历史发展的客观规律，才能更好地引导学生正确看待历史发展过程中的种种问题。此外，“五史”教育还要求认清历史虚无主义否定中华民族的历史和文化、否定党的百年奋斗历史成就和历史意义、颠覆对历史人物的科学评价的实质。只有明晰中华民族优秀传统文化的独特性，明确党的百年奋斗伟大历史成就，明白改革开放以来的伟大历史成就，明证了社会主义社会所具有的优越性，才能更好地批判历史虚无主义，才能进一步引导广大青年大学生坚定历史自信，自觉担负起民族复兴的重任。因此，高校大思政课必须将“五史”教育体系作为重点去抓，准确把握国史、党史与社会主义中的主题、主线与主流，旗帜鲜明地反对历史虚无主义。

社会主义核心价值观教育体系从道德方位明确了高校大思政课立德树人的根本任务。作为落实立德树人根本任务的关键课程，高校思政课承担着引人以大道、启人以大智、育人以大德的历史重任。而要更好地达到铸魂育人、涵德化人、启智润心的作用，则需要进一步明确大思政课的教育内容，尤其是在德育层面。社会主义核心价值观教育体系，主要从国家、社会和公民个人三个层面提出，从道德要求和道德本质来看，这三个层面的倡导，或立足于道德的内涵，或直接是道德诉求，“德”贯穿于体系始终，是社会主义核心价值观体系中最本质、最核心的特征，这也就凸显了社会主义核心价值观教育在高校思政课建设中的特殊地位。因此，要落实好“把社会主义核心价值观贯穿国民教育全过程”这一基本要求，高校大思政课就必须充分利用好思想政治理论课这个主渠道，来引导学生树立正确的价值观，成为一代担当民族复兴大任的时代新人。

中华优秀传统文化与红色革命文化教育体系从文化方位定义了高校大思政课建设中文化自信的底气来源。文化是民族生存和发展的重要力量，中华优秀传统文化是中华民族生生不息的精神动力。一个民族不能没有精神动力，也不能没有自己的“灵魂”。中华民族之所以能够再次强大，并且久经磨难而越挫越勇，很重要的方面就在于对中华优秀传统文化的坚守与发展。因而，一个有希望的民族不能抛弃自己的独特历史、独特文化和特殊传统。对于中华优秀传统文化而言，丰富的哲学理念、厚重的历史传统、崇高的道德观念、优良的人文精神等，都是推进文化强国建设与提升文化软实力必不可少的“营养剂”。少年强则国强，希望在少年身上。新时代新青年承载着民族复兴的光荣使命，对待民族的发展有正确、客观的认知，这样才能建立起真正的文化自信。高校思政大课堂是传播中华优秀传统文化的重要平台和主要阵地。因此，在思政课内容建设中必须将中华传统文化作为重点去抓，这既是增强大学生文化素养、提升大学生文化自信的需要，也是进一步弘扬中华优秀传统文化、坚定文化自信的伟大工程。

学科思政教育体系从实践方位明确了高校大思政课建设的现实路径。学科思政教育体系有机融合了思政课程与课程思政、思政学科与学科思政、思政教材与教材思政、思政管理与管理思政，既体现了大思政课同一性与多样性相统一的重要原则，也体现了大思政课协同育人的现实路径。思政课是落实立德树人根本任务的关键课程，关系着社会主义建设者与接班人的培养问题。思政课并不是简单地进行理论宣讲和政治宣传，而是在春风化雨中对受教育者进行政治引导。习近平总书记在学校思想政治理论课教师座谈会上指出，“上思政课不能拿着文件宣读，没有生命、干巴巴的，谁都不爱听，我也不爱听”，“如果做一天和尚撞一天钟，照本宣科、应付差事，那‘到课率’、‘抬头率’势必大打折扣”[①]。高校大思政课建设必须同现实相结合，用学术讲政治，通过学理分析来说服学生。这要求思政课教师不断提升人格修养、理论素养和知识涵养，要真学、真懂、真信马克思主义理论，尤其是笃行习近平新时代中国特色社会主义思想，以此涵养正气、淬炼思想、升华境界。

六大教育内容体系在教育内容与教育任务方面各有侧重，但在教育功能上共同服务于大思政课立德树人的根本任务。围绕立德树人的根本任务，马克思主义理论武装体系从政治方位规定了大思政课建设的本质属性，“五史”教育体系从历史方位明晰了在高校大思政课内容建设中应坚持唯物史观，社会主义核心价值观教育体系从道德方位明确了高校大思政课立德树人的根本任务，中华优秀传统文化与红色革命文化教育体系从文化方位定义了高校大思政课建设中文化自信的底气来源，学科思政教育体系从实践方位明确了高校大思政课建设的现实路径。六大教育内容体系的各个组成部分构成一个相互联系、有机统一的整体，共同服务于大思政课建设。

---

① 习近平：《思政课是落实立德树人根本任务的关键课程》，人民出版社，2020，第17页。

第三节　大思政课"六位一体"内容体系的教育功能

一　以马克思主义理论铸牢理想信念

坚定的理想信念是支撑实现中华民族从站起来到富起来、再到强起来的强大精神力量。习近平总书记多次强调理想信念教育的重要性，明确指出在新时代新征程，必须坚定马克思主义信仰。[①]习近平总书记在全国高校思想政治工作会议上强调："要坚持不懈传播马克思主义科学理论，抓好马克思主义理论教育，为学生一生成长奠定科学的思想基础。"[②] 新时代大学生是社会主义事业的建设者和接班人，在新的历史条件下抓好、抓牢培养青年大学生为马克思主义者的大思政课教育载体，深耕马克思主义信仰的土壤，要让马克思主义成为大学最鲜亮的底色。

（一）用马克思主义理论树立新时代青年大学生坚定的理想信念

理想信念是立党兴党之基，也是广大共产党人安身立命之本。中国共产党百余年的发展历程实践证明，广大共产党人正是因为有了坚定理想信念，才能经得住各种考验，走得稳、走得远。大学生是青年中最有活力、最有思想的群体，是未来中国特色社会主义事业可靠的建设者和接班人。因此，让广大青年大学生理解、接受、掌握和运用马克思主义这一强大思想武器，使他们确立马克思主义

---

① 习近平：《高举中国特色社会主义伟大旗帜为全面建设社会主义现代化国家团结奋斗——在中国共产党第二十次全国代表大会上的报告》，人民出版社，2022，第19页。

② 《习近平在全国高校思想政治工作会议上强调：把思想政治工作贯穿教育教学全过程 开创我国高等教育事业发展新局面》，《人民日报》2016年12月9日。

的坚定信念和共产主义信仰是高校大思政课建设中用马克思主义理论体系武装青年大学生思想的重要任务。新时代大学生要树立远大政治理想信念，就必须具备比较扎实的马克思主义理论功底，发挥马克思理论教育在树立正确的世界观、人生观、价值观和提高运用马克思主义的立场、观点、方法去分析和解决问题能力上的作用，帮助大学生树立科学的政治理想信念。

当前，新时代大学生理想信念教育面临着多种困难和挑战。随着经济全球化、互联网的高速发展以及我国改革开放的不断深化，各种思想文化的冲击，人的价值观越来越多元，一些不良的负面价值观追求时而充斥着网络，侵蚀着青年大学生的价值观。高校意识形态领域经受强势信息文化的大规模洗礼，价值观的多元化使一些大学生不同程度地存在政治信仰迷茫、理想信念模糊等问题，这就需要马克思主义理论教育对大学生政治理想信念的建立提供正确的指导。面对物欲横流的诱惑、多元思想的强烈冲击，面对走向社会、走向工作岗位的种种不确定因素，面对各种压力和挑战，大学生能否安下心来，听党话跟党走，这考验的就是青年大学生的理想信念是否坚定。所以，高校要旗帜鲜明地运用马克思主义理论教育广大青年大学生坚持马克思主义，深入学习、理解和接受马克思主义基本原理、基本立场与基本方法，并内化为自己的理想信念，进而成为理论自觉和行动自觉，从而转变为青年大学生坚定的理想信念和坚强的行动力量。

（二）运用马克思主义理想信念教育培养新时代青年大学生的担当品质

心中有信仰，脚下有力量。百余年的党史实践证明，理想信念是共产党人精神上的“钙”，具有强身健体、攻坚克难的强大力量。这种强大力量来自理想信念本身的崇高性、真理性，更来自人们对理想信念的忠实信仰和坚决践行。习近平总书记强调，“马克思主义不是书斋里的学问”[①]，新时代青年大学生要以实现中华民族伟大复兴为己任，真正把所学转化为行动去认识和改造现实世界，为国家和人民服务奉献，成为一个真正的青年马克思主义者，成为社会主义建设者和接班人。习近平总书记指出：“坚定理想信念，必先知之而后信之，信之而后行之。”[②] 唯有自觉在思想上认同，才能在政治上看齐、组织上服从、行动上紧跟。

有责任有担当，青春才会闪光。担负起建设社会主义现代化强国、实现中华民族伟大复兴中国梦的重任，新时代青年大学生义不容辞。进入新时代，广大青年大学生迎来了实现抱负、施展才华的难得机遇。壮阔时代大有可为，需要广大青年大学生发挥主观能动性，大展拳脚。习近平总书记在党的二十大报告中指出：“青年强，则国家强。新时代的青年大学生要勇立潮头、锐意进取，为推动中国发展拼搏奋进；新时代青年大学生生逢其时，施展才干的舞台无比广阔，实现梦想的前景无比光明。”[③] 当前，新时代中国特色社会主义正踏上全面建设社会主义现代化国家、向第二个百年奋斗目标进军的新征程，广大青年大学生要做坚定的马克思主义信仰者，坚持不懈用习近平新时代中国特色社会主义思想武装头脑、指导实践。广大青年大学生要不断筑牢信仰之基、补足精神之钙、把稳思想之舵，以坚定的理想信念砥砺对党、对国家、对人民的赤诚忠心，永远信党爱党为党，勇于担当大任。广大青年大学生要在党的

---

① 习近平：《在纪念马克思诞辰200周年大会上的讲话》，人民出版社，2018，第9页。

② 《习近平在中央党校（国家行政学院）中青年干部培训班开班式上发表重要讲话强调 筑牢理想信念根基树立践行正确政绩观 在新时代新征程上留下无悔的奋斗足迹》，《人民日报》2022年3月2日。

③ 习近平：《高举中国特色社会主义伟大旗帜 为全面建设社会主义现代化国家而团结奋斗——在中国共产党第二十次全国代表大会上的报告》，人民出版社，2022，第71页。

领导下团结奋斗、开拓创新，争当中华民族复兴的时代新人，要在新征程上做出无负时代、无负历史、无负人民的成绩，为推进中国式现代化不断做出新的更大贡献。

二 以“五史”教育坚定道路自信

学史明理、学史增信、学史崇德、学史力行，历史是最好的教科书。“五史”从名称来看是五部专门史合并起来的简称，但这五部专门史之间并非是完全割裂的、孤立的，而是具备紧密的关联度，甚至相互支撑、相互发展。“五史”教育与大思政课也有诸多的共同之处，“五史”教育的目标与大思政课的目标一致，“五史”教育的功能与大思政课的功能同质，“五史”教育是大思政课建设的重要组成部分，“五史”是大思政课教育的重要资源。学习“五史”对于树立广大青年大学生正确的历史观、国家观和民族观至关重要。加强对“五史”的学习和研究，对于办好高校课程思政，特别是对大思政课落实立德树人的教育根本任务而言，具有十分重要的指导意义。广大青年大学生要精准把握“五史”内容与特征，从中汲取历史智慧，提高历史思维能力。

（一）培育大学生对中国特色社会主义的道路自信

习近平总书记在党的二十大报告中明确了前进道路上必须牢牢把握的“五个重大原则”，其中一个原则就是“坚持中国特色社会主义道路”①。历史选择中国共产党，选择马克思主义，这不是偶然，而是历史发展的必然。马克思主义决定了社会主义先进文化的前进方向和发展道路——建立无产阶级政党和走社会主义发展道路。所以，中国特色社会主义道路不是从天而降的，而是党和人民

① 习近平：《高举中国特色社会主义伟大旗帜 为全面建设社会主义现代化国家而团结奋斗——在中国共产党第二十次全国代表大会上的报告》，人民出版社，2022，第27页。

历尽艰辛、付出巨大代价的伟大成就。这条道路是中华民族在选择救国道路的艰辛发展历程中，中华民族和中国人民选择了中国共产党，探索出将马克思主义理论与中国国情、与中华优秀传统文化相结合的发展道路，完全符合中国的实际国情，体现了中国人民的意愿、适应了时代的要求，不仅是一条正确的道路，而且是一条国家民族通向繁荣昌盛的发展之路。历史实践证明，只有中国共产党才能救中国，只有坚持发展社会主义制度才能发展中国。广大青年大学生要深刻领悟到，没有坚定的道路自信，就没有改革开放 40 多年来的伟大成就和历史经验，更不可能实现中华民族的伟大复兴。因此，让广大青年大学生从历史中领悟智慧，领悟历史选择中国共产党的原因，并以此增强辨别能力。在当今信息全球化、利益关系多样化的影响下和大量西方社会不良文化思潮与价值观冲击下，提升当代大学生的历史辨别能力和对我国社会主义道路优越性的自信显得尤为重要。

不少当代大学生存在对中国道路的理论认知不足，这不利于形成大学生对中国道路的情感认同。高校作为意识形态的前沿阵地，对培育大学生的道路自信起到了很关键的作用。习近平总书记在高校思想政治理论课座谈会上发表重要讲话，强调要努力办好中国特色社会主义教育，最重要的就是开设好思政课，发挥好大思政课的优势，用新时代社会主义思想塑造教育之魂，引导学生增强中国特色社会主义道路自信。

高校要将“道路自信”充分融入大思政课理论教学中，运用马克思主义的观点方法论，坚定对资本主义发展道路必将灭亡、社会主义发展道路必将胜利的信念。通过对比国际动乱的局势与国内安稳富强的现状，来彰显中国道路的优越性，引导学生理解认同中国特色社会主义为什么“好”，不断提高政治鉴别能力和树立正确的政治观点。根据不同课程的不同内容将“五史”教育贯穿其中，充分利用教学实例和新视角，向青年大学生讲深、讲透我们为什么要坚定地走有中国特色的社会主义道路。所以，大思政课必须履行好对大学生进行中国特色社会主义道路自信教育的使命，不断增强道路自信，在面对惊涛骇浪时不忘初心，保持正确的前进方向。

（二）培育大学生对中国共产党坚强领导的历史自信

中国共产党的成立，是历史和人民的选择。党的十九届六中全会全面总结和系统回顾了我们党在过去的辉煌成就。经过100多年的艰苦奋斗，中国共产党将中国人民从恐吓、压迫和奴役的命运中解放出来，成为国家、社会和自身的真正主人。人民民主也得到了高度发展，14亿多人民实现了物质生活的繁荣，中国人民对美好生活的向往得到了满足，为中华民族的伟大复兴铺平了道路。中国从一个分裂分散、贫穷匮乏、落后挨打的国家变成了一个非常团结、非常有凝聚力且繁荣富强、独立自信的国家，在几十年内完成了发达国家几百年才达到的工业化进程，实现了两个奇迹——经济快速发展和社会长期稳定。所有这些伟大的成就都是党的历史自信的实践基础。中国人民和中华民族之所以能够在近代以后扭转历史命运，取得今天的伟大成就，根本原因在于中国共产党的坚强领导。

培育大学生对中国共产党坚强领导的自信心，是高校大思政课建设的重要任务。通过高校大思政课教育，讲好中国共产党的百年奋斗史、新中国社会主义建设的艰难发展史、改革开放经济飞速发展与人民生活富裕史、中华民族辉煌与近代屈辱史等，从中感悟中国共产党的成立为国家、民族、人民所带来的巨大变化，引导大学生从内心深处感悟中国共产党的思想伟力，牢记中国共产党的初心使命，将党的精神谱系、优秀品格、为民奋斗的精神品质深深植入青年大学生思想深处。真真切切地让当代大学生感受到中国共产党为什么“能”，从而增强历史的高度认同和高度自信，坚定对中国共产党领导的信心。

只有坚定历史自信，才能从容应对风险挑战，为实现中华民族伟大复兴筑牢信念根基。站在“两个一百年”历史交汇点，面对世界百年未有之大变局，迎接未来惊涛骇浪的各种挑战，广大青年大学生要坚定历史自信、不惧风浪，保持历史定力，发扬历史主动精神以投身现代化建设洪流之中，为实现社会主义现代化强国而不懈奋斗。

三　以社会主义核心价值观道德塑造

对社会而言，价值观具有引航作用；对国家而言，价值观具有导航意义。文化强国建设离不开社会主义核心价值观的支撑和引导。社会主义核心价值观能否真正引领大众，能否在大众中内化于心、外化于行，决定着社会主义核心价值观的引领力、向上力和传播力能否得到发挥。正因如此，社会主义核心价值观的培育并不是毫无规律可循，而是有章可循、有据可依。从人的发展角度看，价值观的培育与践行要遵循人的价值观形成和发展规律。以社会主义核心价值观铸魂育人，要理性分析青年学生价值观形成过程及其特点，找到贯穿青年学生价值观形成过程始终的矛盾，剖析青年学生价值观形成的一般规律。只有把握了青年学生价值观形成的一般规律，才能增强社会主义核心价值观的向上力和传播力，使社会主义核心价值观入脑入心，为中华民族复兴提供价值领航。

社会主义核心价值观铸魂育人功能是普遍性的，学校应抓好各个阶段育人功能。习近平总书记在党的二十大报告中强调：“用社会主义核心价值观铸魂育人，完善思想政治工作体系，推进大中小学思想政治教育一体化建设。”[①] 运用社会主义核心价值观铸魂育

① 习近平：《高举中国特色社会主义伟大旗帜 为全面建设社会主义现代化国家而团结奋斗——在中国共产党第二十次全国代表大会上的报告》，人民出版社，2022，第44页。

人，是更好满足人民日益增长的精神文化需求、不断提升国家文化软实力的必然要求。当代大学生深受信息化时代和后现代主义思潮的双重影响。广大青年大学生是推动我国信息化时代发展的主流群体，平等、自由、快捷、方便的信息交流方式深受当代大学生的欢迎。然而，这种方式也给西方国家利用网络争夺网络话语权、对我国进行思想文化和西方价值观渗透以可乘之机，并严重威胁当代青年大学生的价值导向和道德观念。而后现代主义思潮夹杂着西方的价值观，宣扬个体主义和历史虚无主义，给当代青年大学生造成道德观念的迷失、断裂、解构等，对大学生的道德观念产生了极大的消极影响，甚至引发大学生道德情感冲突。

（一）以社会主义核心价值观培育大学生正确的道德观念

习近平总书记在北京大学师生座谈会上指出：“核心价值观，其实就是一种德，既是个人的德，也是一种大德，就是国家的德、社会的德。国无德不兴，人无德不立。如果一个民族、一个国家没有共同的核心价值观，莫衷一是，行无依归，那这个民族、这个国家就无法前进。”① 所以，社会主义核心价值观是国家、民族、个人发展的价值引领。

从内容上看，作为社会主义核心价值观基本内容的“三个倡导”分别从国家、社会和公民个人三个层面提出。从道德要求和道德本质来看，这三个层面的倡导，或立足于道德的内涵，或直接提出道德诉求。国家和社会这两个层面的倡导，以道德作基础，具体的践行方式要求体现出国家和社会的道义准则；个人层面的倡导，是对国民个人的基本道德规范要求。所以，德是社会主义核心价值观最本质、最核心的内容。

① 习近平：《青年要自觉践行社会主义核心价值观——在北京大学师生座谈会上的讲话》，人民出版社，2014，第4页。

新时代的大学生必须以社会主义核心价值观来引领道德建设，培育正确的道德情操，这一要求是由大学生群体性质所决定的。新时代的大学生不同于其他社会群体，他们是社会主义现代化的建设者和接班人，肩负着实现中华民族伟大复兴的重大使命。德才兼备、以德为先，是党对合格人才的基本要求，也是对广大青年大学生成长的要求。时代的重托、党和人民的期待，都要求当代大学生不仅要具备坚定正确的政治方向，而且要有高尚的思想情操和优秀的道德品质，这是合格人才的首要条件。

高校是培育和践行社会主义核心价值观的重要场所，而教育是培育和践行社会主义核心价值观的基本路径。高校要坚持育人为本、德育为先，紧紧围绕立德树人的根本任务，将社会主义核心价值观落实到教育教学的各个环节，贯穿高等教育教学的全过程，做到进教材、进课堂、进头脑，坚持不懈地培育和弘扬社会主义核心价值观，以社会主义核心价值观引领、培育、塑造大学生的道德素养和道德观念。

社会主义核心价值观教育在高校大思政课建设中具有极其特殊的重要地位。国务院办公厅出台《关于深化新时代学校思想政治理论课改革创新的若干意见》，更加凸显了践行和培育大学生社会主义核心价值观的重要意义，强调要“把社会主义核心价值观贯穿国民教育全过程”[①]。高校大思政课要充分利用思想政治理论课这个主渠道来引导学生树立正确价值观，始终将社会主义核心价值观教育贯穿课堂主线，促进社会主义核心价值观深入学生头脑，引领学生在学习新知识中深刻理解社会主义核心价值观的基本内容和含义。将社会主义核心价值观融入课程思政教学，坚持知识性与价值

① 《关于深化新时代学校思想政治理论课改革创新的若干意见》，人民出版社，2014，第4页。

性有机统一，推进社会主义核心价值观融入课程思政，实现专业教育与价值教育相契合、显性教育与隐性教育相联动，突破教育主体间壁垒，构筑全员全过程全方位立德树人大格局、大视野，形成“大思政”长效育人新范式。在教学模式中，要摈弃传统的知识灌输型、填鸭式教学方式，结合新时代大学生的特点，开展发散式教学，使思政课同实际生活密切结合，深入浅出地增强大学生对社会主义核心价值观的真切认同，引导大学生树立正确的道德观念，将社会主义核心价值观内化于心、外化于行，树立起正确的世界观、人生观和价值观。

高校校园文化也是弘扬社会主义核心价值观的重要平台。社会主义核心价值观和高校校园文化都属于文化同一范畴，高校可以通过“大思政课”建设，将社会主义核心价值观内涵有机融入学校校风、校训、传统习惯、行为准则和规章制度等，不断创新校园文化建设的形式和内容，积极探索社会主义核心价值观的日常生活认知和融入机制，营造明道德、明仁义、促和谐的校园氛围，在潜移默化中达到“润物细无声”的效果。学校还可以通过开展沉浸式教育，创造校园环境的育人氛围，使学校能够更好地发挥校园文化的熏陶作用。学校可以利用好校园广播站、活动室、宣传栏等宣传媒体，向大学生广泛宣传和弘扬社会主义核心价值观；净化校园网络舆论空间，坚决抵制不良言论，奏响社会主义主旋律，营造良好的校园网络环境。

总之，把社会主义核心价值观融入“大思政课”建设，以培育和践行社会主义核心价值观为目标，将其融入教育教学的各个环节，以此来引领、培育青年大学生的道德教育，发挥社会主义核心价值观铸魂育人的作用。

（二）以社会主义核心价值观塑造大学生内在的品格品行

讲道德，有品行。新时代大学生学习社会主义核心价值观不仅仅是要讲道德，更要在行为上形成自觉、自发的内化。将社会主义核心价值观内化于心、外化于行是新时代大学生社会主义核心价值观教育的关键。2016 年 4 月，习近平总书记在知识分子、劳动模范、青年代表座谈会上明确指出：“广大青年要自觉践行社会主义核心价值观，不断养成高尚品格。”① 以社会主义核心价值观培育广大青年大学生的道德情操只是实现了社会主义核心价值观的宣传教育目的。社会主义核心价值观认知认同是基础，而将其内化成品格品行并付诸行动才是关键，即让广大青年大学生自觉遵守和践行才是社会主义价值观教育的根本目的。

“纸上得来终觉浅，绝知此事要躬行。”生活实践既是对所学所知的践行，更是检验社会主义核心价值观培育效果的重要环节。社会主义核心价值观的真正土壤在广大青年大学生真实而鲜活的日常生活实践中，在青年大学生为梦想拼搏、为理想奋斗之中。新时代的大学生要走出课堂、走入社区、走入田间地头、走入寻常百姓家，通过积极开展“爱心支教”“志愿服务”“社会调研”等暑期实践或社会实践活动，让青年大学生在实际行动中去体悟、检验自己的所学所知，在社会实践中进行反思和决断。

当代青年要把培育和践行社会主义核心价值观贯穿到自身的生活实践中，从小事做起、从点滴做起，在学习中认知、在实践中感悟、在行动中升华，真正把社会主义核心价值观内化于心、外化于行，让社会主义核心价值观成为青年学生内化的品格品行，成为思想的指引、精神的追求、价值的坐标、行动的指南。

四　以革命文化传承红色基因

习近平总书记指出，“红色是中国共产党、中华人民共和国最

① 习近平：《在知识分子、劳动模范、青年代表座谈会上的讲话》，人民出版社，2016，第 11 页。

鲜亮的底色”，红色资源“是最宝贵的精神财富”，必须“用好红色资源，传承好红色基因，把红色江山世世代代传下去”，并进一步强调要“用好红色资源，传承好红色基因”①。因此，高校充分利用红色革命文化资源，引导广大青年大学生从中汲取顽强拼搏、敢于斗争、积极奋进的力量与担当精神是新时代大思政课建设的一项重要课题。

度之往事，验之来事。红色革命文化是我们党艰辛而辉煌奋斗历程的见证。红色革命文化不仅蕴含着中国共产党坚定信念、凝聚力量、踔厉奋发的一面；而且蕴含着共产党人艰苦朴素、谦虚谨慎、求真务实的革命精神。红色革命文化所蕴含的奋发向上、催人奋进的精神力量和高尚品格品行是广大大学生品格培养与塑造的最好养料。高校弘扬红色革命文化，重要的是发挥红色资源铸魂育人的功能，使之成为教育人、激励人、塑造人的重要教材，不断引导青年学生传承红色基因，争做听党话、跟党走的中国特色社会主义事业建设者和接班人，以实际行动把革命先烈流血牺牲打下的红色江山守护好、建设好，矢志不渝地为实现中华民族伟大复兴而奋斗。

（一）红色基因是滋养青年大学生奋进的力量源泉

红色基因是中国共产党百年奋斗史留下的最宝贵的精神财富，传递的是辉煌的历史记忆所蕴含的中国共产党为国为民顽强拼搏、奋斗不息的斗争力量，代表的是共产党志存高远、砥砺奋进的精神价值，表现的是不懈的实践追求。红色基因能够发挥感人、化人、育人、培人的重要作用，是滋养新时代大学生奋进的重要力量源泉，也是支撑大学生成长成才的重要精神力量。高校思政课重点要

① 习近平：《用好红色资源，传承好红色基因，把红色江山世世代代传下去》，《求是》2021 年第 10 期。

将红色基因融入思政课堂、校园文化、网络媒体、青年实践中，激发新时代青年积极奋进的力量，培养堪当民族复兴大任的时代新人。

中国共产党艰苦卓绝的百年奋斗历程在中国广袤的大地上不仅留下了诸多宝贵精神品质，也留下了无数物质载体、红色印记。中国共产党带领各族人民在长期革命、建设和改革发展中所凝练成的固态化历史遗迹，如红色故事、革命亲历者等红色文化资源，蕴含着坚定的理想信念和不屈的斗争精神，这些精神大部分以物质载体形式得以留存，是新时代大学生理想信念教育、斗争精神、积极拼搏精神的教科书和最好“营养剂”。高校大思政课建设应充分挖掘、开发、利用这些红色资源，以物态和精神教育等多种形式让学生直接触摸和感知是红色基因教育最生动、最有效的教育方式，这是传统教学模式难以达到的教育效果。大思政课的红色基因教育要鼓励大学生多在学习参观、体验、对话中接受精神洗礼，在实践过程中接受鲜活生动的红色基因教育，从中汲取开拓进取的奋进力量。

（二）红色基因是新时代大学生成长成才的精神动力

红色基因不仅是广大党员干部斗争精神的力量源泉，而且是广大青年大学生开启新的人生，努力奋斗、拼搏进取、奋勇向前的精神动力。高校大思政课应充分运用好红色基因育人的功效，把红色基因融入大思政课建设，实现赓续红色血脉、传承红色基因的目的。红色基因教育融入大思政课教育，提升教学效果是关键，要加强红色资源有效的生活化、大众化表达，使红色基因成为青年大学生成长成才的精神支撑力，并转变成青年大学生积极向上、努力拼搏的内在精神力量。

大学生作为整个社会力量中最积极、最有生气的中坚力量，在百年未有之大变局中，一旦选择“佛系”“躺平”，就难免会出现现代版的“伤仲永”故事。正因如此，广大青年大学生更应该从红色基因中汲取力量，传承红色基因、赓续红色血脉，广大青年大学生应坚定立下自己的“鸿鹄志”，在新时代新征程上，努力奋斗、积极进取，把个人的发展融入国家、民族发展之中，努力为实现中华民族伟大复兴做出应有的贡献。

五　以课程思政落实课程立德树人

习近平总书记在全国高校思想政治工作会议上强调要坚持把立德树人作为中心环节，把思想政治工作贯穿教育教学全过程，实现全程育人、全方位育人，努力开创我国高等教育事业发展新局面。思政课是落实立德树人的关键课程，高校要全面落实立德树人的根本任务，就必须综合推进思政课与课程思政同向同行，要按照大思政、大教育的思路，充分发挥好每门课程的育人作用，全面推进高校课程思政建设，促进各类课程与思想政治理论课同向同行，努力培养担当民族复兴大任的时代新人。

（一）落实课程思政立德树人的重任

坚持育人与育才相结合，实现“立德”与“树人”的有机统一，才能确保思政课立德树人根本任务的落实。在党的二十大报告中，习近平总书记强调，教育是国家和党的重要计划。习近平总书记强调，我们必须“坚持为党育人、为国育才”；要“加快教育、科技、人才强国建设”[①]。在新时代，办好中国特色社会主义大学，办好人民满意的教育，必须充分把握和理解育人的核心要义和实践要求，积极探索有效的育人途径，真正把立德树人贯穿课程思政中，实现全程育人、全方位育人。要让学生充分了解整个教育的全过程，以培养更多德智体美劳全面发展的社会主义建设者和接

① 习近平：《高举中国特色社会主义伟大旗帜 为全面建设社会主义现代化国家而团结奋斗——在中国共产党第二十次全国代表大会上的报告》，人民出版社，2022，第33页。

班人。

“课程思政”是当前高校教学改革的新探索，是新时代育人的新模式，是新时代背景下学校落实立德树人根本任务的新要求。高校要将思想政治工作体系贯通整个育人过程与各个育人环节，而课程思政建设是实现全过程育人的重要环节，能有效防止和解决好专业教育和思政教育“两张皮”问题。课程思政要注重在所有专业课程中深入挖掘课程思政元素，有机融入课程教学，达到润物无声的育人效果。深入挖掘课程思政元素，则要将价值观引领作为课程教学的重中之重，把世界观、人生观和价值观教育融入知识传授之中，培养德才兼备的新型人才。

课程思政是高校大思政课建设的重要组成部分，也是协同落实高校“为谁培养人”的重要协同机制，在课程思政中引导当代大学生坚定共产主义远大理想和中国特色社会主义共同理想，引导他们自觉践行社会主义核心价值观，形成正确的世界观、人生观和价值观，自觉把个人的专业所学用到国家建设和民族发展中，做到爱党爱国、爱国敬业，坚持服务人民，担负起民族复兴的重任，努力成长为能够承担国家建设责任的新一代。

（二）课程思政与思政课形成协同育人合力

2016 年习近平总书记在全国高校思想政治工作会议上强调，要“把思想政治工作贯穿教育教学全过程”[①]。思想政治教育是中国教育发展的首要任务之一，现代化进程中社会和教育环境发生新变化，我国对学校的教育提出了更高要求。课程思政正是我国政治教育新模式的一个重要体现。作为学校教育体系中具有高度整合的教育活动，思政课与课程思政可以同步进行、协同发展，来实现协同育人、同向同行，构建全员、全过程、全方位育人的“大思政”

① 《习近平谈治国理政》（第二卷），外文出版社，2017，第 376 页。

格局。

大思政课视域下的思政课与课程思政协同育人是高校在新时代所承担的历史使命。思想政治理论课是立德树人任务中的关键课程，对提高高校人才培养质量发挥着极其重要的作用和意义。课程思政是将思想政治教育融入高校课程教育与改革的各个方面，实现立德树人的一种课程观。它是“把思想政治工作贯穿教育教学全过程”、“引导各类课程和思想政治理论学科同向而行，形成合力”[①]的重要体现。当前，我国高校思政课程与课程思政协同育人的工作已经受到高校的高度重视，但思政课与课程思政仍没有实现完全融合，还存在着一些不容忽视的问题，主要问题是体制机制和顶层设计还需进一步完善、高校教师协同育人的意识不到位、协同育人课程教育资源整合不充分等。目前，为应对新形势下思想政治工作面临的新挑战，满足新时代对思想政治教育发展的新要求以及培养当代青年承担国家复兴责任的需要，我们应在这两个方面实现合作，形成育人合力，达到协同育人的效果。

因此，高校需要遵循正确的原则来实施协同育人的教育活动，这需要考虑到正确的政治方向，还必须坚持一些原则，如理论与实践相结合的原则、系统性和差异化相结合的原则等；学校还需要加强学校党委的统一领导，完善考核机制和激励制度，等等。另外，我们还要打造一支高素质的教师队伍，提升专业教师的政治素养和专业教师课程思政建设的意识和能力，以提升课程思政的育人实效。

六　以中华优秀传统文化涵养文化自信

自党的十八大以来，“文化自信”成为继“道路自信”“理论自

① 《习近平谈治国理政》（第二卷），外文出版社，2017，第 378 页。

信”“制度自信”后的第四个自信。如何提升大学生文化自信，这是高校大思政课建设需要认真思考的重要问题。高校应清醒地认识到在大学生群体中开展中华优秀传统文化自信教育、提升大学生文化自信的重要现实意义。结合当前思想政治教育现状以及我国文化事业建设目标，开展中华民族发展史和中华优秀传统文化教育，增强学生对民族和文化的认知和自豪感。中华民族历史悠久，五千多年的发展，历经风风雨雨，然而，中华民族仍屹立于世界民族之林且处于领先地位上千年。广大青年大学生对民族的发展必须要有正确、客观的认知，这样才能建立起真正的文化自信。

新时代的大学生成长在祖国物质繁荣、文化昌盛的好时代，他们并不缺乏对时代文化、新潮文化、世界文化的好奇心。很多大学生积极参与各种文化交流，对各种互联网文化、社会新潮流以及异国文化耳熟能详，却对本国优秀传统文化缺乏深刻而系统的认知，这不利于中华优秀传统文化的传承和发展。同时，中华优秀传统文化在不同的地域呈现不同的文化特色，高校大思政课建设应因地制宜，将优秀传统文化融入大思政课建设中，使学生切身感受到传统文化的吸引力，并发自内心地喜爱、弘扬。因此，高校以大思政课建设为抓手，加强以中华优秀传统文化学习为核心的思想政治教育，既是提升大学生文化自信的需要，也是坚定文化自信的伟大工程。

（一）从优秀传统文化厚土中培育文化自信

鸦片战争的爆发、经济落后于西方，这些因素导致国人文化自信心受到打击。一些所谓社会文化精英在反思战争失败的原因中，逐渐从反思武器、制度落后到演化为反思中华传统文化，认为文化是造成我们落后于西方的根本原因，更有甚者提出要抛弃文化传统，全盘西化。这种现象在人类文明史上是非常罕见的。

习近平总书记明确指出：“文化自信，是更基础、更广泛、更深厚的自信。”[①] 5000 多年的中华文化是中华儿女的精神家园，是中华民族屹立于世界民族之林，绵延不绝、郁郁葱葱、生生不息的文化之根。中华优秀传统文化是实现国家繁荣富强与现代化新征程中最深厚的文化软实力，更是我们在世界文化激荡中站稳脚跟的坚实根基。当代大学生是新时代社会主义接班人，也是坚定文化自信的主体。培养当代大学生成为实现中华民族伟大复兴的建设者是思想政治教育的核心目的，也是我国高校教育的一个重要目标。

加强新时代大学生对中华优秀传统文化的认同教育，是高校大思政课建设的重要内容。高校大思政课建设需要加强大学生的优秀传统文化教育，增进新时代大学生对中华优秀传统文化的情感价值认同，并从中华文化发展史中领悟中华文化博大精深的文化魅力，做到真真切切地中华文化认同。通过积极引导大学生深入学习中华优秀传统文化基本内涵、发展脉络，向新时代大学生讲清楚中华优秀传统文化的特点特质、价值理念等，促进大学生深入了解、认识中华优秀传统文化的内涵及其独有特质，从中华优秀传统文化发展中领会为什么只有中国共产党才能救中国？我们为什么要走有中国特色的社会主义发展道路？中国特色社会主义发展道路有什么优越性？等等，通过对中华优秀传统文化的深入学习和了解，增强学生对上述问题的深入思考，增强学生理解为什么文化自信是最基本、最深层、最持久的力量，为大学生坚定中国特色社会主义的道路自信、制度自信、理论自信夯实基础。

（二）从优秀传统文化的“中学西渐”中见悟民族文化自信

习近平总书记在党的二十大报告阐述推进文化自信自强时指出“加强国际传播能力建设，全面提升国际传播效能，形成同我国综

① 习近平：《在庆祝中国共产党成立 95 周年大会上的讲话》，人民出版社，2016，第 13 页。

合国力和国际地位相匹配的国际话语权。深化文明交流互鉴，推动中华文化更好走向世界”[①]。习近平总书记在出席文化传承发展座谈会上发表重要讲话时指出：“中华优秀传统文化有很多重要元素，共同塑造出中华文明的突出特性。中华文明具有突出的连续性，从根本上决定了中华民族必然走自己的路。”交流互鉴是世界文明发展的本质要求，人类历史是一幅不同文明相互交流、彼此借鉴、和合融通的宏伟画卷。早在两千多年前，我国优秀传统文化就为佛教中国化的创新性发展做出过卓越贡献，而在当代，我国道家哲学思想悄然开启“东学西渐”模式，被西方心理学主动“取经”，在异域他乡开展平等、包容的对话，并与西方文化在互鉴、互融碰撞中产生新的文化火花。道家哲学的思想被西方主动“取经”并传播到西方心理学界这一现象足以证明中华优秀传统文化的强大魅力和影响力。

在 19 世纪，我国道家思想曾以一种心理学的范式被西方主动“取经”而传播到欧美心理学界，在西方心理学界的数次变革发展中深入碰撞、互鉴、融合，产生了极其深远的影响。道家思想所潜藏的心理学秘密被德国来华传教士理查德·威廉（中文名卫礼贤）所发现，他将这一发现分享给正与弗洛伊德分道扬镳而处于苦闷期的卡尔·荣格，这一分享为其带来理论创建上的重要启发，成为荣格挑战弗洛伊德精神分析并建立分析心理学派的重要证据和资源，正是卫礼贤对我国道家心理学的独特创建并将其传播到欧洲，掀起了我国道家思想在欧美心理学界的广泛传播与发展。

20 世纪中叶，美国心理学家亚伯拉罕·马斯洛、卡尔·兰塞姆·罗杰斯以及苏蒂奇等一大批有志之士在反思西方科学主义以及

① 习近平：《高举中国特色社会主义伟大旗帜 为全面建设社会主义现代化国家而团结奋斗——在中国共产党第二十次全国代表大会上的报告》，人民出版社，2022，第 46 页。

西方文化弊端的背景下开始将目光投向包括我国道家文化在内的东方文化，他们发现“道家范式”的科学性，吸收并借鉴道家处世原则与方法，他们将这些原则变革为科学方法并应用于心理咨询与心理治疗，为其挑战美国的行为主义思潮、创立以需求层次理论为核心的人本主义心理学提供了重要的思想资源和理论支撑。

在研究了自我实现及其精神价值、信念和行为后，晚年的马斯洛对中国的老子、孔子等这些古老文化传统中超越性智者也进行了关注与研究，这一研究让他意识到其核心概念——“自我实现”人生价值追求的狭隘性。他发现老子、孔子等极少一部分智者有着比“自我实现”更高的价值追求，他们存在的生命意义与价值更宏大，他们胸怀天下、关心人类，他们的人格无比圣洁、境界极其高远。基于这种“极少数人群”的发现，马斯洛与苏蒂奇开始修改“自我实现”理论，提出“超越性的精神需求”，并创立后人本主义心理学。

至此，荣格分析心理学、人本主义心理学、后人本主义心理学等当代西方心理学新思潮的诞生、发展中注入了我国道家思想的基因。习近平总书记指出：“中华文明自古就以开放包容闻名于世，在同其他文明的交流互鉴中不断焕发新的生命力。”① 西方心理学与我国道家思想的互鉴互融说明，我国道家哲学思想凭借自身文化魅力早已流出中国，开始在世界范围内产生作用与影响。我国道家思想的“东学西渐”是我国优秀传统文化实现创造性转化和创新性发展的又一次成功典型案例，这证明我国优秀传统文化的生命力，足以增强国人对中华优秀传统文化的自信心和自豪感。

总之，文化自信是最基本、最深层也是最持久的力量，高校大

① 《习近平在中共中央政治局第三十九次集体学习时强调 把中国文明历史研究引向深入 推动增强历史自觉坚定文化自信》，《人民日报》2022年5月29日。

思政课建设加强中华优秀传统文化内涵教育能增强学生对中华优秀传统文化、传统美德教育的理解与认同；引导学生厚植爱国情怀、家国情怀；在学生心中树立热爱中华民族、热爱中国真挚情感，培养学生对中华优秀传统文化的自豪与自信，这是高校大思政课建设的重要使命与责任。

小　结

“大思政课”是新时代全面贯彻党中央精神、推进思想政治理论课创新发展的重要理念，也是新时代高校思想政治理论课贯彻落实立德树人、培根铸魂目标的新思路、新方法。其中，“大思政课”的教育内容体系的构建是“大思政课”建设非常重要的环节，是发挥“大思政课”教育功能的重要前提。“大思政课”的独特性质，决定了“大思政课”教育内容体系的建设必须坚持开门办思政课，强化问题意识，充分调动全社会力量和资源综合发挥“大思政课”综合育人作用的实效性。因此，新时代高校“大思政课”教育内容设置必须以问题为导向，充分发挥社会各种育人资源和手段，破解新时代高校立德树人、培根铸魂的难点、堵点问题。

针对课题研究前期调研过程中梳理和发现的相关问题，新时代高校“大思政课”建设教育内容体系需要涵盖马克思主义理论武装体系、“五史”教育体系、社会主义核心价值观培育体系、红色革命文化传承体系、学科课程思政教育体系、中华优秀传统文化教育体系等六大教育内容体系。这六大教育内容体系有着不同的教育内涵，教育的侧重点也不一样，发挥着不同的育人作用。其中，在这六大教育内容体系中，马克思主义理论武装体系是新时代高校“大思政课”建设内容的基本框架，发挥着基础性作用。

“大思政课”建设的六大教育内容体系虽然在内涵和本质上相

互关联、相互支撑，甚至是相互包含的关系。然而，这六大教育内容体系却又各自独立，具有独立的本质特征和独立的存在意义。这六大教育内容体系在教育的总体功能上互为一体，共同围绕立德树人育人目标发挥着不同的教育功能。马克思主义理论武装体系主要是夯实新时代青年大学生坚定的理想信念，“五史”教育体系主要是教育新时代大学生道路自信，社会主义核心价值观培育体系主要是塑造、培育新时代大学生的道德品质和道德素养，红色革命文化传承体系主要是培育新时代大学生开拓创新、努力奋进的力量，学科课程思政教育体系主要是解决课程综合育人的问题，中华优秀传统文化教育体系主要是教育新时代大学生传承中华文明、涵养文化自信。

第四章

新时代高校“大思政课”的大课堂

从思政课到“大思政课”，不仅仅是称谓上的变化，所起到的效果也迥然不同，意味着思政课建设中格局更扩大、资源更拓展、场域更协同和实践更走深。高校“大思政课”落脚于“课”，需着力构建立意高、格局大、情怀深的“大课堂”。2021 年全国两会期间，习近平总书记强调“‘大思政课’我们要善用之”[①]。2022 年初，教育部部长怀进鹏指出要加快构建“大思政课”格局，“大力推进‘一大系统、两大支撑、五大实验区’建设，善用社会大课堂，打造网络云课堂，深化课程思政全课堂”[②]。2022 年 7 月教育部等十部门印发《全面推进“大思政课”建设的工作方案》，指导和推进新时代“大思政课”的全面建设。新时代高校“大思政课”的大课堂是一个有机体系。思政小课堂的“大教改”、思政云课堂的“大平台”、课程思政全课堂的“大协同”和社会大课堂的“大实践”四者互融互促，形成新时代两个大局下别样的“大思政课”。

① 《“大思政课”我们要善用之》，《人民日报》2021 年 3 月 7 日。

② 怀进鹏：《加快构建“大思政课”格局》，《中国青年报》2022 年 1 月 10 日，http//news.youth.cn/gn/202201/t20220107_13382803.htm。

第一节　抓好思政小课堂

思政课是落实立德树人的关键课程，思政课程主课堂是主渠道。习近平总书记指出：“我们办中国特色社会主义教育，就是要理直气壮开好思政课。”① 建好思政小课堂，发挥思政课程对其他课程协同育人的引领作用，具有重要意义。抓好思政小课堂，应该重点把握三个方面：建强马克思主义理论学科，为思政课教育教学提供有力的学理支撑；把握“变”与“不变”的辩证关系，推进思政理论课守正创新；坚持“六要”要求，建好思政课教师队伍。

一　建强马克思主义理论学科

党的二十大报告指出，马克思主义是我们立党立国、兴党兴国的根本指导思想。② 在高校的哲学社会科学体系中，马克思主义理论学科处于“领航地位”，它的创立、整合与发展同党的宣传思想工作、同高校思想政治课教育教学密不可分。③ 建设新时代高校“大思政课”的思政小课堂，须建强高校马克思主义理论学科，发挥它引领哲学社会科学、支撑高校“大思政课”教育教学的重要作用。

（一）马克思主义理论学科为“大思政课”建设提供理论指引

学科是以某一特定领域为研究对象而形成的研究方法独立、认

① 《习近平谈治国理政》（第三卷），外文出版社，2020，第 329 页。

② 习近平：《高举中国特色社会主义伟大旗帜为全面建设社会主义现代化国家而团结奋斗——在中国共产党第二十次全国代表大会上的报告》，人民出版社，2022，第 16 页。

③ 佘双好、董梅昊：《马克思主义理论学科的发展历程及趋势》，《马克思主义理论学科研究》2020 年第 1 期。

知范畴完整、思想观点科学与知识结构系统的科学体系。[①] 2005 年 12 月，国务院学位委员会、教育部下文把马克思主义理论学科单列为一级学科。马克思主义理论学科从整体上研究马克思主义理论学说体系，为思想政治课的研究与教学奠定理论基础，提供学科前提。据不完全统计，截至 2022 年底，马克思主义理论一级学科的博士点数量达 106 个，硕士点数量达 279 个，覆盖了各地区的高校、党校和科研院所，成为国内所有学科中布点最多的学科。[②] 教育部下发文件《关于进一步加强高校马克思主义理论学科建设的意见》强调，马克思主义理论学科要把为党的思想理论建设和为高校思想政治理论课教育教学服务作为学科建设的基本任务。[③] 由此可见，设立马克思主义理论一级学科及其所属的二级学科，不仅是要开展马克思主义理论研究，而且是为了服务于党的思想理论宣传、服务于思政课的教学工作。

1. 马克思主义理论学科为“大思政课”建设提供政治引领

2021 年 4 月，习近平总书记在清华大学考察时再度强调，“我国高等教育要立足中华民族伟大复兴战略全局和世界百年未有之大变局，心怀‘国之大者’，把握大势，敢于担当，善于作为，为服务国家富强、民族复兴、人民幸福贡献力量”[④]。培养堪当民族复兴大任的时代新人是马克思主义理论学科的育人目标。

马克思主义理论学科为“大思政课”建设提供政治领航。马克

① 徐晓风、李响：《新时代马克思主义理论学科创新研究》，《马克思主义理论学科研究》2023 年第 1 期。

② 张雷声、李梦云：《新时代马克思主义理论学科高质量发展研究》，《思想理论教育导刊》2023 年第 3 期。

③ 中华人民共和国教育部：《关于进一步加强高校马克思主义理论学科建设的意见》，教育部网站，2012 年 6 月 6 日，http://www.moe.gov.cn/srcsite/A22/s7065/201206/t20120606_138058.html。

④《习近平在清华大学考察时强调坚持中国特色世界一流大学建设目标方向 为服务国家富强民族复兴人民幸福贡献力量》，《人民日报》2021 年 4 月 20 日。

思主义理论学科是落实立德树人根本任务的领航学科，马克思主义理论学者应该肩负起立德树人的使命担当，为“大思政课”建设提供政治引领。马克思主义学科的理论研究从根本上阐明了马克思主义及其中国化理论成果的科学性、真理性。马克思主义学科的理论研究要力戒把学术研究与政治相脱节、淡化政治，推崇单纯的“为学术而学术”的研究思想。应强化政治意识，以学术型研究为“大思政课”的政治引领服务，引导大学生学习政治理论、坚守政治立场、坚定政治信仰、增强政治认同。

马克思主义理论学科为大学生提供政治护航。党的二十大报告强调，“坚持和发展马克思主义，必须同中国具体实际相结合”。马克思主义理论能为大学生释疑与解惑，要将“大思政课”教学中的疑难问题、学生关注的现实问题作为马克思主义理论学科学术研究内容，“以透彻的学理分析回应学生，以彻底的思想理论说服学生，用真理的强大力量引导学生”[①]。要通过理论研究，厘清大学生认识上的困惑难题，满足他们思想需求，要扭转学科学术研究对“大思政课”教学支撑不力的局面。要关注大学生思想动态和价值取向变化，及时解决大学生的思想困惑、理想信念模糊、价值取向偏差等问题，不断增进大学生对党的创新理论的政治认同、思想认同、理论认同、情感认同。

2. 马克思主义理论学科为“大思政课”建设提供学理支撑

马克思主义理论学科为思政课课程群提供学科支撑，是开设思政课的学科依据。从整体上看，马克思主义理论一级学科及下设各二级学科对马克思主义范畴体系进行研究，并不断适应马克思主义中国化现实需要，为中国式思想政治教育现代化提供学理支撑。从各二级学科来看，在马克思主义理论学科下属的二级学科中，“马

① 《习近平谈治国理政》（第三卷），外文出版社，2020，第 330 页。

克思主义基本原理”学科和“马克思主义发展史”学科重点支撑“马克思主义基本原理概论”课程建设，“马克思主义中国化研究”学科主要为“毛泽东思想和中国特色社会主义理论体系概论”和“习近平新时代中国特色社会主义思想概论”课程提供学科支持。“思想政治教育”学科重点支撑“思想道德与法治”课程建设，其所研究的思想政治教育原理与方法也可为其他各门思政课教学所运用。“中国近现代史基本问题研究”学科是研究中国近现代历史进程和基本规律的学科，重点支撑“中国近现代史纲要”课程建设。

马克思主义理论学科点设在思想政治理论课教学科研机构和马克思主义学院，基本任务之一是为思想政治理论课教育教学服务。马克思主义理论学科深入研究、诠释与思政课相关规律，并以这些规律指导教学实践，为创新教育教学方法、提高思政课教学品质提供学科支撑。高校“大思政课”的教育教学实践，必须以马克思主义学科为指导，依据马克思主义学科理论的要求，遵循人的思想品德形成发展规律、人的认知学习规律和高校教育教学规律，创新高校“大思政课”教育教学方法，提高“大思政课”教学效果。

（二）推动新时代马克思主义理论学科建设的高质量发展

马克思主义理论学科要获得高质量发展，首先要明晰学科高质量发展的定位，进而抓住学科高质量发展的根本，加强学科的学术体系建设。马克思主义学院的建设、教师理论素养的提升、专业人才的培养，是马克思主义学科发展的“支柱”，是马克思主义学科高质量发展的动力。[①] 构建党的创新理论研究阐释和教育教学的自主知识体系、促进马克思主义学科与“大思政课”建设的良性互动尤为重要。

---

① 张雷声、李梦云：《新时代马克思主义理论学科高质量发展研究》，《思想理论教育导刊》2023 年第 3 期。

1. 构建党的创新理论研究阐释和教育教学的自主知识体系

马克思主义理论体系，特别是马克思主义中国化的最新理论成果，是我国高校思政课的理论支撑。加强马克思主义理论学科建设，是“大思政课”建设与时俱进的学科底气。

构建党的创新理论研究阐释和教育教学的自主知识体系，有利于习近平新时代中国特色社会主义思想进课堂、进教材、进头脑，有利于增强大学生的马克思主义信仰，有利于加深大学生对中国特色社会主义的信仰和实践自觉。[①] 习近平新时代中国特色社会主义思想是21世纪的马克思主义，是马克思主义中国化的最新理论成果。当前全国各高校开设了“习近平新时代中国特色社会主义思想概论”课程，推进习近平新时代中国特色社会主义思想进教材、进课堂、进学生头脑。这就需要马克思主义理论学科加强对习近平新时代中国特色社会主义思想的研究，形成系列高质量研究成果，构建党的创新理论研究阐释和教育教学的自主知识体系，推进马克思主义理论学科的高质量发展，为这门课程教学提供扎实的学理支撑。教育部实施习近平新时代中国特色社会主义思想研究重大专项，加强习近平新时代中国特色社会主义思想系统化学理化和分领域分专题研究，将习近平新时代中国特色社会主义思想有机融入全面贯穿哲学社会科学各学科知识体系。[②] 构建党的创新理论研究阐释和教育教学的自主知识体系，体现对“大思政课”教育教学需求的关照，以马克思主义理论学科建设推动“大思政课”高质量发展。

---

① 黄红发、俞思念：《关于马克思主义理论的学科体系、学术体系、话语体系建设》，《高校马克思主义理论研究》2022年第3期。

② 《教育部等十部门关于印发〈〈全面推进“大思政课”建设的工作方案〉的通知》，教育部网站，2022年8月18日，http：//www.moe.gov.cn/srcsite/A13/moe_772/202208/t20220818_653672.html。

2. 促进马克思主义学科与“大思政课”建设的良性互动

马克思主义理论学科建设与高校“大思政课”之间是相互依存、相互促进的辩证关系，应该推进马克思主义理论学科建设与高校“大思政课”建设的互促互进。

马克思主义理论学科侧重于马克思主义理论的研究与创新，而高校“大思政课”是在具体教学实践中进一步论证、传播马克思主义及马克思主义中国化理论成果。马克思主义学科建设的理论成果，有待在“大思政课”的教学中接受检验，并借助“大思政课”的教育教学和建设实践推动自身的发展。马克思主义理论学科的建设规划，应注重与“大思政课”课程教研体系相互融通、相互印证，为构建新时代高校“大思政课”大格局提供支持，要注重发挥理论研究对课程教学的支撑作用，将学术研究映射到课程体系中，相互融会贯通，将马克思主义理论学科的理论研究成果转化为高校思政课教学内容体系，以科研带动和反哺教学。“大思政课”的教育教学能够为马克思主义理论学科研究提供鲜活经验和丰富素材，是深化马克思主义理论学科建设的重要抓手。

要以马克思主义理论学科引领“大思政课”课程群建设。马克思主义理论学科的研究和建设发展要服务于思政课教育教学的实践需要。以学科建设规划规范“大思政课”课程与教研体系，加强思政课课程内涵、师资力量、教学对象、教学内容、教学方法等研究，深入研究思想政治理论课教学重点难点问题和教学方法改革创新。以马克思主义理论学科优化高校思政课课程设置与建设。思政理论课各门课程各有特点，彼此相互联系。在课程设置上，2022年《全面推进“大思政课”建设的工作方案》指出，要建强“大思政课”课程群。高校要发挥自身主动性，以习近平新时代中国特色社会主义思想为核心，围绕“五史”教育、宪法法律、中华优秀传统文化等主题设定课程模块，开设选择性必修课程。要建强内容丰富、选择多样、体系完整的思政课“选修+必修”课程体系。应按照学生的认知思维规律和思想政治教育规律，对课程体系进行统筹安排。在课程开设次序上，2018 年教育部颁布的《新时代高校思想政治理论课教学工作基本要求》指出，应有序衔接，原则上本科生先学习“思想道德修养与法律基础”课、“中国近现代史纲要”课，再学习“马克思主义基本原理概论”课、“毛泽东思想和中国特色社会主义理论体系概论”课。①

要以高校“大思政课”的育人实践充实马克思主义理论学科研究。教育部印发《新时代高校思想政治理论课教学工作基本要求》中指出，高校思政课需要坚持不懈地传播马克思主义科学理论，讲清讲透习近平新时代中国特色社会主义思想的时代背景、重大意义、科学体系、精神实质、实践要求。高校思政课具有很强的时代性、社会性、实践性、生成性，它面向中国式现代化建设实践需要、面向学生的思想实际需求、面向马克思主义理论研究的需要。在教育中，思政课往往会伴随一系列具有挑战性而无现成答案的时代新问题，产生许多值得研究的时代课题和值得深思的实践经验。新时代的新问题需要马克思主义理论学科研究予以积极回应，这些研究将推动马克思主义理论学科建设不断发展与创新。

二 推进思政小课堂守正创新

党的二十大报告指出，必须坚持守正创新。守正才能不迷失方向、不犯颠覆性错误，创新才能把握时代、引领时代。② 思想政治

① 《教育部关于印发〈新时代高校思想政治理论课教学工作基本要求〉的通知》，教育部网站，2018 年 4 月 26 日，http://www.moe.gov.cn/srcsite/A13/moe_772/201804/t20180424_334099.html。

② 习近平：《高举中国特色社会主义伟大旗帜 为全面建设社会主义现代化国家而团结奋斗——在中国共产党第二十次全国代表大会上的报告》，人民出版社，2022，第 20 页。

理论课是全面贯彻党的教育方针、落实立德树人根本任务的主干渠道和核心课程，是加强和改进高校思想政治工作、实现高等教育内涵式发展的灵魂课程。[①] “大思政课”视域思政小课堂守正创新，是思政课的“大教改”。“大思政课”建设变的是对思政课课程资源的拓展、对课程形态的转换、对课程实施方式的更新、对不同学段的衔接，不变的是思政课立德树人的宗旨和追求。推进思政小课堂守正创新，应把握基本遵循，明确实践重点。

（一）高校思政小课堂守正创新的基本遵循

守正创新，就是坚守正道，遵循事物发展应然规律，改变现存事物、创造出新事物。所谓“大思政课”的“守正”，就是坚持思政课的思想性、理论性、政治性、主导性，推动思政课内涵式发展。[②] 守“立德树人”之正道是创新“大思政课”建设的核心任务，守“育人规律”之正理是创新“大思政课”建设的前提基础，守“宏微共促”之正解是创新“大思政课”建设的重要举措。[③] 要坚持马克思主义指导思想和立德树人崇高使命，落实全流程管理和规范化建设，这是高校思政小课堂守正创新的基本遵循。

思政小课堂守正创新要坚持马克思主义指导思想和立德树人崇高使命。思政课是巩固马克思主义在高校意识形态领域指导地位、坚持社会主义办学方向的重要阵地。“大思政课”以培养担当民族复兴重任的时代新人为“大目标”，担当用新时代中国特色社会主义思想铸魂育人的“大作为”。“大思政课”作为马克思主义基本理

---

① 《教育部关于印发〈新时代高校思想政治理论课教学工作基本要求〉的通知》，教育部网站，2018 年 4 月 26 日，http：//www. moe. gov. cn/srcsite/A13/moe_772/201804/t20180424_334099. html。

② 石书臣：《深刻把握“大思政课”的本质要义》，《马克思主义理论学科研究》2022 年第 7 期。

③ 初春、郑敬斌：《“大思政课”的守正创新审思》，《学校党建与思想教育》2023 年第 5 期。

论学科课程，是立德树人主渠道和主阵地，其政治性尤为凸显。无论怎么“变”，“大思政课”始终要贯彻落实党的教育方针，不断升华学生的思想觉悟，确保学生正确的政治方向。思政理论课要坚守立德树人的崇高使命，培养学生正确的政治素养，内化于心，外化于行。

思政小课堂守正创新要落实全流程管理和规范化建设。一方面，坚持全流程管理原则。思政理论课要求构建多方参与的育人“大格局”，涉及课堂教学中各个方面、各个环节、各个要素。因此，要把握全流程管理原则，即充分有效运用思政课教学的课前、课中、课后各环节的资源，促进思政课教学形成更大的合力，增强思政课实效，让学生有更多获得感。另一方面，坚持规范化建设原则。加强思政课课程建设的落实与开展工作，需要各个教育参与者的协同合作，需要建立健全思政课课程建设的体制机制，不断完善思政课的工作格局，因此必须坚持规范化建设原则。高校要调动全社会力量和资源支持思政理论课程建设，形成国家政策支持、学校党委的统一领导、有关部门各负其责，社会上下联动的整体性工作机制，以此加强思政课规范化建设，更加合理规范思政课内容建设、教学评定等，更好地落实课程管理制度，确保思政课各环节规范化发展。

（二）高校思政小课堂守正创新的聚焦重点

高校思政理论课的守正创新重点聚焦于更新课程理念、丰富课程内容与创新教学方法，充分发挥思政理论课培育德智体美劳全面发展的时代新人的主阵地作用。

1. 更新思政课课程理念

育人理念革新是思政课守正创新的前提。“大思政课”理念的变化主要表现为“大目标”“大主体”“大格局”“大联动”等。在课程目标上，“大思政课”要求明确课程的“大目标”，由偏重知识传播向知识性与价值性相统一、落实立德树人根本任务转变，要求培育担当民族复兴大任的时代新人。“大思政课”既注重增强学生对马克思主义理论知识和实践方法的掌握能力，又注重对其思想品德和价值观念的积极引导。在课程教学主体上，“大思政课”由以思政课教师为主体向以教师为主导、以学生为主体、家校社多主体协同联动的多元主体互动模式转变，更关注大学生在课程学习过程中的自发思考与主动实践，让学生积极接受课程内容并内化。在课程教学环节上，“大思政课”由课堂讲授为主向课内课外相结合、理论与实践相结合转变，强调构建社会协同配合的思政育人“大格局”，善用社会大课堂，组织开展多样化的思政课实践教学，并注重思政元素的课内课外、线上线下全过程贯穿。在课程评价上，“大思政课”由结果的终结性评价向评教评学相结合、过程与结果相结合的发展性评价“大联动”转变。

总之，当前“大思政课”理念的转变，整体上体现了对学生主体性的更高关注，对思政课的育人“大目标”的更高要求，注重探索创新思政课的教育方式方法。高校思政课必须直面教学生态的新变化，以“大思政课”建设引领思政理论课教学生态的新变化、新发展，以思政课课程理念的革新推动新时代思政课空间场域的拓展、思政课课程形象的改善，为课程内容、课程教学方法等其他方面的创新提供新思路和新抓手。①

2. 丰富思政理论课课程内容

课程内容是思政课的核心要素，是指根据思想政治教育目标，从马克思主义学科理论体系中选取出来并按一定逻辑组织编排而成的知识体系与经验体系。② 思政课作为高校“大思政课”的小课堂，也是主课堂，应具备结构完善、内涵丰富的“大内容”体系。

---

① 徐蓉、张飞：《试论全面推进“大思政课”建设的三重境界》，《思想教育研究》2022 年第 12 期。

② 王道俊、郭文安：《教育学》（第七版），人民教育出版社，2016，第 137 页。

从具体内容来看，高校“大思政课”内容体系包括马克思主义理论、“五史”、中华优秀传统文化、革命文化、社会主义核心价值观教育等。从学科层面而言，思想政治课的课程内容体系涉及马克思主义理论教育、社会学、经济学、教育学等多学科内容。思政小课堂的守正创新，应当注重对课程内容的丰富、变革与创新。

课程资源多元化，丰富思政课课程内容体系。高校思政课课程资源包括马克思主义经典思想理论资源、思政课教材资源、学科前沿学术研究成果资源、课程实践教学和社会实践资源等。[①] 教材是最基本的课程资源，要创新利用好教材中所呈现的文字资源、案例资源和图片资源。思政课内容不局限于教材，要挖掘优质的思政课课程资源，如马克思恩格斯经典著作的图书资源，习近平总书记系列重要讲话的文字资源，国内外时事新闻的讯息资源等，让思政课“活”起来、“实”起来、“动”起来，进一步调动学生学习思政课的积极性和主动性，帮助学生更加深入理解和掌握教材知识点，提升教学效果。还需加强思政课资源数据库建设，搭建资源共建共享平台。加强思政课教师之间的交流合作，共同推动思政课课程资源数据库建设，使各类优质课程资源实现网络化共享，形成教育合力。如可共享优质的微课视频、优秀课件、教研论文、教学素材、案例研究等，不断完善和丰富思政课资源数据库。还可以通过网络平台，开创互动式网上课堂、点播、开放式课堂等形式，开展远程听课观摩和学习教研活动，实现优质思政课课程资源的共建共享。

推动教材内容与教学内容的相互转化与互相促进。从国家层面来看，要注重优化思政课教材体系。将马克思主义中国化时代化的重要理论与实践成果及时纳入思政课教材内容之中，并持续推进新

① 董雅华：《善用“大思政课”促进教育资源转化：意涵、问题与进路》，《思想理论教育》2022 年第 4 期。

时代马克思主义理论研究和建设工程重点教材建设。例如当前，许多高校均新开设了“习近平新时代中国特色社会主义思想概论”课程，但与课程配套的学生辅助书目还存在一定短板，该课程的统编教材、教学大纲、教学案例集等，还需要不断完善。从各地方层面来看，地方教育部门与各高校自行组织编写的思政课教材要严格把关、及时修订，将党的创新理论最新成果有机融入各门思政课教材体系之中，并注重体现对地方和学校的针对性、适用性。思政课教师还要注重推动教材内容向教学内容的转化，把握时代课题与社会发展需求的变化，结合大学生的日常生活实际、思想品德实际、认知需求实际，对教材内容进行创造性转化，让教学内容更易被学生认可和接纳。

3. 创新思政小课堂教学方法

“大思政课”作为思政课新形态，为高校思政课提出了独特的课程范畴和运行模式，也呼唤着思政课教学方法的创新。[①] 2022年，教育部等十部门印发的《全面推进“大思政课”建设的工作方案》中强调，思想政治课要改革创新课堂主渠道教学，积极运用小组研学、情景展示、课题研讨、课堂辩论等方式组织课堂实践。思政课在“大思政课”整体格局中发挥着育人主渠道作用，应尤其注重教学方法的守正创新，可从以下方面着手。

采用启发互动式教学方法，始终坚持教师主导与学生主体作用相互促进。正如习近平总书记所强调，要“坚持灌输性和启发性相统一”[②]，教师要应用多种方式启迪思维，提高思政课的吸引力、感染力和亲和力。在课堂导入阶段，教师注意启发学生思考与所学

① 沈炜：《大思政课：新时代高校思政课质量提升的战略选择与有效路径》，《中国高等教育》2022年第5期。

② 《习近平在学校思想政治理论课教师座谈会上的讲话》《人民日报》2019年3月19日，第1版。

内容相关问题，激发兴趣。在课堂探究阶段，要引导学生，用深入、递进的问题激发其好奇心和求知欲，培养学生的问题意识、自主探索意识。在总结评价阶段，要在总结所学知识的基础上进一步启发学生思考与本课内容在纵向或横向上相关的问题，引导学生在课后继续学习。

采用比较区别式教学法。思政课教学内容涉及近现代中国革命、建设与改革的历史发展变化，涉及国内外不同社会性质国家的政治经济制度比较，尤其需要培养学生的辩证思维和科学精神，培育具有“大视野”的人才。高校思政课应围绕授课内容，从时间、空间、主体等多个不同角度进行深入对比，更加清晰地展示思政课内容的真理性本质，有利于培养学生的思辨思维。例如，对比资本主义市场经济体制与中国特色社会主义市场经济体制，凸显中国经济制度的优越性；引导学生对全国先进青年榜样和自身进行对比，寻找不足，勉励自己开拓奋进。

注重应用问题研讨教学法，切实落实辩驳问难与价值引导的深度融合。“大思政课”传递的思政课建设导向就是将理论研讨与社会实际紧密结合，挖掘中国特色社会主义建设事业中的思政育人元素，讲好社会实践这堂“思政大课”。这就需要教师从国际国内最新形势、当地社会热点问题中选取适当议题，引导学生针对问题各抒己见，用理论解决实际问题，解释社会现象，加深理论认知深度，做到学以致用、知行合一。在此过程中，注重建设性与批判性相统一，引导学生辩证地观察剖析现实问题，促进立体化整合知识和资源，避免片面化极端化的思路，并在总体上增进对中国特色社会主义的认同与自信。

注重使用小组合作式教学法。思政课的课堂教学要鼓励学生进行自由表达、质疑、探究、讨论问题等实践，将学生个体的自主探索与小组成员的合作探究紧密结合。清华大学“形势与政策”课采取“大课讲授＋小班研讨”教学模式，专家讲授宏观领域的“大专题”，学生们则在青年教师带领下选择感兴趣的小主题进行小班研讨，查阅相关文献、分析具体案例、展开小组辩论。这样的课堂充分激发了同学们的学习兴趣和学习热情，不少同学踊跃参与，还表示希望能够延长小课研讨的时间。研讨过程，不仅能够增强群体凝聚力，也有助于提升个体的协作沟通能力。在合作中，各种思想观点能进行多维的交流、沟通、争辩、阐释，也有助于令课堂氛围活跃，知识生成更具活力。

注重信息技术的融合。网络化时代，需要“大思政课”把思政课传统优势与现代信息技术高度融合起来，不断提高思政课教学的亲和力、实效性、时代性。思政课传统教学方式与现代信息技术各有千秋，可以优势补充、相互促进。信息网络技术具有创新性、便捷性、可视化、互动性等优势，信息时代思政课教师要利用信息网络技术创新思政课教学。

除此以外，高校思政课还可以采取情景演示、辩论、知识竞赛、社会调研等多种教学方法。教学有法，教无定法，但只有依据思政课教学内容与现实条件、切实满足学生学习主体性需要，思政课教学方法的创新应用才能收到良好实效。例如，近年来，大连海事大学提出“情境共融、点燃激情、同频共振”的解决方案，开创了“激情大课堂”的教学模式。

三　建好思政课教师队伍

“办好思想政治理论课关键在教师，关键在发挥教师的积极性、主动性、创造性。”2019 年在学校思想政治理论课教师座谈会上，习近平总书记对思政课教师提出了政治要强、情怀要深、思维要新、视野要广、自律要严、人格要正的要求，充分体现了习近平总书记对思政课教师的殷切期望和要求，也为建设一支高素质、专业化思政课教师队伍指明了方向。[①] 2023 年 9 月 9 日，习近平总书记致信全国优秀教师代表，强调大力弘扬中国特有的教育家精神，即“心有大我、至诚报国的理想信念，言为士则、行为世范的道德情操，启智润心、因材施教的育人智慧，勤学笃行、求是创新的躬耕态度，乐教爱生、甘于奉献的仁爱之心，胸怀天下、以文化人的弘道追求”[②]。

千秋基业，人才为本。善用“大思政课”，抓好思政小课堂，需要一支具有大学问、大视野、大格局、大品格的思政课教师队伍，弘扬教育家精神，让思政课教师成为塑造学生品格、品行、品味的“大先生”。思政“大先生”要努力成为学生思想和发展的掌舵者、家国情怀的感召者、创新思维的引领者、广阔视野的开拓者、健全人格的示范者，培养好担当民族复兴大任的时代新人，培养好德智体美劳全面发展的社会主义建设者和接班人。高校思政课教师队伍建设，要明确“大思政课”背景下的教师队伍建设目标，持续创新行之有效的建设方法，健全综合覆盖的建设保障，为落实立德树人根本任务打造一支高质量教师队伍。

（一）坚持“六要”要求培养思政课教师

加强高校思政课教师队伍建设，要明确工作目标，这是思想政治课因事而化、因时而进、因势而新的首要前提。2022 年 4 月，习近平总书记在中国人民大学考察时强调，教师应着重提高自身的道德修养，做学生为学、为事、为人的大先生。“大思政课”要求高校思政课教师在引领大学生思想观念、政治观点和道德取向上发挥更为突出的作用，成为具有多元综合素养的“大先生”。高校思政课教师队伍建设要依据习近平总书记在学校思想政治理论课教师

---

① 罗成翼：《办好思想政治理论课关键在教师——三论学习贯彻习近平总书记在学校思政课教师座谈会上重要讲话精神》，《中国教育报》2019 年 3 月 22 日。

② 《习近平致全国优秀教师代表的信》，《中国教育报》2023 年 9 月 9 日。

座谈会议上提出的“六要”要求，培养堪当“经师”和“人师”的思政课教师。

1. 培养胸怀“国之大者”的思政课教师

要培养政治强、情怀深、信仰坚的思政课教师。思政课教师需要胸怀“国之大者”，涵养“大情怀”。2021年4月，习近平总书记在清华大学考察时强调，“我国高等教育要立足中华民族伟大复兴战略全局和世界百年未有之大变局，心怀‘国之大者’，把握大势，敢于担当，善于作为，为服务国家富强、民族复兴、人民幸福贡献力量”①。

思政课教师应当具有坚定的马克思主义信仰，热爱党、国家、人民和中华民族。思政课的根本属性是政治性，培养思政课教师的第一要求就是政治要强。习近平总书记强调，思政课教师政治要强。让有信仰的人讲信仰是当好思政课教师的第一标准。思政课是落实立德树人根本任务的关键课程。② 思政课教师肩负直接传播真理的特殊使命，讲准讲好思政课需要思政课教师政治强。因此，对马克思主义的信仰，对社会主义、共产主义的信念是思政课教师的立身之本、从教之基。思政课教师应该坚定理想信念，用当代中国马克思主义、21世纪马克思主义——习近平新时代中国特色社会主义思想武装头脑，先学一步，深学一层，常学常新，真学真信，带头领悟“两个确立”的决定性意义，增强“四个意识”，坚定“四个自信”，做到“两个维护”，做讲政治、有信仰的人。③ 树立“心有大我，至诚报国”的理想信念，坚决拥护中国共产党的领导。

高校思想政治课教师还应该具备深厚的家国情怀，具有为国为

---

① 《习近平在清华大学考察时强调坚持中国特色世界一流大学建设目标方向 为服务国家富强民族复兴人民幸福贡献力量》，《人民日报》2021年4月20日。

② 《习近平在学校思想政治理论课教师座谈会上的讲话》《人民日报》2019年3月19日，第1版。

③ 罗成翼：《办好思想政治理论课关键在教师——三论学习贯彻习近平总书记在学校思政课教师座谈会上重要讲话精神》，《中国教育报》2019年3月22日。

民的大格局。把成为教育家作为奋斗目标，树立“心有大我，至诚报国”的理想信念。习近平总书记指出，“保持家国情怀，心里装着国家和民族，在党和人民的伟大实践中关注时代、关注社会，汲取养分，丰富思想”①。要培养具备崇高的职业责任感与认同感，能够明确自身使命担当的思政课教师，做到心系国之大者，心怀国家、民族和人民。同时，思政教师还应以身作则，以情感人，引导学生厚植家国情怀、担当青春使命。

2. 培养学识博大精深的思政课教师

要培养思维新、视野广的思政课教师。“真学真懂真信真用”是对思政课教师的基本要求，需要教师具备扎实的学科本领、创新的教育思维和广阔的知识视野。思政课教师应当学识博大精深，以“勤学笃行、求是创新的躬耕态度”，锤炼“大本领”。

高校思政课教师思维要新。思政课教师要善用习近平新时代中国特色社会主义思想来指导教学理论和实践，善用历史唯物主义和辩证唯物主义方法，推动思政课守正创新。坚持政治性和学理性、价值性和知识性、建设性和批判性、理论性和实践性、统一性和多样性、主导性和主体性、灌输性和启发性、显性教育和隐性教育相统一，不断增强思政课的思想性、理论性和亲和力、针对性，引导学生提升哲学思辨能力和实践能力，善用新视角、新方法、新观点来分析、解决学习、工作和生活中的问题。② 要培养紧跟时代步伐的思政课教师，能够积极贯彻落实党和国家关于高校思想政治工作和思政课建设的最新文件要求，积极更新教学理念，创新教学方法与技术手段，使思政课不断与时俱进。

高校思政课教师视野要广，具有宽广的知识视域和广博的社会

---

① 《习近平谈治国理政》（第三卷），外文出版社，2020，第 330 页。

② 罗成翼：《办好思想政治理论课关键在教师——三论学习贯彻习近平总书记在学校思政课教师座谈会上重要讲话精神》，《中国教育报》2019 年 3 月 22 日。

视野，具有“胸怀天下、以文化人的弘道追求”。在知识上，思政课教师不仅要能够从整体上驾驭马克思主义理论体系，还要具有紧跟时代前沿的“大学问”，掌握马克思主义理论中国化时代化的最新成果，并具备丰富的其他社会科学知识。要立足中国特色社会主义新时代的历史方位，对标战略目标，自觉肩负加快构建中国特色哲学社会科学、推动社会主义文化繁荣兴盛的使命，博览群书、学贯中西、鉴古通今，引导学生广泛涉猎各学科、多领域的知识，包容接纳不同国家、种族的文化，了解中华民族优秀传统文化，了解党带领人民在革命、建设、改革过程中锻造的革命文化和社会主义先进文化，引导学生用知识视野、国际视野、历史视野来看待、处理实践难题、时代课题。① 在社会上，要有面向历史发展、面向国际社会的“大视野”，具备对国际国内新闻政治时事的敏感性，具有对社会时事的分析和把握能力。

3. 培养德行风雅高尚的思政课教师

要培养自律严、人格正的思政课教师。思政课“大先生”需要德行风雅高尚，塑造“大人格”，以“言为士则、行为世范的道德情操”，以“乐教爱生、甘于奉献的仁爱之心”，成为以德施教、以德立身的楷模。

高校思政课教师要能够严于律己，慎独修身，要有谨言慎行的“大境界”。要时刻铭记教书育人的使命，严于律己、谨言慎行，做到课上课下一致、网上网下一致，自觉弘扬主旋律，带头传递正能量。要自觉坚守精神家园、加强自我修养，健全人格操守，带头弘扬社会主义道德和中华传统美德，真学真信、真讲真用，增强思政课实效。高校思政课教师，思想政治素质与道德修养极度重要。

① 罗成翼：《办好思想政治理论课关键在教师——三论学习贯彻习近平总书记在学校思政课教师座谈会上重要讲话精神》，《中国教育报》2019 年 3 月 22 日。

教育部2020年颁布的《新时代高等学校思想政治理论课教师队伍建设规定》中指出，如果思政课教师在思想素质、政治素质、师德师风等方面存在突出问题的，在专业技术职务（职称）评聘中实行“一票否决”[①]。

要培养具有高尚人格的思政课教师。思政课教师人格要正。思政课教师讲授的是真理的魅力、辩证的智慧、历史的启示和道德的力量，全是做人的道理。教师本身就是学生身边的现实“教材”和“案例”。教师的一言一行不仅直接对学生产生影响，也直接影响思政课的说服力与感染力。教师要给学生心灵埋下真善美的种子，引导学生“扣好人生第一粒扣子”，首先自己要追求真善美，自己要正好“衣冠”。思政课教师的人格魅力是思政课能够为学生所信服并认可的要素之一。言为士则、行为世范。思政课教师要有身正为范的“大品格”，以知行统一、表里如一的人格魅力引导学生心灵。既要做学生学术成长的“经师”，更要做学生品德修养的“人师”，注意立德为先、以德施教、以德立学，严守道德规范，逐步提升自身的人格影响力、凝聚力、感染力。

（二）推进思政课教师队伍高质量发展

当前思政课教师队伍建设正在由高速发展向高质量发展转向。[②] 这要求高校思政课教师队伍建设创新行之有效的建设方法，以师德师风建设为重点，以提升教学质量和科研能力为抓手，聚焦提升思政课教师的综合素质和专业水平，努力建设一支结构合理、素质优良、治学严谨、富有活力和创造力的师资队伍。

---

① 中华人民共和国教育部：《新时代高等学校思想政治理论课教师队伍建设规定》，教育部网站，2022 年 1 月 16 日，http：//www.moe.gov.cn/srcsite/A02/s5911/moe_621/202002/t20200207_418877.html。

② 吴潜涛、沈茹毅：《推动思想政治理论课高质量发展的着力点》，《马克思主义理论学科研究》2022 年第 10 期。

明确高校思政课教师人才队伍的要求，优化后备人才储备。马克思主义理论学科的本科生、硕博研究生是高校思政课教师的未来储备力量，其培养质量与未来思政课教师队伍质量、高校思政课教育教学质量紧密相关。要通过提高生源质量、加强学生培养过程管理、规范本科生研究生课程设置、注重锻炼研究生科研能力等举措，提高人才培养质量。在人才培养过程中，既要注重夯实学生的专业根基，提高理论科研能力，又要注重对其教学能力的锻炼，适当强化培养的师范性。此外，大专、本科、硕士、博士等不同学段的思政课教师承担着不同的责任，在加强高校思政课教师队伍建设时，要明确好不同类别思政课教师的职责定位与核心素养，体现队伍建设的层次性需求。

做好对思政课教师队伍的配备、选聘等管理工作。各高校要在国家政策的指导下，制定适合自身实际的思政课教师任职资格标准和选聘办法，规范思政课教师的遴选条件和程序。注重对思政课教师思想政治素质、理论科研水平等的综合考量，在教师规范中明确思政课教师权利、义务与职责。可适当邀请其他社科类专家学者、政企单位领导骨干、各行业先进模范等专业人士进校讲授相关主题的思政课。建立退出机制，对有违师德师风、难以胜任教学需要的教师及时调离岗位等。

抓好对现有教师队伍的培养。思政课教师优良的综合素质和专业能力是思政课取得铸魂育人效果的重要保证，在人才队伍建设过程中，要着眼于思政课教师队伍学科素养的培育、知识结构的优化以及教学能力的提升，不断激发思政课教师的积极性、主动性和创造性。要尤其注重对学科带头人和中青年骨干教师的培养，挖掘栽培学术骨干和拔尖人才，通过发挥学术骨干、学科带头人和优秀教学科研团队的示范和引领效应，带动教师队伍素质的整体提升。

健全高校思政课教师队伍的评价体系。科学合理的评价体系是人才队伍建设的重要保证，应把立德树人作为对思政课教师评价的核心，围绕思政课教师师德师风修养、教学基本情况、教学实效、指导马克思主义理论学生社团活动、科研成果认定、职务职称评定等主题，确定科学的评价指标体系，合理设置评估范围，靶向制定评估方法。在评价主体中考虑学校领导、同行专家、思政教师、学生等多元主体的共同参与，综合、全面、真实地反映思政课教师的真实情况。要坚持科学合理的评价导向，发挥评价体系对思政课教师队伍的激励、导向、发展作用，避免唯论文、唯文凭、唯帽子等不良倾向。

建立健全综合覆盖思政课教师建设保障机制。加强高校思政课教师队伍建设，要健全综合覆盖的保障机制，才能最大限度保障人才队伍的建设与发展，源源不断地为建强思政课育人主阵地注入新的生机和活力。要建立统一的领导机构，加强对思政课教师队伍建设的指导，保证“事有人管，责有人负”，为加强高校思政课人才队伍建设提供组织保障。“各级党委要把思想政治理论课建设摆上重要议程，抓住制约思政课建设的突出问题，在工作格局、队伍建设、支持保障等方面采取有效措施。”① 要在党委统一领导的前提基础下，各地主管教育部门、高校院所各负其责，完善思政课教师队伍建设的权责机制。

强化经费支持，切实提高人才的基本薪资待遇，保障工资按时足额发放，根据事业单位聘用人员的统一社会保障制度，按规定按时足额缴纳“五险一金”，保障思政课教师的基本生活。积极设立教学、科研等专项基金，激发思政课教师的积极性、主动性和创造性。国家、地方、学校都要保障思想政治课建设，尤其

① 《习近平谈治国理政》（第三卷），外文出版社，2020，第 331 页。

是“大思政课”研究的经费支持，共同筹措，分级管理。从完善科研软硬件条件、促进学术交流、思政课教材保障、加强学科成果运用转化等多方面予以支持，为思政课教师队伍发展营造有利的环境。

提供科学有效的制度供给。各级各类学校要在充分调研的基础上，积极探索有利于高校思政课人才队伍建设的组织管理制度、评价监督制度、交流互动制度、示范引领制度等，让人才队伍建设有章可循。

第二节 打造网络云课堂

云课堂是教育信息化下的产物，是一种全新的教学模式，它是在云计算技术支持下的一种远程教学模式，实现跨时空、跨区域、跨系统，具有高效率、远距离、实时互动的特点。“大思政课”网络云课堂是通过运用新时代信息技术搭建的大资源平台。习近平总书记指出：“要运用新媒体新技术使工作活起来，推动思想政治工作传统优势同信息技术高度融合，增强时代感和吸引力。”[①]《教育部关于印发〈高等学校课程思政建设指导纲要〉的通知》指出，要创新课堂教学模式，推进现代信息技术在课程思政教学中的应用，激发学生学习兴趣，引导学生深入思考。[②] 2022 年 7 月，教育部等十部门印发《全面推进“大思政课”建设的工作方案》（以下简称“《工作方案》”），要求充分调动全社会力量和资源，搭建“大资

① 袁勃：《大思政课，总书记心中的一件大事》，人民日报 2022 年 5 月 22 日。

② 中华人民共和国教育部：《教育部关于印发〈高等学校课程思政建设指导纲要〉的通知》，教育部网站，2020 年 6 月 1 日，http://www.moe.gov.cn/srcsite/A08/s7056/202006/t20200603_462437.html。

源平台”[①]。

大数据时代要充分利用信息技术，探寻互联网思政元素，深入挖掘互联网优质资源，促进“大思政课”的高质量发展。在新时代，要讲好“大思政课”，就要利用互联网的资源与力量，进行线上线下融合式、混合式教学，延伸课堂教学的“半径”，打造思想政治教育网络云课堂，突破高校思政课教学场域限制，实现思政课教学资源共享，全面提升高校思政育人效果。打造高校“大思政课”网络云课堂，可以着力在专业化、智能化、辐射化和本土化四个方面下功夫。着力建设全国高校网络思政课教研系统，开发思政课国家智慧教育公共平台，打造思政课网络宣传平台和创建校本化的思政课网络教育云平台。思政教研平台、智慧教育公共平台和宣传平台，都是延伸学校思政理论课堂、丰富思政课教育内容和提升思政课教育质量的网络育人平台。

一　建设全国高校网络思政课教研系统

互联网逐渐成为高校思政工作的前沿阵地，应该在互联网上积极推进专业化的思政大课堂。要做到《工作方案》所规定的汇聚全社会资源和力量搭建“大平台”，促进教育信息化，推动教育高质量发展，努力实现思政课教育数字化和专业化的融合，建设全国思政课网络教研系统。

（一）全国高校思政课网络教研系统的功能与活动

全国思政课网络教研系统是六位一体的系统工程。网络教研是教研员和教师借助互联网、云技术和大数据等信息技术手段有组织、有计划地开展教学研究，以提高自身业务素质和专业水平的一

① 中华人民共和国教育部：《教育部等十部门关于印发〈全面推进“大思政课”建设的工作方案〉的通知》，教育部网站，2022 年 8 月 18 日，http//www.moe.gov.cn/srcsite/A13/moe_772/202208/t20220818_653672.html。

种新型教研形式。《工作方案》指出，要建设“全国思政课教师网络集体备课平台”网络支持系统、建设“青梨派”大学生自主学习系统、建设高校思政课教学创新中心资源开发系统、高校思政课教学指导委员会指导审核评估系统、搭建高校思政课教师基础数据系统、高校思政课教师研修培训系统，要集上述系统为一体，建设共建共享、系统集成、全面覆盖的全国高校思政课教研系统，既为教师的教学教研能力的提升提供了相应的平台，又为学生学习提供了便捷阵地。

全国高校思政课网络教研系统的六大子系统各具独特功能。“全国思政课教师网络集体备课平台”网络支持系统加强问题库、案例库、素材库以及在线示范课程库的搭建，有利于丰富与完善思政教学资源，促进资源共建共享，也有利于教学案例与素材的规范化，更好地发挥思政课的引领作用。“青梨派”大学生自主学习系统为高校学子提供更便捷的学习通道。高校思政课教学指导委员会指导审核评估系统有效指导“大思政课”提升专业性和创新性。高校思政课教学创新中心资源开发系统主要是为思政课建设提供更多优质共享资源。高校思政课教师基础数据系统和高校思政课教师研修培训系统，有利于加强教师教学研究，提升教师备课、上课与研究水平，为建设高素质、高质量和专业化的师资队伍提供了平台支撑。

一些高校开始深度开发高端网络思政课云平台。北京高校思想政治理论课高精尖创新中心打造了“思想政治理论课青椒论坛”品牌活动，该论坛为青年教师提供了交流与学习平台，促进青年教师教学技能的提升。2022 年 11 月 7 日，依托北京高校思想政治理论课高精尖创新中心，中国人民大学与延安中学通过线上线下相结合的方式开启了大中小学思政教育一体化建设项目，并联合共建了红色育人资源平台，为全国大中小学思政课教师提供包括延安精神在内的中国共产党精神谱系教学资源，以便打造更多思政金课。北京科技大学牵头成立全国高校思政课实践教学联盟和全国高校数字马院联盟，以信息化赋能新时代思政课堂建设，为思政课教师提供丰富的教育教学资源。2021 年上线的“学习思政课”App，是针对高校思政课教育教学开发的移动端学习应用程序，它为全国高校思政教师提供优质教学资源与资讯，如党中央决策部署分析、“周末理论大讲堂”全系列讲座、名师“金课”课堂、党史专题课、“青椒论坛”等，旨在提升思政课教师队伍专业能力与综合素质，深化思想政治理论课改革创新。

全国不少马克思主义学院开展了青年学子联学联讲活动。由教育部社科司指导，清华大学马克思主义学院发起，37 家全国重点马克思主义学院联合主办的“千马廿行”全国高校马克思主义学院青年学子联学联讲党的二十大精神系列活动影响较大。该活动号召全国高等学校马克思主义学院青年学子开展联学共建、联合备课和联合巡讲，自该活动上线后截至 2022 年 11 月 17 日，已有 279 所高校的校级官方认证账号在“青梨派”平台进行注册，20 所高校参与“联学共建”“联合备课”子活动，申报内容总数达 91 个，而“联合巡讲”活动在 2022 年 12 月开展，并进行到次年 4 月。在联学共建子活动中，各承办单位成立学习贯彻党的二十大精神专题宣讲团，面向本学院学子招募成员，并开展集中的宣讲活动。在联合备课子活动中，各承办单位专题宣讲团通过线上线下相结合的方式，汇聚和培养一批政治立场坚定、宣讲能力突出的讲师开展联合备课活动，共同打造出一批学习宣传贯彻党的二十大精神的精品课程。又如，湖南省教育厅打造的在线思政教育品牌“我是接班人”网络大课堂，以时事热点为主题，以青少年喜爱的影视综艺为形式，每月推出一部“思政大课”，其中包括了学习党的二十大精神等的专题大课，以全新的形式吸引学生学习新思想，促进“大思政课”的有效发展。

（二）“大思政课”网络云课堂师资队伍的组建

办好思想政治理论课，关键在教师。2021 年 4 月 19 日，习近平总书记在清华大学考察时指出：“教师是教育工作的中坚力量，没有高水平的师资队伍，就很难培养出高水平的创新人才，也很难产生高水平的创新成果。”[①]《工作方案》要求搭建高校思政课教师基础数据系统和高校思政课教师研修培训系统，加强教师教学研究，提升教师备课、上课与研究水平，建设高素质、高质量和专业化的师资队伍。

要建设网络思政云课堂，构建全员、全程、全方位的网络协同育人格局，必须打造专兼结合的师资队伍。思政云课堂不能仅仅依靠理论教师、辅导员、党团干部以及学生工作管理人员，还需要汲取社会各界优秀人士的参与力量。[②] 吸纳多方主体，才能更好地推动信息化融入高校全员育人体系。例如，由教育部主办、全国高校思政课教师网络集体备课平台承办的“周末理论大讲堂”，是建设高素质专业化的师资队伍的一大创新，它坚持“读原文、学原著、悟原理”的原则，打造了百堂“金课”，它的内容涵盖了马克思主义理论各历史阶段的标志性著作，为打造一批优秀的专兼结合的师资队伍提供了支撑。[③] 近几年，越来越多具有鲜明主题特色、丰富红色资源和先进设施技术的纪念馆、博物馆等如雨后春笋般发展起

① 《习近平在清华大学考察时强调 坚持中国特色世界一流大学建设目标方向 为服务国家富强民族复兴人民幸福贡献力量》，求是网，2021 年 4 月 19 日，http：//www.qstheory.cn/yaowen/2021－04/19/c_1127348969.htm。

② 潘云宽、申小蓉：《高校精准思政平台建设的价值、定位与实践进路》，《学校党建与思想教育》2022 年第 13 期。

③ 中华人民共和国教育部：《全国高校思政课教师“周末理论大讲堂”迎来百讲》，教育部网站，2022 年 8 月 10 日，http：//www.moe.gov.cn/jyb_xwfb/s5147/202208/t20220810_651864.html。

来，一大批社会各界模范，如党政干部、科学家等都开始在线上讲授思政课，扩充了思政课网络云课堂的教师队伍。

二 开发思政课国家智慧教育公共平台

在新冠疫情、“双减”政策和信息技术高速发展的背景下，我们国家以国家智慧教育平台为基础，推动高等教育的革命，开启教育数字化转型的新阶段，助力高等教育发展实现从外延式到内涵式再向高质量的跨越。推进国家高等教育智慧平台建设与使用是全面推进“大思政课”的重要抓手。针对课程思政实践教学缺失、第二课堂轻引领、网络教学资源繁杂、社会力量参与不足等问题，《工作方案》提出打造国家智慧教育公共平台，加强思政教育资源建设，强调“大思政课”在教育信息化中的突出位置。

（一）思政课国家智慧教育平台的组成与内容

国家智慧教育公共服务平台是集课程、教材、实验、讲堂等于一体的全方位育人教育平台，主要由中小学教育、职业教育和高等教育智慧教育平台三部分组成。另外，还建立由部、省、市、县、校五级贯通的智慧教育平台体系，开展国家智教平台省级试点[①]。至今全国已有 15 个试点省份。例如，2022 年 10 月 28 日，湖南省已成功打造湖南智慧教育平台（http：//www. hnedu. cn/）并正式上线使用，并且链接到国家智慧教育平台（https：//www. smartedu. cn/），其下共四个子平台，分别为湖南中小学智慧教育平台、湖南职业教育智慧教育平台、湖南高等教育智慧教育平台、湖南“24365”大学生就业服务平台。[②] 它还同时打造了“我是接

---

① 雷朝滋：《抓住数字转型机遇 构建智慧教育新生态》，《中国远程教育》2022 年第 11 期。

② 湘微教育：《10 月 28 日，湖南智慧教育平台正式上线》，湖南省教育厅网站，2022 年 10 月 29 日，https：//mp. weixin. qq. com/s/q8VegyHELefgxkLo－5C6RQ。

班人”“智趣新课堂”“职业启蒙网络大课堂”“名师工作室”“快乐看”“湖南青马在线”等特色主题资源，并有效地利用湖南本地特色资源进行课堂内容设计，将具有鲜明特色的湖湘文化融入大课堂之中，在传播本地特色文化的同时对学生进行思想政治教育。

国家高等教育智慧平台囊括了高等教育所需的各项学习内容，内容详尽，分类细致完善。该平台汇集了课程、教材、虚仿实验、教师教研、研究生教育、课外成长、院士讲堂、慕课西部行等各种专题的优质资源，助力各地区、各校大学生共享名师、名校、名课资源。在该平台中，能鲜明地看到它所承载的思政教育内容与功能，体现了国家对“大思政课”建设的重视程度。例如，“课程”栏目中，中国人民大学教授王海军所讲授的“形势与政策”课，是平台选课人数最多、最受欢迎的一门课；“教材”一栏涵盖了马克思主义理论研究和建设工程重点教材；“教师教研”专题突出了教师的专业发展，包括师德师风培养，还为教师进行课程思政的开展提供了备课资源；“课外成长”栏目主要包含了党史学习教育和爱国主义教育；“专题”栏目还有专门的思政课的课程学习与示范“金课”；另外，“院士讲堂”和“慕课西部行”从社会实践的角度上打造思政大课堂。又如，湖南高等教育智慧教育平台主要由“思政课”、“课程资源”和“高校数字图书馆”三个方面进行资源整合。在“思政课”中，“湖南青马在线”发挥了对学生进行五史教育、红色精神教育的作用；在“课程资源”中，该网站囊括了湖南大学、中南大学、湖南师范大学、湖南第一师范学院等 34 所湖南高等院校的优秀课程资源，并且链接到“学银在线”“优学院”等第三方网课平台；“高校数字图书馆”是湖南省所建设的省级高校数字化图书馆，有效地整合湖南地区高校文献资源，促进湖南教育信息化与数字化的发展。

（二）思政课国家智慧教育公共平台的功能与价值

国家智慧教育公共平台正是时代发展的产物。大数据时代的到来，信息技术的迅速发展，为构建网络化、终身化的教育体系提供了强有力支撑，有利于真正落实全员、全程和全方位育人体系，有利于促进新时代思政教育的高质量发展。思政课国家智慧教育公共平台在教育资源共建共享和教学形式智能变迁等方面为“大思政课”赋能。

1. 国家智慧教育平台为思政课教育资源共建共享而赋能

就课程资源而言，该平台为全国高校的师生以及社会的学习者提供了各式各样免费的高质量课程资源和服务，智能化国家智慧教育平台促进了资源的共建共享和优质课程利用的最大化。国家高教智慧平台坚持开放合作的理念，汇集各高校、各地区的优质资源，并面向各高校、各地区进行共享，优化资源供给。其打造的“慕课西部行”一定程度上促进了资源均衡与教育公平。就教学资源而言，智能化国家智慧教育平台汇聚了优质的师资力量，打造了思政课教师在线集体备课平台、在线教育“金课”、虚拟教研室以及师德师风教育。国家智慧教育平台有助于有效提升教师的教学水平，加强教学研究，提升思政课的教学质量；有利于丰富与完善思政教学资源，促进资源共建共享；有利于教学案例与素材的规范化，使思政课更好地发挥引领作用。例如，关于思政课，国家智慧教育平台着力打造了教学案例库、教学重难点问题库、教学素材库和在线示范课程库这四个主要的资源库教学案例库。

2. 国家智慧教育平台为思政课教学形式智能变迁而赋能

国家智慧高教平台的构建顺应了时代的发展要求，是推进“三全”育人的有效措施。就教学场域而言，国家智慧教育平台为全体师生提供了一个学习的统一入口，简捷高效，实现了线上学习与教学的“一站式服务”，教师的教与学生的学也不再受时间约束。该平台上的课程资源可直接链接到“青马在线”“优课堂”“学银在线”“易班”等线上教育平台，优化了之前线上资源繁杂乱序的状况，提高了师生查找资源的效率，实现了从现实学习空间到网络虚拟平台的智能变迁。就教学方式而言，该平台利用“大数据”等智能化信息技术打造“大资源”平台，为学生定制个性化的学习内容与方式，有利于构建个性化、终身化的教育体系，加快促进教育信息化的进程，推进高等教育的高质量发展。

（三）思政课国家智慧教育平台的建设原则

建设国家智慧教育平台，需要遵循系统性、共享性、高质量与安全性等原则。建设思政课国家智慧教育平台需要用系统眼光有效集成网络优质资源，形成一定的层次与体系。如国家智教平台主要按学段划分成中小学智教平台、职业教育智教平台和高等教育智教平台。互联网下构建的全国性教育资源平台，其最重要的特点就是具有资源共享性。《工作方案》提出要“开门办思政课”以及“充分调动全社会力量和资源”搭建大平台。思政课国家智慧教育平台定位就是要提供给全体师生一个共同的学习平台，要注重平台内容质量，以服务来留住客户。内容是“大思政课”的育人之魂，在建设思政课国家智慧教育平台时，不能过分追求形式上的创新与新颖而忽视了内容的建设，致使“大思政课”的效果本末倒置，偏离立德树人的根本任务。因此，要始终坚持让人工智能技术服务于教学内容，提高“大思政课”的浸润性和感染力。对于全国性的教育资源平台，具备高度的安全性是最基本的要求，该安全不仅指硬环境的安全，如防止黑客入侵等，还包括了软环境的安全，如技术伦理、主流价值消解等风险。因此，教育者须把握好技术的“取”与“舍”，坚持“伦理为先，技术为器”的原则，把握好平台软环境的安全性[①]，平台资源内容要经过严格审核后才能“上架”。

三　打造思政课网络宣传平台

（一）思政课网络宣传平台的时代价值

网络宣传云平台是画好“大思政课”同心圆强有力的传播工具，能有效打造思政课多媒体矩阵、创新联动机制，拓展“大思政课”的辐射范围和边界。根据大学生网络原住民的特色，推进建设具有价值引领的高校思政工作宣传新媒体，完全契合大数据时代下全面建设“大思政课”的要求。全力打造“大思政课”多媒体矩阵，要充分利用各平台新媒体，汇聚思政工作网站、微信公众号、微博、抖音等新媒体平台的力量于一体，拓展思政教育阵地，做大新媒体的传播矩阵，要打造“三位一体”的架构，即“网站—新媒体—自媒体”的格局，全方位地打造新媒体网络新阵地；更要创新联动机制，汇集中央主流媒体、思政战线和商业平台合力，打造共建共享办网模式，以“主流”加“跨界”的形式扩大“大思政课”的影响边界，并且主流媒体要把握不同网络平台的特质和趋势，针对不同平台的受众特性优化内容的传播形式、拓宽传播渠道，扩展辐射范围。[②]

（二）打造思政课网络宣传平台的实施方案

新时代“大思政课”网络宣传平台多种多样。教育部会同中央网信办等，组织开展“大思政课”网络主题宣传活动，鼓励师生围绕思政课教学内容创作微电影、动漫、音乐、短视频等，建设集资源共享、在线互动、网络宣传等于一体的“云上大思政课”平台。

---

① 宫长瑞、张乃亮：《人工智能赋能“大思政课”的育人图景和实践策略》，《中国大学教学》2022年第8期。

② 陆峰：《平台化转型：主流媒体讲好“大思政课”的破局与重构》，《传媒观察》2022年第3期。

加强高校思想政治工作网、大学生在线、易班等网络平台建设。积极研发成本适宜的虚拟仿真教学资源。组织开展“同上一堂思政大课”活动。各地各校可以用好“学习强国”等平台，鼓励思政课教师积极参加中央和地方主流媒体的政论、时政节目，广泛传播党的创新理论。

由人民网、中国青年报社、中国青年网联合主办的“大思政课”云平台于2022年11月25日正式上线，该平台以“人民网+”客户端为主阵地，灵活地嵌入各类终端平台，如增加微博话题互动等活动，以触达更广泛的青少年群体。人民网“大思政课”云平台是整合了人民网自身以及全网优质的思政资源、面向青少年群体而打造的“大思政课”新阵地，它涵盖了习近平系列重要讲话数据库、青年大学习、思政云课堂、思政实践、思政讲理等专题，实现了线上与线下、理论与实践的有机结合。

山东青岛大学所开创的思政品牌体系“青大思政大课堂”，以新媒体公众号的形式打造思政大课堂，不仅涵盖了第一课堂思政课堂，还包括第二课堂实践课堂、第三课堂网络课堂和思政大课堂学生联合会，共四个品牌架构。该品牌组成为以校内外各方面教授、专家、劳模先进、政府官员等为主的导师团，建立了涵盖街道、社区、农村等党政基层组织，学校、企业等各类思政实践基地，全面推进课程思政的建设，打造思政“大课堂”网络新阵地。

2022年11月9日，人民网“党的二十大精神”沉浸式学习平台在智慧党建体验中心正式上线，该平台包括了“党的二十大报告”知识图谱、“党的二十大精神”沉浸式答题系统、“党的二十大报告”虚拟展馆等。该平台的搭建贯彻了“党的二十大精神”，不仅有利于人民群众更好地学习党史和党的二十大精神，而且促进了“大思政课”的云平台建设，让大学生更全面更及时学习和宣传习近平新时代中国特色社会主义思想。

2020年3月9日下午，由教育部社会科学司与人民网联合组织的“全国大学生同上一堂疫情防控思政大课”在人民网“云开讲”，全国高校学生5027.8万人次通过人民网、人民智云客户端、领导留言板客户端、人民视频客户端、咪咕视频客户端、学习大国公众号等观看了在线直播，相关网站、客户端、社交媒体总访问量达1.25亿人次，成功地展现了思政网络宣传平台的巨大辐射效用。①

四　创建校本网络思政教育云平台

思政工作者可以利用校本网络教育云平台延展思政课堂，实时追踪网络热点知识，运用特殊的校本网络实践，将思政课堂内容讲深、讲透，真正落实线上线下混合式教学。

（一）建设校本网络教育云平台的时代诉求

建设校本网络教育云平台是历史的必然。它是为应对当今互联网的复杂新形势、大学生发展新需求和思想政治教育新形式而出现与发展的产物。②

打造高校校本网络教育平台是为了应对当今互联网的复杂新形势。当今世界局势变幻莫测、互联网信息爆炸式增长，但参差不齐，各种意识形态侵入青少年的大脑，使他们难以辨别优劣好坏，且疫情下网络授课情况增多，学生上网机会增加、上网形式多变，再加上当今大学生本身思维活跃，爱好网络冲浪，易受到各种思想的侵扰。因此，各高校打造思政平台对本校学生进行意识形态教育、五史教育、中华优秀传统文化教育、校园文化教育、地区特色教育等的必要性也就凸显出来了。

① 《全国高校学生在线收看达五千多万人次 一堂特殊的思政大课》，《人民日报》2020年3月10日。

② 潘云宽、申小蓉：《高校精准思政平台建设的价值、定位与实践进路》，《学校党建与思想教育》2022年第13期。

打造高校校本网络教育平台是为了适应大学生发展新需求。新时代的大学生，具有思维活跃、接受新事物快、爱好冲浪、兴趣广泛和知识涉猎范围广等特点，他们对自己所接受的教育内容与形式有着不一样的诉求，他们不再满足于仅仅在教室这一方小地盘，也不再局限于传统的教师主导的教授课堂，更不再被限制在手里的那几本统一购买的教材中。当今大学生更"新"的诉求，对教育体系的更新与变革提出了更高的要求。

建设校本网络教育云平台是为了应对思想政治教育新形式。大变革的关键期，为了贯彻落实习近平总书记关于"大思政课"的精神指示，教育部颁发了系列关于推进"大思政课"的建设文件，"大思政课""大资源平台""课程思政""大中小思政一体化"等思政教育新形式，也要求高校校本思政平台的大力推进与持续发展。

（二）校本网络教育云平台的育人功能

建设高校校本思政平台是新时代促进三全育人的有效载体。第一，建设高校校本思政平台有利于高校贯彻实施全员育人。校本思政平台如线上线下混合式教学、线上思政大讲堂可吸纳多方主体，不仅可以增强本校教师课程思政的育人效果，还可邀请其他高校优秀教师、社会知名学者、党政机关干部等人士对本校学生开展思想政治理论的教育，真正做到线上线下协同育人、校内校外全员育人。第二，建设高校校本思政平台有利于高校落实全程育人。高校校本思政平台的搭建使得思想政治教育资源数字化、共享化、精准化与过程的智能化，为全程育人提供了有利的条件。高校校本思政平台如开展线上思政大讲堂、发布思政相关推文等，都将思想政治工作融入了教育教学和学生成长全过程。第三，建设高校校本思政平台是高校贯彻全方位育人的重要措施。校本思政平台承载着本校的文化、价值与精神，通过对校史、校训、校风所蕴含的传统文化、价值理念和时代精神的阐释与传播，深入贯彻全方位育人的理念。不仅如此，全国高水平高校所打造的优秀新媒体平台还可作为全国师生的学习平台，如微信公众号、微博账号等都是面向全体师生及社会人士的。这种全方位、浸润式形态的思政平台的打造有效地使思想政治教育内容更具吸引力与感染力。例如，河北经贸大学马克思主义学院从出版多种系列的教学丛书到制作思政课配套课件等，打造了一系列思政课教学资源体系，并且多项成果被其他高校采纳运用，受到广泛好评。

（三）打造校本网络教育云平台的实践路径

首先，进行混合式教学。混合式教学就是将线上教学与传统的线下教学的优势结合起来，变革教学模式，提高教师的教学效率，提升学生的学习兴趣，促进互联网资源的利用最大化，但会对教师的教学能力提出更高的要求。互联网和新媒体是线下课堂的延伸与补充，不能搞混两者的主次关系，要打造以线下课堂为主渠道、网络课堂为新阵地的新型教学模式，利用互联网和新媒体将思政课道理“讲深、讲透、讲活”。一是要捕捉网络热点，结合书本重难点，挖掘校本思政教育中深层次的内容；二是要灵活且正确地运用互联网的案例资源，系统整合校本资源，并选取与课堂相关的内容进行融合，把思政教育内容真正讲透；三是要运用马克思主义的观点和方法来分析问题，坚定“四个自信”。需要注意的是，要构建“思政课一网络新媒体一思政课”的课程闭环，互联网新媒体的无限开放性和思政课堂的有限开放性，以及学生身心发展的特殊规律，要求构建思政信息的传导闭环。[①] 如河北工程大学联合邯郸电视台推出了“大工程思政微课堂”，并在学校官微、“易班”等平台发布，

① 张静、武侠：《“屏”以载道何以可能：思政课以新媒体讲道理的实践阐释》，《学校党建与思想教育》2022 年第 17 期。

实现思想政治理论课堂与新媒体的有机结合。[①] 如湖南第一师范学院的新生入学后的第二堂课就是观看红色影视剧《恰同学少年》，其充分利用了本校红色资源，并利用观看视频的形式，给学生更加直观与真切的体验，有效促进“大思政课”的开展。

构建校本新媒体平台。校本新媒体平台指高校根据所在地区或本校特色建设的社交媒体或网站，以此来宣传本校新闻资讯、课程资源等。构建校本新媒体平台的实践路径主要包括以下几点：（①加强网络思政的基础设施建设，为平台的搭建与运营提供技术支撑。在平台运营中，要抢占思政教育新阵地，结合当地的实际教学资源，对平台进行定位。②整合思政网络大数据和校园的官方媒体，打造思政新媒体矩阵，使之齐声发力。如福建师范大学打造了“五微五阵地”大学生思政教育新模式，其推出的“福师大小葵”，作为官方媒体一方面对内向全校师生提供资讯与思政教育，另一方面打造“小葵”的品牌形象对外宣传福师大。③打造校本特色自媒体，搭建一体化的应用平台。如湖南师范大学“星网”、河北大学“红色战线”、东南大学“先声网”等都是高校中做得比较好的校本思政平台，且入选了高校十佳思政类网站。）

第三节　拓展课程思政全课堂建设

习近平总书记在全国高校思想政治工作会议上指出，“要坚持把立德树人作为中心环节，把思想政治工作贯穿教育教学全过程，实现全程育人、全方位育人，努力开创我国高等教育事业发展新局面”[②]。加快构建“大思政课”大协同格局，深化课程思政全课堂

① 刘伟杰、师海娟：《“大思政课”的“微”型教育路径研究》，《思想政治课教学》2022年第9期。

② 《习近平谈治国理政》（第二卷）外文出版社，2017，第376页。

建设，必须推进思政课程与课程思政同向同行、分类分层开展课程思政教学改革和建立课程思政常态长效机制，培养高质量的各专业人才，达到最佳的育人效果。

一 推进思政课程与课程思政同向同行

在全国高校思想政治工作会议上，习近平总书记指出：“其他各门课都要守好一段渠、种好责任田，使各类课程与思想政治理论课同向同行。”[①]“大思政”是指领导一体化、专业化运作、协同育人的思想和制度。[②] 推动课程思政和思政课程同向同行，它能使学生的思想品德与科学文化素质协调发展，适应学生全面发展、健康成长的需要，进而有效促进“大思政课”的建设。推动高校“课程思政”与“思政课程”同向同行，一方面，既要以思政课程为课程思政的领航向导，保证其正确的政治方向；另一方面，也要以课程思政为思政课程的坚强后盾，充分挖掘课程思政的育人优势，把思政元素“如盐在水”似地有机融入课程思政之中，实现思政课程与课程思政同向同行、同频共振和共享发展。

（一）以思政课程为课程思政的领航向导

推动“思政课程”和“课程思政”同向同行的前提，就是要厘清两者之间的关系，明确其在课程体系中的目标定位，尤其是确保思政课程的领航导向。各种课程都有自己的专业特点，相互独立。要重视“思政课程”和“课程思政”的区别，区分和确定它们的定位和功能。“思政课程”和“课程思政”二者具有相同的目标与任务，即培育社会主义现代化建设所需要的时代新人。思政课程之目的在于使学生形成正确的世界观、人生观和价值观，其他课程则是

① 《习近平谈治国理政》（第二卷）外文出版社，2017，第378页。

② 陈娱、尚权梓：《课程思政和思政课程同向同行的价值与实现路径》，《中学政治教学参考》2022年第31期。

围绕培养学生的知识和能力而开设。思政课程以引导和示范作用为主，而课程思政要发挥协同作用，促进两者并进，构建立体化的思政教育体系，进一步推进高校思想政治工作提质增效。在推进二者并进的同时，必须重视思想政治教育的规律、学生身心发展规律，把握时代脉搏。面对多种不同课程难以取舍时，应该坚持发挥思政课程的引领示范作用。要以马克思主义经典著作为基石，以解决社会现实问题为目的，注重培养学生运用辩证唯物主义和历史唯物主义分析和解决问题的能力。[①] 即在培养学生的过程中，充分发挥思想政治教育的核心功能，引导学生的价值观形成，培养其道德素养，而其他课程则是对思想政治教育没有涉及的领域起补充作用。

（二）以课程思政为思政课程的厚实支撑

专业课程是课程思政的主要依托，是课程思政建设的主要渠道，更是深化课程思政全课堂建设的基本载体。在坚持思政课程的领航导向前提下，要充分挖掘课程思政的育人优势，推进思政课程与课程思政的同向同行，以课程思政为思政课程的厚实支撑。

首先，要挖掘“思政课程”与“课程思政”之间的育人共性，深入梳理不同专业的课程内容，结合不同专业的课程特点及其价值理念，挖掘其内在的课程思政元素融入课堂，整合专业课程主题，打造各高校的特色思政核心课程。其次，要坚持问题导向和效果导向，积极探索适合各学科专业的课程思政内容和方法，增强课程思政的针对性和亲和力，实现各类专业课程的协同推进。再次，校内应处理好“课程思政”“思政课程”与专业课程的关系。不能把“课程思政”上成“思政课程”，更不能随意地将其归结为日常的通识课程。不少教学者都将课程思政定位于综合课程上，认为其是介

① 袁佩媛、李晓娟：《课程思政与思政课程同向同行的意蕴与建构》，《中学政治教学参考》2021年第15期。

于“思政课程”和“专业课程”之间的，但又凸显立德树人理念的一门综合性课程。可制定相关的筛选机制，对高校中现有的各门课程进行归纳、分类、整理，弄清哪些课程、哪些内容能够融入思政元素，避免“课程思政”的交叉重复。同时，也要避免“专业课程”定位模糊、功能弱化、思政课程的硬融入等现象。另外，应在校外空间拓展课程思政的内容，推动校内校外的交流联动。在社会实践中充分挖掘思政教育元素，不断丰富“课程思政”的内容，改进其表现形式，以增强“课程思政”的说服力。[①]

各高校课程思政改革方案精彩纷呈。例如，清华大学打造了“给下一届学生的一封信”“爱上图书馆”“参与时间管理课程”“参观工字厅”“考察北京航天城”的新生教育引导模式。南开大学创新了学校、学院、基层教学组织、教师“四维并进”课程思政模式。南方科技大学探索了“三大圈层协同育人”体系，即思想政治理论课核心圈层，实践课程、特色思政课程、课程思政支撑圈层，“强国修身”校园主题教育实践活动协同圈层。又如从 2014 年开始，以中国为研究对象的“大国方略”在上海的一些高校中产生了一定的影响，逐渐形成了一套以中国为主题的系列“课程思政”，对国内课程思政建设产生了良好的示范作用。一是在“课程思政”系列中逐步开展以分享为主题的研究。在信息化时代，人才的培养应坚持共享智慧、共享发展等共享理念，应赶上时代浪潮，适时推出共建共享等主题的“课程思政”系列，既能生动形象地阐明一些晦涩难懂的理论认识，又有利于培养全面发展的时代新人。二是通过循序渐进的方式来探讨以人类命运共同体为主题的课程。[②] 党的

① 邱仁富：《“课程思政”与“思政课程”同向同行的理论阐释》，《思想教育研究》2018 年第 4 期。

② 邱仁富：《“课程思政”与“思政课程”同向同行的理论阐释》，《思想教育研究》2018 年第 4 期。

十八大以后，中国的命运与世界的命运有着密切的关系，习近平总书记多次强调中国与世界命运相连、休戚与共、同频发展的理念，[①] 这就需要课程思政建设与世界接轨、吸纳外国优秀文化成果。表现在人才培养方面，则是尤其要注重开拓学生的国际视野，培养其开放包容的优良心态。

总之，在“思政课程”与“课程思政”两者关系的双向构建中，要建立起双向互动的机制。学校、学院、各课程教师应形成建设合力，突破“思政课程”与“课程思政”之间的割裂藩篱，实现思政课程与课程思政建设的互促互赢。

二　分类分层开展课程思政教学改革

专业课程是全面实施“课程思政”的基本载体。要深入梳理专业课教学内容，结合不同课程特点、思维方法和价值理念，深入挖掘课程思政元素，并将其渗透到课堂中。要充分发挥高校思想政治教育的育人作用，必须以问题为导向、以实效为目标，积极探索适应不同专业特点的课程思政内容与方式，提高课程思政的针对性和亲和力。

（一）文史哲类专业课程重点引导文化育人

文学、历史学、哲学等人文社科类课程在落实立德树人根本任务中具有非常重要的作用，承担着加强文化引领，传承中华优秀传统文化，传颂革命文化，弘扬社会主义先进文化进而帮助学生坚定文化自信、培育时代新人的重要任务。

因此，文学、历史学、哲学类专业课程要始终坚持马克思主义的立场，不断引导学生深入理解社会主义核心价值观，并将其转化为自身的情感认同和行为习惯，内化于心，外化于行。

---

① 中共中央党史和文献研究院：《习近平新时代中国特色社会主义思想学习论丛（第四辑）》，中央文献出版社，2020，第58页。

人文社科类课程在课程教学中要充分挖掘课程中的思政元素，坚持以马克思主义思想铸魂育人，引导学生掌握马克思主义世界观和方法论，用科学的世界观和方法论武装头脑，指导实践。一方面，要善于从历史与现实、理论与实践等多个维度出发，深入领会习近平新时代中国特色社会主义思想，把习近平新时代中国特色社会主义思想引入教材、课堂和头脑。另一方面，在人文社科教材的编写上，要坚持问题意识和问题导向，深入学习习近平新时代中国特色社会主义思想，将新思想融入各学科教材内容中，进一步加强对社会主义核心价值观的培养与实践。

要充分发挥人文社科专业自身的育人功能，自觉弘扬中华优秀传统文化、革命文化、社会主义先进文化。文化是一个国家、一个民族的灵魂。人文社科专业要自觉弘扬中华优秀传统文化、革命文化、社会主义先进文化，发掘各个专业课程的文化传承、价值信念、理想追求和责任使命等，充分挖掘和利用好这些优质资源，做到以文化育人，引导学生坚定文化自信，从而培根铸魂、启智润心，培养担当民族复兴大任的时代新人。

（二）经管法类专业课程着重培育高级职业素养

习近平总书记强调，立德树人是教育教学的核心内容，要把思想政治教育工作渗透到教育教学的全过程，① 促进我国高等教育的发展。把思政要素融入大学管理法律专业的教育和教学中，对培养具有良好品德和职业素质的综合素质具有重要意义。经济学、管理学、法学类专业要发挥学科优势，以服务国家战略为导向，培育学生经世济民、诚信服务、德法兼修的职业素养。

将五史教育融入专业课程。五史教育是新时期的课程思想政治建设中的一个重要内容，经济学、管理学、法学等专业都肩负着培

① 《习近平在全国高校思想政治工作会议上的讲话》，《人民日报》2016 年 12 月 9 日。

养高层次人才的重任，必须把“五史”教育有机地结合起来，形成协同育人的效果，从而促进学生专业能力的提升。坚持德育优先、知识为本、能力为重的育人理念。经济学、管理学、法学类立德树人的基本任务是教育教学工作，培育德智体美劳全面发展的社会主义建设者和接班人，必须始终坚持道德优先、知识为本、能力为重的育人理念，以培养德才兼备的高素质专业人才。加强实训训练，构建协同育人格局。经济学、管理学、法学类教育工作者要充分利用当地的红色资源，寻访红色基地，挖掘红色文化，培养学生的责任意识，根植爱国情怀，让学生在实践中体会革命前辈的不易，在实践中增长智慧才干，增强能力，将无形思政融入有形课堂之中。同时，要积极引企入校，共建实训合作基地，实现传统人才培养模式的转变，加强学生的专业技能和技术应用。

（三）教育学类专业课程聚焦培养“四有”好老师

教育是百年大计，教师是教育的根本，是提高教育质量的关键。教育学类专业是培育教育工作者的摇篮。对教育类专业进行课程思政格局的探索，是完成立德树人目标，培养拥有深厚的教育知识、良好的人文素养和社会责任感的教育人才的重要举措。教育类专业课程开展课程思政具有天然优势，二者目标一致，且教育学科具有基础深厚、理论多元和属性综合等重要特征，相较于其他专业而言，其可挖掘的思政元素更为丰富，案例素材更为多元，教育工作者能够更为方便地展开育人活动。

探索教育学类课程思政育人格局与实践，要充分利用教育类专业的优势，注重加强师德师风教育，要把做有理想信念、有道德情操、有扎实学识、有仁爱之心的“四有”好老师作为课程的培养目标，讲好中国的教育故事，传承师范教育优良传统。

立足思想引领，增强教师的课程思政意识。学校必须站在全局高度，采取线上与线下相结合的多种手段，组织领导各类专业（包括教育学）的教师，认真学习习近平总书记关于课程思政建设的重要论述和党中央、国务院、教育部有关推进课程思政建设的重要文件，使广大教师从内心深处领会课程思政建设的重要意义，进而坚定政治站位，提升课程思政意识，积极主动把思想政治教育融入专业课教学中。

打造知识传递与价值引领的贯通机制及理论与实践相统一的协同机制。教育学课程作为教育学科中的一门核心课程，应该积极主动地与思政课程同向同行。教育类通识课程本身具有强烈的人文精神，蕴含较多的思想价值。应将教育类通识课程的重点聚焦于课堂育德，以典型树德，以规立德，引导学生以德为师、以德为本的专业理念，对标“四有”好老师要求，做学生进步的引路人。同时，教育类专业课程则应强调对专业知识的传授以及对专业技能的学习，培养学生的实践能力和师范技能。

（四）理工类专业课程聚焦培养科学精神和大国工匠精神

理工类专业培养方向往往更侧重于对技术的掌握和应用，与人文社科类专业相比，在专业技能的培育和价值引领的衔接需要加强，这已成为高校课程思政建设的重点工作。因此，推进理工类专业课程思政建设要把握专业优势，聚焦于培育学生的科学精神和大国工匠精神。

要以立德树人为课程建设目标，增强学生的社会责任感，培养大国工匠精神。理工类专业课程往往实操性强，在长期工科思维模式下培养出来的学生也往往逻辑思维能力、动手能力较强，但对于抽象的社会理论认知浅薄，缺乏一定的人文关怀。理工类专业课程思政建设的培育目标不能单单注重技能的培育，更要贯彻立德树人的理念，在注重技能传授的同时帮助学生厚植家国情怀，增强学生为祖国服务的责任与使命感，培养出具有民族工匠精神的优秀人才。[①]

① 龚丽萍、陈真、吴亚梅：《新时期理工类专业课程思政建设的探索与实践》，《湖南科技大学学报》（社会科学版）2021 年第 2 期。

要以马克思主义理论观点、方法为指导，培养学生的科学精神。理工类专业自身蕴含着大量的科学思维和研究方法，其侧重点往往在于对科学知识和思维的传授，而在培养学生的科学精神方面却存在一定的疏忽，容易滋生学术造假等不良现象。因此，理工类专业可以将马列主义理论的学习与科学精神的培养相结合，重视学生的思想道德，培养学生的人文素质，提高他们发现问题、分析问题、解决问题的能力，激发其不断追求真理、科技报国的情怀，培育学生的科学精神。

（五）农学类专业课侧重培养“大国三农”情怀

农业的基础地位，决定了培养农业人才的重要性。农学类专业开展课程思政建设既要符合趋势，又要保留自身的专业特色，建设与农业大学使命担当相统一的大思政格局。2020 年，教育部《高等学校课程思政建设指导纲要》也特别指出，“生态文明”和“大国三农”两个重点内容是农学类专业开展课程思政建设的侧重点。

农业专业课程应该注重生态文明的教育，使其树立和实践“金山银山”的思想，在教学过程中可以适当引用国家政策、举措、成就等，帮助学生坚定“四个自信”。如作为乡村振兴战略实施下的脱贫典范——湖南十八洞村，用产业发展、文旅结合、群众治理的经验模式，走出了乡村振兴之路。在教学中选用上述素材，不仅可以增添生态学知识传授的趣味性和实用性，而且可以在更宽广的视野塑造学生的家国情怀，强化学生的社会责任、农业文化传承、弘扬担当精神。同时，要注重培养学生的“三农”情怀，引导学生服务农村农业现代化，在乡村振兴的战略下实现自我价值，以此进一步培养新时代知农爱农的创新型人才。在农业类专业课程的教学中，可以将一系列乡村振兴过程中出现的问题，纳入日常教学。也要引导学生以强农兴农为己任，强化学生“懂农业、爱农村、爱农民”的责任感。可以结合专业内容，重视农业实践，注重农业创新教育，培养现代化的农业创新人才。[①] 例如，西北农林科技大学设计具有西农特色的课程思政“领航体系”，努力培养新时代知农爱农新型人才。

（六）医学类专业课重点塑造“医者仁心”

医学是关于人的科学，医学类专业承担着维护人生命健康的重大使命。近年来突发的重大公共卫生事件中，医学类人才更是发挥了巨大的作用。因此，挖掘医学类专业中蕴藏着的思政教育资源，发挥协同育人效应，要注重“医者仁心”教育，培养“德技双馨”的医学类人才。

要贯彻立德树人目标，培养“医者仁心”的情怀。既要培养学生的高超技艺又要重视医学人文精神的教育，全方位提升学生个人的专业能力和人文素养。使学生始终以人民的生命为第一要务，尊重病人，敬畏生命，增强他们处理重大公共卫生事件的能力，培养出值得党和人民信任的好医生。

要融入思政教育素材，形成医学类特色教育。要紧跟国家需要，主动融入国家战略，将实现个人价值融入国家需要，提高学生服务人民服务社会的责任感使命感。要加强相应的医学法律与道德规范的学习，在日常教学中引导学生对热点事件、频发问题等进行探讨，培养学生的同理心，加强其沟通能力。[②] 要注重实践教学，训练学生创新思维。敢于批判和质疑，是医学进步的重点。要在实践过程中注重培育学生勇于探索的精神，培养其严谨治医的科学态度。

---

① 钟华：《农学类专业“课程思政”教学设计与教学策略探索》，《耕作与栽培》2022年第2期。

② 陈第华、张忠：《医学类专业课程思政与思政课程协同育人研究》，《中国卫生事业管理》2022年第8期。

（七）艺术类专业课程首要强化“以美育人”

艺术类专业存在学科划分细致、实践性强等突出特点，在培育人才的过程中往往侧重于艺术专业理论的学习。推动艺术类专业课程思政建设，需要有效挖掘艺术类课程中的思政育人元素，引导学生树立真善美观念，加强审美教育，进一步做到“以美育人”。

树立协同理念，注重培养德艺双馨的优秀人才。全体教师应秉持协同育人理念，挖掘专业课中的思政教育元素，培养学生正确的职业道德、价值取向、行为思想。革新教学内容，通过集中研讨、实践教学等方式，在课程中自觉融入美育和德育等相关内容。将专业内容与爱国主义教育结合、与弘扬社会主义核心价值观结合，激发学生为社会和为人民服务的责任意识，引导其学习专业理论的同时增强自身的社会公德感。另外，要依据各专业特色分类开展不同类型的课程。艺术类课程要以“弘扬社会主义核心价值观”为创作宗旨，充分发挥课程思政的隐性教育功能，将课程德育美育贯穿始终，坚定社会主义艺术创作的人民立场、培育服务社会主义现代化建设的艺术人才。①

三 建立课程思政常态长效机制

《高等学校课程思政建设指导纲要》指出，要全面、快速地推进高校的课程思政工作，就必须坚持“以人为本”的理念，不断提高学生的综合素质。这为今后进一步强化和完善课程思政工作指明了前进方向。全面有效推进高校课程思政建设，既是对“为谁培养人、培养什么人、怎样培养人”的积极回应，也是坚持课程思政与思政课程有机统一的必然选择。美中不足的是，部分高校在建设自

---

① 张红玲、王晓娜：《艺术类高校课程思政工作体制机制的新时代构建》，《思想教育研究》2021 年第 6 期。

己的思政课程环节中还存在一些问题，总体上还没有形成一套行之有效的课程思政协同育人的常态长效机制。课程思政协同育人的常态长效机制是课程思政建设取得成效的根本保障。

（一）构建课程思政建设的管理机制

长期以来，高校思政教育与专业教育“两张皮”的问题并未得到很好的解决。主要原因是部分高校管理层从理念上没有重视课程思政建设，没有设置相应的、强有力的管理机构规范课程思政的建设环节。要建立一种常态化的、长效的课程思政体系，就要从强化组织管理入手，大力推进课程思政工作。

要建立党委统一领导、党政齐抓共管的领导体制。习近平总书记在全国高校思想政治工作会议上强调，加强党的领导是办好高等教育的必要条件。[①] 高等学校要以党政负责人为第一责任人，在校党委统一领导下，确立马克思主义学院课程思政建设核心地位，整合教务、党团、学工、后勤、招生就业等部门力量，组建自上而下、权威有效、执行有力的管理机构。以牢牢把握课程思政建设的领导权，增强对课程思政建设的引领力，推动课程思政的持续建设。

要构建课程思政的组织保障。各省区市高等教育学会可以依托重点高校建立省级课程思政教学管理服务中心，服务中心采取多项举措推动全省课程思政建设工作。中心组建课程思政专家库，指导课程思政教学与研究；建设完善省级课程思政教学管理服务中心平台，承办省级本科高校课程思政建设推进会；在全省本科高校开展主题课程思政教学设计大赛等等。以此类推，各高校建立本校课程思政教学管理服务中心，统筹本校课程思政建设相关事务。一方

① 习近平：《把思想政治工作贯穿教育教学全过程开创我国高等教育事业发展新局面》，《人民日报》2016 年 12 月 9 日。

面，要整合师资队伍，联动各方力量。思政教师理论素质较高，能发挥引领示范作用，各学院的学工组教师、辅导员等和学生交流密切，了解学生的诉求和爱好，是连接学生、教师、学院的桥梁。新时期课程思政建设要充分发挥教师、辅导员、团学干部、心理健康教育的支柱作用。同时要根据不同学科、不同专业实际，挑选一批综合素质较高的专业课教师，组建不同学科、不同专业课程思政育人队伍。注重将不同队伍的力量整合起来，打造“课程思政育人共同体”，将思政课程育人的“独奏曲”转化为课程思政育人的“合奏曲”。另一方面，要细化教学目标，形成自身育人特色。

在课程思政总目标的指引下，各大学可以结合自己的实际，按照公共基础课、专业课、实践课三种课型，在课程目标设计、教学大纲修改、教材选择、课件设计与运用等方面，分门别类，制定课程思政同育建设具体目标。基于上述特征，每门课程的思政育人特色形成了自己的课程思政和德育风格，进一步提炼了个性化的思政教育目标。在此基础上，不同课程思政教师队伍根据自身业务实际，进一步细化个体课程思政育人目标，找到自身课程思政育人方向、找准自身课程思政育人定位、展现自身课程思政育人特色、形成自身课程思政育人风格，最大可能地做到课程思政同向同行，最大限度地提升课程思政协同育人实效。[①]

要建立课程思政建设的考核评估机制。要想提高课程思政建设的质量水平，就必须在人才培养的方案中进一步融入课程思政自身所具备的育人色彩，进而优化课程评价体系和人才培养评价体系。思政课程建设评估要以育人为标志，提升课程思政育人目标完成度；在课程内容建设方面，思政课程考核评估也要同时注重育人与

① 郝海洪：《课程思政协同育人长效机制构建的三个维度》，《中学政治教学参考》2022年第4期。

传道相统一，既要提高学生的知识能力，也要对学生进行有效的思想引导；教师考核评估在关注学生课程思政评价的同时也应关注教师课程思政参与情况，如教师参与课程思政评价、职务的评选、工资发放等方面的重要指标，为建立课程思政育人的常态长效机制发挥强有力的保障作用。[①]

（二）构建课程思政建设的协同机制

课程思政是一项长期又繁杂的系统化工程，其中，培养人才是课程思政建设的根本目标。各高校要想推动课程思政的科学化、标准化、长效化建设，可以从构建以下几个层面的协同机制入手。

要建立学校层次的课程思政协作机制，全面落实课程思政建设的主要任务和基本要求。要明确课程思政建设的指导思想，牢牢把握好教师队伍“主力军”、课程建设“主战场”、课堂教学“主渠道”等若干要素，保证课程建设的成效。在教学目标上，要紧紧围绕道德育人、知识传授、能力培养三个方面设置；在教学大纲上，要囊括课程育人标准；在课程教案上，要突出课程思政的特点；在教学过程中，要综合运用多种方式，如混合式教学、大单元式教学、实践教学等，使课程思政融得进、看得见、落得实。

要在教学单位层次上建立课程思政建设协作机制。要建立不同学校的课程思政建设合作机制，使课程思政建设同频共振。纵向上，各教育部门应更加客观、科学地把握新方向，落实新的目标，制定新的课程思政建设引导方案，推动各教学单位之间的优质资源共享；横向上，根据各学科的特点，全面修改专业课程的教学大纲和人才培养计划，提高课程的知识性和思想性，找到“传授知识”和“思想”的结合，提高“思政”的科学性、导向性、时代性。另

① 陈灿芬：《科学构建课程思政建设的三个机制》，《思想理论教育导刊》2021 年第 9 期。

外，要构建教研室课程思政建设的合作机制，教研室是基层的教学机构，也是课程思政建设中重要的组织实施机构，对提升课程思政建设的质量有着重大影响。因此，教研室要立足于育人第一，以培养高素质的人才为根本，通过组建课程思政教学团队、共享课程思政教学资源、成立课程思政建设名师工作室，发挥教研室和课程思政建设协同育人功能，合理整合课堂教学各环节。最后，构建思想政治理论课与专业教师合作机制。应该深刻理解课程思政的重要性，汇聚思想政治理论课和专业教师合作育人的正能量，构建课程思政“育人共同体”。

（三）构建课程思政建设的奖惩机制

构建课程思政建设的奖励机制。目前，一些大学的课程思政工作存在着教师工作动机不强的问题，这主要是由于学校内部的激励机制不完善，教师的心理需要无法在外部环境中得到充分的发挥。良好的激励机制能有效调动教师的积极性，有利于教师展开课程思政改革创新，推动课程思政常态长效机制的建立健全。奖励激励包括物质奖励与精神奖励，只有让两者有机结合，才能充分调动教师的积极性。一方面，要充分发挥物质奖励的基础性作用，《关于加快构建高校思想政治工作体系的意见》提出，各地要根据实际情况，分别设立相应的岗位津贴，并将其纳入绩效工资中。近几年，党中央、国务院出台了一系列政策，对高校思想政治理论课教师和辅导员进行了一系列奖励。从根本上说，就是要通过增加工资，激发教师的积极性和创造性，强化育人物质动力驱动。另一方面，要发挥精神激励的关键作用，可以通过选出一批教学效果好、教学积极主动表现力强的教师作为典型，充分发挥教师的榜样和示范作用。并进一步强化教师的人文关怀，比如鼓励教师进修、攻读学位等，充分调动教师的积极性。

要建立对违反教师职业道德行为的惩罚机制，并对其进行法律制裁。教育部指出，青年学生是否养成正确的世界观、价值观、人生观受高校教师的思想道德素养的直接影响，大学教师的综合素质，直接影响到教育事业的发展方向与质量，更直接影响到国家、民族的未来。[①] 因此，高度的责任感、道德感、荣誉感也是每个课程思政教师的必备素质。此外，习近平总书记还在北大师生座谈会上提出，要培养一支政治素质高、业务能力强、育人能力强、育人水平高的师资队伍。因此，在课堂上，教师必须自觉遵守讲课纪律，讲课要科学，讲话要严谨，不得散布违反国家政策方针的言论，同时，要依法惩处教师在课程思政中违背教师职业道德的行为，从而有效地促进课程思政的健康发展。

第四节 善用社会大课堂

高校“大思政课”建设要善用“社会大课堂”开展“大实践”，活化思政课实践形态，培育学生的大视野、大格局、大担当、大作为。习近平总书记指出：“鲜活的思政课素材，正是亿万中国人已经书写和正在书写的时代篇章。那里，有人民的英雄，有英雄的人民，有‘第二个百年’新征程上的阔步向前。”[②] “大思政课”要用好社会教育资源，不仅要在“思政小课堂”上体现对社会问题的关注，也要注重教学实践场域的拓展，在学生生活、课堂教学、社会发展中建立实质性联结，实现“大思政课”思想引领与社会生活相协同，让思政课老师既讲好理论，让真理与思想的光芒照耀大学课堂，又讲好生活，把生活融入课堂，推

① 中华人民共和国教育部：《教育部关于建立健全高校师德建设长效机制的意见》，教育部网站，2014 年 9 月 30 日，http：//www.moe.gov.cn/srcsite/A10/s7002/201409/t20140930_175746.html。

② 杜尚泽：《“‘大思政课’我们要善用之”》，《人民日报》2021 年 3 月 7 日。

动思政课程生活化，真正成为服务立德树人的关键课程。广推红色研学大课堂、拓展社会实践大课堂和讲好社会热点大课堂是善用社会大课堂的主要路径。

一 广推红色研学大课堂

（一）红色文化是“大思政课”的优质实践育人资源

红色文化是中国共产党艰苦卓绝的奋斗历程和中国共产党的宝贵精神财富。它是一种历史文化遗产，也是一种优质的教育教学资源，是人们超越时空感悟红色历史的客观载体。每一件珍贵文物、每一处革命遗址、每一个革命事件、每一位革命先辈、每一种革命精神，都以无可辩驳的事实展示着中国共产党人英勇斗争的光辉历史，都以不容置疑的史实诠释着中国共产党人热爱祖国、依靠群众、无私奉献、艰苦奋斗的思想道德境界，诠释着人民军队和革命前辈忠于党、忠于国家、忠于人民、爱国奉献的价值观和人生观。可以说，关于人生观、价值观、利益观和道德观等方面的教育，都可以在红色文化资源中找到真实的、有说服力的教育素材。

实施红色文化资源开发、利用红色文化资源成果，开展大学生思想政治教育，其优势就在于它不是空洞的说教，而是通过与红色革命历史事实进行对话，让大学生在深刻的思想内涵和信服的事实面前亲自去感知和体验，从而增强了思想政治教育的吸引力和说服力。习近平总书记在党史学习教育动员大会上指出，要抓好青少年学习教育，着力讲好党的故事、革命的故事、英雄的故事，厚植爱党、爱国、爱社会主义的情感，让红色基因、革命薪火代代传承。[①] 因此，在高校校园文化的建设中，要把红色资源文化和实践教学结合起来，使其更好地发挥教育作用。

---

① 习近平：《在党史学习教育动员大会上的讲话》，人民出版社，2021，第 26 页。

（二）积极创办红色研学大课堂

要充分利用红色文化资源进行实践教育。红色文化是一种珍贵的教育资源，在高校的教学中，充分运用它可以丰富课堂教学内容，提高课堂的感染力。同时，把思想政治理论与红色文化资源相结合，有助于大学生树立正确的价值观，增强大学生的爱国情怀，增强思想政治教育的实效。因此，各高校要结合当前时代特点，充分利用红色资源，依托红色资源，结合学生实际，开展多种实践性、体验性、情景化的教育活动。通过教育活动，比如纪念改革开放以来的重大成就、重大历史事件、国家公祭、爱国主义教育基地等，使红色文化得以复兴，使先辈的红色精神永不过时，使红色精神深入校园、深入课堂、深入学生的思想。

各高校要及时开展红色文化教育活动，如“重走长征路”“重走主席游学之路”“重走红色筑梦之旅”等。要进一步深化和创新红色文化实践教学模式，以促进红色文化资源的吸收与转化，切实提高其实践教学效果。一是要充分利用学校所在地的红色文化资源，建设“红色文化”基地，并与其他区域共建“共享”机制，系统地进行“实地教学”和“实训”；二是对活动进行细化，增加仪式和现实性，既能还原历史场景，又能让学生身临其境；三是要把握好时机，在重大节庆节点开展相关活动，比如在国家公祭日、重要历史人物纪念日、重大历史事件纪念日等节点开展相关的爱国主义活动，以增强学生的体验感。

（三）红色研学经典案例展示[①]

习近平总书记在湖南考察时指出，要用好红色资源，讲好红色故事，搞好红色教育，让红色基因代代相传。湖南是一方“十步之内，必有芳草”的红色热土，更是一座教育“富矿”——革命博物

① 罗成翼、杨丹：《深挖红色资源“富矿”广推红色研学“铸魂”》，《华声在线》2023 年 5 月 4 日。

馆、纪念馆、党史馆、烈士陵园以及革命历史事件中蕴含的人、物、事、魂，是学校铸魂育人的厚重载体，是对学生开展爱党爱国爱社会主义教育和理想信念教育最为生动的教材。深挖红色资源“富矿”以推广红色研学这一行走的课堂，湖南积累了较丰富的经验，成为红色研学的经典案例。

1. 绘好红色研学地标图，构筑铸魂育人新高地

湖南是伟人故里、将帅之乡、革命摇篮，21.18 万平方公里的土地上有着极为丰富的红色资源，应进一步盘活、用好这些资源，推广红色研学，构筑铸魂育人新高地。

摸清红色资源家底。截至 2022 年底，湖南已查明登记不可移动革命文物保护单位 2300 余处，其中全国重点革命文物保护单位 59 处，省级革命文物保护单位 438 处，革命文物资源总量和重要资源数量均位居全国前列；有省级以上爱国主义教育基地 192 个，其中全国爱国主义教育示范基地 38 个，数量位居全国各省区市第一；全省共有红色旅游景区（点）310 个，其中全国红色旅游经典景区（点）28 个，省级重点红色旅游景区（点）81 个。应在此基础上进一步摸清全省红色资源分布情况及具体类型，为广泛开展红色研学提供资源宝库。

画好红色研学地图。于 2021 年 4 月出版的《湖南红色旅游地图》主要收集了省内 94 个红色旅游经典景区、342 个革命类重点文物保护单位、158 处爱国主义教育基地，并通过 12 条精品红色旅游线路将这些景区串联起来，基本形成了湖南“红色旅游一图通”。建议以此为依据，结合大中小学生红色研学活动的要求和特点，选择适宜纳入红色研学的红色资源点，采用“互联网＋地理信息”、虚拟现实等技术手段，绘制全省红色研学地图。可以从地域角度，绘制湘中、湘北、湘西、湘南各区域红色研学地图；从流域角度，按照湘、资、沅、醴四水走向绘制红色研学地图；从城乡角度，绘制城市和乡村红色研学图。地图可依托实物和电子载体，多

方式、多维度、多场景呈现，为红色研学的资源挖掘、价值提炼、线路设计、课程开发、数据服务等提供支撑。

2. 建新红色研学微课群，形成铸魂育人大课堂

课程是教育的灵魂，红色研学要实现铸魂育人目标，课程设计是关键。与学校课程相比，红色研学课程应突出开门办课、强化问题意识、突出实践导向，通过汇集平台“大资源”、整合教育“大师资”，形成思政“大课堂”。

注重“走心”。打造馆课一体的沉浸式实践课堂。历史是最好的教科书，研学课程应选取红色资源中生动有趣、发人深省、感天动地、可歌可泣的故事，由事及理、由理达人，谋求启智润心、涤荡灵魂、激扬斗志的效果，真正实现“以红化人”“以文育人”。比如毛泽东青年时期光辉业绩、任弼时的最后一页日历、“半条被子”的温暖、陈树湘断肠明志等故事都是铸魂育人的好教材。把红色基因与思想政治教育有机结合起来，通过沉浸式的角色深入等方式，加深对红色文化知识的理解，提高学生学习的积极性、主动性。以湖南第一师范学院的“毛泽东与第一师范纪念馆”为例，它是全国影响力最大最广的，以宣传毛泽东青年时期光辉业绩为主的专题性纪念馆。在纪念馆的建设与规划上，它与师生的教学活动场所和生活场所融合在一起，形成了一种“校馆合一”的特色。并且经过了多年的实践证明，该校在纪念馆进行的“中国近现代史纲要”实践课的确具有明显实效。图文并茂的展示，历史现场的再现，多媒体的展示，专业老师的讲解，解答学生的疑问，让学生仿佛置身于历史的现场，在不知不觉中，将历史的教育渗透到了学生的脑海里，无形中去催生他们的使命感和责任感。[①] 例如，在湘潭大学的

① 张颖：《馆校合一视野下大学生党史教育模式的探索与实践——以湖南第一师范学院为例》，《大学》2021 年第 24 期。

“大思政课”建设中，依托学校校史馆、毛主席铜像广场等，形成红色氛围浓厚的校园文化，建设“四史”虚拟仿真资源库和360度全沉浸式虚拟仿真实验室，增强红色文化育人体验度和实效性。

注重“集群”。当前，各研学实践基地红色研学课程建设普遍存在重复性、随意性较强问题，内容零散杂乱、不成体系，导致学生感觉“听过了又听”“走到哪听到哪”。有鉴于此，应从省级层面做好红色研学课程的宏观统筹和体系设计，促进各研学实践基地集群建课、串珠成链，变点状的课程开设为网状的课程体系。比如根据地域可构建“红色长沙”“烽火湘南”“革命湘西”等课程群，每个课程群又由5～10门课程构成。以“红色长沙”课程群为例，可包括“湘区丰碑”“恰同学少年”“建党先声”“青年少奇的故事”“一封托孤信”等系列微课程。

注重“小微”。红色研学课程应结合学生特征、研学特性和红色资源分布情况，避免长篇累牍、照本宣科地理论讲授，每节课时10～30分钟为宜，力求短小精悍、简明深邃。可运用现场教学、情景体验、沉浸戏剧、小组研讨、头脑风暴等青少年喜闻乐见的方式，将湖湘红色资源精髓巧妙融入研学课程，注重探究与参与，使革命传统和理想信念教育在红色研学课程中如春在花、如盐在水。

3. 打造红色研学精品线，拓宽铸魂育人流动场

目前湖南省各地红色研学线路的规划不同程度存在随意性较强、设计不合理、区域发展不平衡、精神价值不突出等问题，直接影响到红色研学的教育效果。根据红色资源的内容属性和分布特点，湖南可重点打造4条红色研学精品线路。

打造伟人成长成才研学精品线。以韶山毛泽东同志纪念馆及故居为起点，连接湘乡东山学校旧址、彭德怀故居、罗荣桓故居、刘少奇同志纪念馆及故居、湖南省立第一师范学校旧址、中共湘区委员会旧址、任弼时同志纪念馆等，教育引导学生探寻伟人成长成才

足迹，追寻伟大建党精神，在真实的场景和鲜活的故事中感悟真理力量、传承红色基因。

打造长征精神研学精品线。以郴州汝城沙洲村“半条被子”纪念馆为起点，连接宜章湘南暴动旧址、永州道县陈树湘烈士纪念园、邵阳城步老山界、怀化通道转兵纪念馆等，教育引导学生跟随中央红军脚步、重走长征湖南段，重温波澜壮阔的长征史诗。

打造湘西革命研学精品线。以湘西龙山茨岩塘为起点，连接永顺湘鄂川黔革命根据地旧址、永定区湘鄂川黔革命根据地纪念馆、桑植县工农红军第二方面军长征出发地纪念馆、贺龙故居等，教育引导学生感受“湘西革命火种”、了解湘鄂川黔革命根据地历史。

打造重走主席游学路研学精品线。以湖南省立第一师范学校旧址为起点，连接湘潭湘乡市东山学校、益阳桃江张子清故居、安华梅城镇、长沙宁乡黄材镇等，教育引导学生重走青年毛泽东在一师求学时的游学路，重温伟人读无字之书的方法、注重调查研究的态度和实事求是的精神，从社会实践中体悟家国情怀、汲取人民智慧。自 2017 年起，湖南第一师范学院发起“重走主席游学路”活动，湖南第一师范学院学生代表、首都师范大学学生代表等组成暑假实践团队，通过深入游学路开展对比调研，撰写专项调研报告，效果显著，反响较大。

4. 架设红色研学共享网，构建铸魂育人共同体

广泛开展红色研学铸魂育人是一项系统工程，需要多个部门、多个载体、多种形式、多个层面系统筹划、协同构建、整体推进，通过架设红色研学共享网构建育人共同体，通过资源共建共享、系统集成实现协同育人。

政府部门高位协同。对红色研学工作进行宏观规划与高位协调，在政策与经费上给予保障；由教育行政管理部门与文化旅游部门共同制定红色研学行业标准与管理办法，对研学基地的条件保障

与功能拓展、研学线路的规划与设计、研学课程的开发与安排、研学师资的培训与遴选、研学机构的认定与管理等方面予以规定；出台红色研学如何与学校德育深度融合、如何规范研学全流程管理、如何鼓励社会力量积极参与等方面指导性意见。

教育资源共建共享。健全红色资源融入大中小学思政课一体化建设协同机制，建立红色研学教育资源库，集合全省各红色研学点的精品研学课程，实现全方位在线共享：研学实施前，学校可在资源库内提前选择、安排相关课程；研学过程中，不同地域研学点之间可进行在线课程共享与互动；研学结束后，学习者可在线上进行课程回顾。共享平台应加强顶层设计，鼓励多元主体参与红色研学资源建设，全方位解码红色基因，讲好红色故事。

学校企业深度合作。红色研学需要具有资质的研学执行机构具体实施，学生开展研究性学习和集体旅行则需要配套设施完善的研学实践基地。应不断完善学校与研学企业合作机制，鼓励各级各类学校通过购买服务方式选择资质优秀、服务质量高、经验丰富的研学执行机构，鼓励各地充分挖掘地域红色资源、提炼核心主题、完善配套设施，建设主题鲜明的研学实践基地。通过学校、基地和企业的大协同与大联动，形成红色资源铸魂育人的“大格局”。

二　拓展社会实践大课堂

离开生动的实践支持，思政小课堂就会变成空洞的理论灌输，社会大课堂脱离了理论指导，容易陷入形式主义和主观主义的泥沼。所以，理论课和实践课应该是互动的、双向的，共同促进思想政治教育社会化发展。高校应该坚持走向社会生活的中心，去把握个人成长成才的鲜明时代特征，坚持教育“为人民服务，为中国共产党治国理政服务，为巩固和发展中国特色社会主义制度服务，为改革开放和社会主义现代化建设服务”[①] 的方针，完善思想政治教育的社会支持系统，丰富思想政治教育形态，建设“大思政课”格局，提高思想政治教育适应社会、服务社会、引领社会的能力。[②]因此，高校可以引导学生深入社区、企业、商区等社会基层感受社会的巨大变化，采用深化理论宣讲教育、强化学生社会调研实践能力和提供志愿者服务的途径方式去开展多样化的实践教学。

（一）深化理论宣讲实践教育

大学生理论宣讲工作是用习近平新时代中国特色社会主义思想武装青年学生头脑的有效载体，是做好大学生思想政治教育工作的有力抓手，也是推动社会主义核心价值观入脑入心入行的有益举措。[③]

高校以理论宣讲为载体进行实践教育，必须坚持理论与实践相结合，将“理论宣讲”实践教育的要求贯彻到具体工作、解决问题中去。通过参加理论宣讲活动，大学生能够开展深度学习，进而深入宣传和贯彻落实党的理论思想和路线方针政策。同时，大学生深入基层调研，了解群众的真实诉求，切实维护人民群众的根本利益，以此保证高校理论宣讲工作的“上情下达”的准确性和“下情上达”的信效度。在党的二十大胜利召开后，党的二十大报告中提出的一系列重大思想理论、重大方针政策、重大工作部署在师生中引发了热烈反响，大家迅速掀起了学习热潮。各高校应抓住时机进行宣讲党的创新理论、中国共产党治国理政、中国人民奋斗圆梦系列的理论宣讲活动，去推动党的二十大精神深入基层、深入人心，推动党的二十大精神在高校落地生根，在社区安家落户，去汇聚奋

① 习近平：《论党的宣传思想工作》，中央文献出版社，2020，第 378 页。

② 邓纯余：《新时代思想政治教育社会化的理论与实践审视》，《思想理论教育》2022 年第 8 期。

③ 张忠英、张天行：《大学生理论宣讲工作实践探赜》，《辽宁经济》2022 年第 8 期。

进新征程的磅礴力量。

新时代大学生理论宣讲工作，要坚持政治站位和政治导向，聚焦新使命、服务新使命。为了有效地推动习近平新时代中国特色社会主义思想更好地进教材进课堂进学生头脑，教育部持续组织开展习近平新时代中国特色社会主义思想大学习领航计划系列主题活动。各高校应充分利用这一活动，着力推动思政课在改进中不断加强、在创新中不断提高，进一步增强学生对思政课的获得感，通过开展一系列主题征文和微演讲等活动，引导和帮助学生把习近平总书记的重要讲话精神内化于心、外化于行。各高校还要加强对这一系列活动的宣传，为活动的开展创造良好的环境和气氛。通过理论宣讲和实践交流，引导大学生从“被动领会”党的理论到“主动研究”党的最新政策，自觉地进行理论武装，始终保持党员的本色，发挥先锋模范的引领作用。例如，东北大学“学习报国”青年宣讲团开展得有声有色。

（二）开展社会调研实践教育

2021 年两会期间，习近平总书记指出，“思政课不仅应该在课堂上讲，也应该在社会生活中来讲”①。因此，各地高校可以建好用好“大思政课”实践教学基地，推动社会调研实践活动的开展。

开展好创新创业大赛等实践活动。由教育部持续组织开展的“互联网＋”大学生创新创业大赛青年红色筑梦之旅活动如火如荼。2017 年在第三届中国“互联网＋”大学生创新创业大赛期间，“青年红色筑梦之旅”活动首次举行。5 年多来，“青年红色筑梦之旅”活动把专业教育、创新创业教育与思政教育三者深度融合，把大学生创新创业实践与乡村振兴、精准扶贫脱贫紧密结合，做到了把红

① 《“大思政课”我们要善用之（微镜头·习近平总书记两会“下团组”·两会现场观察）》，《人民日报》2021 年 3 月 7 日。

色筑梦课、党史教育课、乡村振兴课、国情思政课、创新创业课融为一体。“青年红色筑梦之旅”在过去的5年中，积极响应时代的需求，积极推动高校的智力资源，尤其是大学生的创新创业成果向基层的转化。例如，南昌大学“珍蚌珍美”科研团队“鱼蚌+”生态净水技术，利用贝类过滤功能，通过混合养殖，净化富营养化水体，达到生态效益与经济效益双赢的目的。重庆大学的“氮先锋”工程团队，从原材料、技术两个层面，解决了农业生产的污染问题，提高了农业的产量，促进了乡镇企业的化肥产品质量的提高……5年来，青年学子们致力于实践，组建了“科技中国小分队”“健康中国小分队”等，为建设美丽乡村、帮助弱势群体做出了实际的贡献。在“青年红色筑梦之旅”活动的带动下，各地高校应持续组织开展形式多样的活动，引导广大青年学生感悟马克思主义中国化理论成果的真理魅力和实践伟力。

建好用好大思政课的实践教学基地。2022年8月，教育部等十部门印发《全面推进“大思政课”建设的工作方案》，明确提出要“建好用好实践教学基地”，并以专栏列出教育部与其他九部门共同建设的七大专题实践基地。首批453个“大思政课”实践教学基地的设立，拓宽了“大思政课”的实践教育场所。各高校应充分利用其资源进行“大思政课”的实践教学，让思政课走出教室、走向社情一线。与此同时，在“大思政课”的建设中，要把“实训基地”建设好、用好，就必须把握以下三个重点。[①]

要让大学生在社会实践中沉浸式体悟。《全面推进“大思政课”建设的工作方案》明确了高校不同专题“大思政课”实践教学基地建设的定位。不同的场馆和基地，都是“大思政课”社会实践课程

① 周增为：《“大思政课”建设中实践教学基地的价值意蕴和关键问题》，《人民教育》2022年第18期。

载体，为大学生们创造了沉浸式学习环境，使学生在不同的专题实训课程中，能够高效地理解与主题有关的学科知识并学会运用转换，逐渐认识到这一运用转换的重要性。比如在疫情实践基地，学生们亲身感受医务人员、义工的工作内容和强度，了解国家防控疫情的政策和措施，并通过角色扮演与转换建立起不同群体的主体责任，使思政教学与社会大课堂有效链接，促进学生的知情意行相统一。

“大思政课”实践调研要以提升学生核心素养为目的。高校思想政治教育应注重培养学生的核心素质。核心素质是学生在体验、感悟、思考、实践的过程中逐渐形成的。这就需要我们将学习作为一座桥梁，将书本知识融入学生的身体和心理之中，使外部知识成为他们的内在素质。在实习基地的课堂中，学生的主要学习任务是通过观察、思考、提问、分析、实施等方式，去逐渐掌握探究的结构与逻辑，建立以分析和问题解答为基础的学科研究方法，从而形成对问题的认识。以科学精神教育为例，它并不是单纯地将它当作一种观念和原则来进行知识传授，而是一种价值和情感的教育。思政课的实践课，让学生们亲身体验科学在发展过程中的种种困难，了解科学与国家经济、政治、文化、社会的联系，加深学生对科学家们探索过程的理解，培养学生对科学的热爱，使其积极参与到科学研究中。

“大思政课”实践检验要达到立德树人的目的。虽然思政课学习评估工作已经取得了一定的成效，但是一些教师仍然依靠知识测试，把对知识点的掌握当作衡量课程目标达到与否的评判标准。“大思政课”的教学效果不能仅用知识考核的标准答案来衡量。尤其是以实训为主的思政课教学，要在实践教学中进行检验，而检验的标准应是学生是否在自己的兴趣引导下进行学习，并在某方面得到支持与发展，这才是科学的标准。

（三）开展志愿服务实践教育

志愿服务活动是一种不为任何物质回报、不以功利主义为宗旨的服务社会、贡献力量的活动。通过开展志愿服务活动，大学生可以在传递爱心、为社会发展奉献力量的同时，实现乐人乐己、助人助己，提升自我获得感。志愿服务活动是高校思想政治工作的一种重要途径，也是“大思政课”的重要社会实践形式。

各地高校应广泛开展多样化的志愿者实践教育。目前，高校对大学生志愿实践活动已经有了较大的认可和支持。今后开展志愿服务工作还必须要加强规范、创新内容、丰富形式，既要让大学生积极参加，又要让他们有所领悟。一是要强化规范。高校要制定一系列制度，规范大学生志愿服务的组织、实施和评价，防止活动流于形式、摆拍等弄虚作假的现象。二是要在内容上进行创新。我国开展志愿服务实践教育已有多年，其内容相对固定、死板。有些至今仍然存在的志愿活动，其意义依然存在，但无法引起大学生的积极参与。因此，既要挖掘志愿服务实践教育新内容，又要创新旧内容，使一些传统的志愿服务重新焕发生机。三是要运用互联网技术，根据新时代信息化需求，开展志愿实践教学。网络为人们的道德实践开辟了新的空间和新的载体。与线下实训相比，虚拟实训教学具有不受时间、场地、经费等方面的限制的特点，具有更大灵活性、开放性。因此，开展志愿服务实践教育必须充分运用互联网技术，积极探索新的虚拟实践方式。①

简言之，各地高校应广泛开展多样化的志愿者实践教育，拓展大学生社会实践和思政教育的途径，助力青年大学生的情感发展与能力提升。例如，为深入学习贯彻习近平新时代中国特色社会主义

---

① 中华人民共和国教育部：《教育部等十部门关于印发〈全面推进“大思政课”建设的工作方案〉的通知》，教育部网站，2022 年 8 月 18 日，http//www.moe.gov.cn/srcsite/A13/moe_772/202208/t20220818_653672.html。

思想，教育部持续组织开展了“小我融入大我，青春献给祖国”主题社会实践活动。2015 年，云南大学组建了赴独龙江乡的研究生支教团。多年来，研究生们坚持奔赴独龙江乡接力开展每届一年的扶贫支教，直接服务独龙族近千名学生。同时，支教团还开设拳击、美术音乐等兴趣小组，培养学生全面发展；设立“山水教育”梦想课堂，帮助学生去思考和建构自己的人生规划；实施“云大·筑梦”奖学金计划，帮助家庭经济困难的独龙族中小学学生减轻求学的经济负担……[①]这些行动都是支教团成员们将“小我融入大我，青春献给祖国”的生动诠释，他们以实践之行，感民众之感，尽所学所能，深入脱贫攻坚一线，在助力脱贫攻坚中绽放青春的华章。这样的志愿服务实践，不仅能激励广大青年为社会主义现代化建设服务，还能坚定他们实现中华民族伟大复兴的信心与决心。

三　讲好社会热点大课

习近平总书记反复强调，“大思政课”一定要与现实生活相结合起来运用。[②] 高校“大思政课”要具备联结理论与实际的“大视野”，成为旨在引导青年学生认识世情、党情、国情、民情的“大学问”。思政课善用社会大课堂的要求之一就是讲透讲活社会大课堂。把思政课道理讲生动、讲活泼，必须善用社会实践的丰富案例、新鲜故事。如国内抗击疫情、脱贫攻坚等重大事件；冲上热搜的问题如淄博烧烤、村超生活热点；日常生活中医疗、教育、经济等热点问题。只有善用社会实践中学生可触可感的丰富案例、鲜活故事，才能把抽象的思政课道理讲新讲活，有效引导青年学生深刻感悟习近平新

---

① 云南大学团委:《小我融入大我，青春献给祖国——云南大学独龙江研究生支教团成员的独家记忆》,《中国研究生》2020 年第 12 期。

② 杜尚泽:《“‘大思政课’我们要善用之”(微镜头·习近平总书记两会“下团组”·两会现场观察)》,《人民日报》2021 年 3 月 7 日。

时代中国特色社会主义思想的真理力量和实践伟力，不断增强对新时代党的创新理论的政治认同、思想认同、理论认同、情感认同。

（一）关注社会重大事件

要紧密结合党中央治国理政的生动实践和精彩事例，运用我国发生的历史性变革、取得的开创性成就等鲜活素材，深入阐释习近平新时代中国特色社会主义思想的科学内涵、理论品格、核心要义、精神实质及重大意义。①

1. 用抗击疫情故事激励大学生

抗疫精神、抗疫情境为高校思政课教学提供了精神支撑和生动素材。近三年，党团结带领全国各族人民，进行了一场艰苦卓绝的抗疫大战，书写了人类历史上抗击病毒新篇章，再次证明了中国特色社会主义的强大生机与活力。2023 年 2 月 17 日，中共中央政治局常务委员会召开会议指出：“要倍加珍惜抗疫斗争的重要成果，讲好中国抗疫故事，激励全党全国各族人民坚定必胜信心，在新时代新征程上披荆斩棘、奋勇前进。”②

抗疫斗争铸就了“生命至上、举国同心、舍生忘死、尊重科学、命运与共”的伟大抗疫精神，为大学生上了一堂别开生面的“大思政课”公开课。让思政课与现实充分互动，让大学生与时代同频共振。在这次抗疫斗争中，中国人民风雨同舟、众志成城。一部抗疫活剧，奏响了中华爱国主义的感人乐章。以钟南山、张伯礼、张定宇、陈薇等为代表的专家学者，勇于挑战医学难题，不顾个人安危，敢医敢言。疫情就是命令！各行各业人员都坚守自己的岗位，一方有难，八方支援，舍小家为大家，甚至把生的机会留给

① 赵春玲、逄锦聚：《“大思政课”：新时代思政课改革创新的重要方向和着力点》2021 年第 8 期。

② 《中共中央政治局常务委员会召开会议 听取近期新冠疫情防控工作情况汇报》，《人民日报》2023 年 2 月 17 日。

他人，为了人民群众的生命安全，毅然逆行。抗疫经历为大学生思想政治教育提供了丰富素材。在这次抗疫斗争中，青年一代的突出表现令人欣慰、令人感动。参加抗疫的医务人员中有近一半是“90后”“00后”。在新冠疫情突发时，大学生纷纷加入志愿者行列，去协助学校、街道和社区构筑疫情防线，更有一批“90后”“00后”大学生护士，默默地签署了一份生死契约，许下了誓言，要冲到第一线，肩负保家卫国的责任。他们一天工作十多个小时，照顾十多个甚至更多的病人，整天待在防护服里，过重的工作负荷，导致他们每天精神状态不佳，但他们始终坚守不愿放弃。

善用抗击疫情重大事件讲好“大思政课”。学校可以开设“大思政课”抗击疫情拓展专题讲座，邀请抗疫英雄来讲座，邀请具有一定学术权威的医学专家来校开展防疫科普讲座，邀请各行各业代表来讲述疫情亲历故事，制作抗击疫情专题网站，以生动鲜活的事例培养大学生的爱国主义情怀、价值认同、责任担当和科学精神。将党带领人民进行的伟大实践作为最鲜活、最生动的教材，讲清楚中国特色社会主义制度的优越性，讲好马克思主义为什么“行”、中国共产党为什么“能”、中国特色社会主义为什么“好”。[①] 思政课教师要整理抗疫事迹，总结提炼和深度挖掘，从中选取能够展现大学生奉献和担当精神的重点内容运用于教学，引发大学生的共鸣，引导大学生理解我们的定力和底气所在、决心和信心所在，引领大学生坚定“四个自信”。同时，思政教师还可以借此选拔和培育学生生活中的朋辈榜样。思政课教师可针对不同层次、不同类型的大学生群体，选择一个或数个典型人物，对其分类施策、分类培育，起到引领同学成长成才的作用，凸显朋辈榜样的示范效应。如大学生身边参与过抗击疫情的志愿者学生，讲一讲曾经发生在大家

① 齐鹏飞：《善用“大思政课”》，《人民日报》2021年3月19日。

身边的抗疫故事和见闻，宣传他们的良好品质和动人事迹。

2. 用脱贫攻坚精神鼓舞大学生

中国特色减贫道路既是马克思主义反贫困思想同中国实际相结合的产物，也为高校思政课堂提供了丰富的精神资源，即新时代的脱贫攻坚精神。经过 8 年脱贫攻坚，困扰中华民族千百年的绝对贫困问题历史性画上句号。在脱贫攻坚战中，正是坚持精准务实、开拓创新，我们走出了一条中国特色减贫道路。习近平总书记深刻指出，脱贫攻坚伟大斗争，锻造形成了“上下同心、尽锐出战、精准务实、开拓创新、攻坚克难、不负人民”的脱贫攻坚精神。①

脱贫攻坚中上演了一幕幕感人故事。在脱贫攻坚一线，300 多万名第一书记和驻村干部尽锐出战，走最险山路，去最偏村庄，拔最难穷根。重庆巫山县下庄村党支部书记毛相林带领村民 7 年凿出绝壁天路；贵州遵义市原草王坝村党支部书记黄大发带领村民 36 年凿通引水渠；河北农业大学教授李保国用尽毕生心血科技扶贫；扎根边疆，用教育为女孩们筑梦的张桂梅同志；行走在扶贫一线，群众的知心人张小娟同志；身患重疾，也要让百姓喝上“安全水”的刘虎同志等全国脱贫攻坚楷模事迹等，1800 多名同志还将生命定格在了脱贫攻坚路上。②

善用脱贫攻坚重大事件来讲好“大思政课”。在脱贫攻坚中所出现的生动事迹、取得的丰硕成就、留下的宝贵经验、凝练的精神财富，为提升思政课教学实效性提供了丰厚资源。实践脱贫攻坚等重大事件是亿万中国人民书写的时代篇章，形成了宝贵的脱贫攻坚精神，是“大思政课”的丰富而生动教学素材和教学资源。思政课教师要活用这些生动事例，讲清楚在中国化马克思主义指导下中国

---

① 习近平：《习近平谈治国理政》（第四卷），外文出版社，2022，第 137 页。

② 人民日报：《大力弘扬脱贫攻坚精神》，《人民日报》2021 年 6 月 9 日。

发生的翻天覆地变化，引导学生把这些伟大成就放到中华民族伟大复兴战略全局和世界百年未有之大变局中来把握来阐释，放到党和国家事业发展全局中来把握，培养学生的大格局、大情怀和大视野，引导大学生扎根广袤的中国大地，面向火热的社会，勇担全面建设社会主义现代化国家、实现中华民族伟大复兴的重任。[①] 思政小课堂要与社会大课堂紧密联系，用好与大学生群体紧密相关的社会信息。因此，高校思政课教师须不断创新思政课教学，把脱贫攻坚的感人故事作为教学中最鲜活的素材，把脱贫攻坚伟大精神作为立德树人的重要精神支撑，选取脱贫攻坚中真实且典型的榜样人物，引领学生成长。选择的榜样要与大学生日常生活相衔接，让学生认同的对象不是扁平化的圣人，而是立体生动、来自生活的“你我他”。这就要求思想课教师在选用教学素材时，要将本地实际情况纳入自己的教学资源库之中，尤其是对本地脱贫故事的充分挖掘，积极宣传当地扶贫楷模身上所具有的崇高品质和家国情怀。

（二）引导学生正确认识社会生活热点问题

“00后”大学生是网络原居的一代，成长于融媒体环境之中，经常接触热点新闻，自己的价值认识和行为准则受到自媒体信息的影响。“00后”大学生在社会经验上略显不足，容易受到不良信息的诱惑，进而产生不良的世界观、人生观和价值观。因此，高校思政课应及时将热点时事引入课堂教学之中，引导学生辨清现实生活中的是非曲直，帮助学生树立积极健康的世界观、人生观和价值观。这不仅是创新思政课教学的需要，也是学生自我成长的要求。

习近平总书记在学校思想政治理论课教师座谈会中提到要“不断增强思政课的思想性、理论性和亲和力、针对性”，为高校思政课堂聚焦生活热点提供了基本遵循。高校思政课要富有亲和力、感

---

① 齐鹏飞：《善用“大思政课”》，《人民日报》2021年3月19日。

染力，就应注重充分利用生活热点等素材，予以适当的加工，用富有生活气息的材料，深入浅出地诠释学科理论，做到教学生活化。

思政课教师需要关注学生的日常生活热点，积极与学生谈心交流，或通过社团、兴趣班等了解学生的成长经历、兴趣爱好、关注热点、思想困惑、心理特征、情感需求等。为此，思政课教师可以融热点时事于教学之中，把热点时事用好、用活、用厚，关注新闻热点，切实回应学生日常生活中的思想困惑，回应大学生对“大思政课”教学期待。一方面，热切关注正面新闻热点，如淄博烧烤、贵州村超等贴近老百姓生活的热搜话题。在教学过程中，思政课教师可以鼓励学生在课堂上分享对淄博烧烤、贵州村超等热点的评价，调动学生学习的积极性，引起学生的情感共鸣，有效利用学生已有的生活经历或认知结构同化新知识，提升思政课教学效果。另一方面，要引导学生正确评价一些负面热点新闻，树立正确的人生观和价值观，如成都太古里的牵手门事件。现代社会日新月异，各种新闻热点事件层出不穷，呈现多元化的趋势以及复杂性、时代性特征。大学生思想活跃、发散，具有一定的知识储备，易于接受新的理论和学说，但也容易为看似正确的各种非马克思主义思潮所蒙蔽，在分析社会热点问题中难免产生困惑或偏激思想。思政课教师可以让大学生开展讨论或辩论，开展深度思考、探讨与争鸣，即坚持和运用辩证唯物主义和历史唯物主义，在讨论社会问题时要讲清楚主与次、本与末，避免学生走极端，准确评价负面新闻和热点话题。

（三）讲好时事大课

思政课教师要把握时代发展脉搏、倾听时代声音，在对时代的深切感知和回应中保持教学内容的时代性、前瞻性和先进性，使思政课成为常讲常新的时代大课。当前“大思政课”要特别关注国内国际的重大时事，回应大学生的关切。

讲好时事大课堂，引导学生运用原理解读时事，透过现象看本质。高校思政课任务就是要提升大学生的马克思主义理论素养，明辨是非，把握规律，看清趋势。因此，思政课教师要应用马克思主义基本原理深刻阐述新闻时事热点，深刻剖析俄乌冲突、台海问题等时事内容，把这些重大时事置于世界百年未有之大变局和中华民族伟大复兴战略全局之下，讲清马克思主义中国化最新理论成果，讲明新时代发展大势，阐释新时代发展提出的新课题，揭示国家冲突背后的实质，激活学生对时代的感知、对时代责任和历史使命的认识，让大学生深刻理解马克思主义为什么“行”、中国共产党为什么“能”、中国特色社会主义为什么“好”的逻辑关系。如此，思政课教师才能在教学实践上纵横历史与现实、贯通理论与实践、关联国内与国际，引导大学生在对比中坚定共产主义的远大理想和崇高信念，立大志、明大德、成大才、担大任。

在围绕时事热点展开探讨的过程中，思政教师需注意对学生“议”的引导，注重创设议题式教学情境，注意学生议论过程的逻辑性、合理性与有序性。要结合时事新闻素材，创设议题式教学情境。知识建构需要在议题情境中展开，议题情境创设要坚持真实性原则，引导学生思考和面对生活世界的现实问题。要围绕时事新闻设计学生能参与、有收获的教学活动，包括对新闻热点材料的收集整理、合作交流、表达展示等活动。

总之，新时代高校“大思政课”的大课堂主要从四个方面发力，构建新时代高校“大思政课”的大课堂体系，以思政小课堂引领育人方向，以思政云课堂丰富育人形式，以课程思政全课堂协同育人主体，以社会大课堂拓展育人场域，共建新时代高校“大思政课”的高质生动“大课堂”。

其一，推进“大教改”。以思政课理论课堂为主课堂，重点建好马克思主义理论学科，推进思政课课程教学守正创新、建强思政课教师队伍。

其二，搭建“大平台”。用好新媒体时代的新技术新手段新载体，打造覆盖全国、实时互联、与时俱进的高校网络思政云课堂，建设全国高校智慧教育公共平台、打造思政课网络宣传平台和创建校本网络思政云平台，有效整合高校“大思政课”的信息资源。高校网络思政云课堂体现了专业化、全国高校智慧教育公共平台凸显了智能化、思政课网络宣传平台展示了辐射化、校本网络思政云平台显现本土化。

其三，统筹“大协同”。深化课程思政全课堂建设，打造各门课程与思政课程同向发力、同频共振、同心育人的育人模式和实施体系，以思政课为育人主渠道，发挥好各门课程的思政育人优势，让思政元素“如盐在水”。分类分层开展课程思政教学改革，文史哲类专业课程重点引导文化育人、经管法类专业课程着重培育高级职业素养；教育类专业课程聚焦培养“四有”好老师、理工类专业课程聚焦培养学科精神和大国工匠精神、农学类专业课程侧重培养“大国三农”情怀、医学类专业课程重点塑造“医者仁心”、艺术类专业课程首要强化“以美育人”。

其四，开展“大实践”，不断探索思政课内涵式发展的实践路径。善用社会大课堂，用好红色文化资源，打造红色研学的思政实践课堂；善用理论宣讲、社会调研、志愿服务等“大思政课”实践教学有效形式；利用抗击疫情、脱贫攻坚等宏大社会事件来开阔学生视野；在热点时事中挖掘生动鲜活的思想政治教育元素，让“大思政课”真正走向学生需要，走入学生生活，走进学生心灵。①

① 岳潇、卢黎歌：《善用“大思政课”推进新时代思政课改革创新》，《学校党建与思想教育》2022年第24期。

小 结

从思政课到“大思政课”，不仅称谓变化了，所起到的效果也迥然不同，意味着思政课建设中格局更扩大、资源更拓展、场域更协同和实践更加走深、走实。高校“大思政课”落脚点在于“课”，需着力构建立意高、格局大、情怀深的“大课堂”。“大思政课”的大课堂建设需要抓好思政小课堂、打造网络云课堂、深化课程思政全课堂、善用社会大课堂。

马克思主义理论学科为“大思政课”建设提供政治引领。马克思主义理论学科是“大思政课”的基础学科和政治领航学科。高校“大思政课”的教育教学实践，必须以马克思主义学科为指导，依据马克思主义学科理论的要求，遵循人的思想品德形成发展规律、人的认知学习规律和高校教育教学规律，创新高校“大思政课”教育教学方法，提高“大思政课”教学效果。同时，要以马克思主义理论学科引领“大思政课”课程群建设。马克思主义理论学科的研究和建设发展必须服务于思政课教育教学的实践需要。以学科建设规划规范“大思政课”课程与教研体系，加强思政课课程内涵、师资力量、教学对象、教学内容、教学方法等研究，深入研究思想政治理论课教学重点难点问题和教学方法改革创新。

“大思政课”视域下的思政小课堂守正创新，是思政课的“大教改”。“大思政课”建设变的是对思政课课程资源的拓展、对课程形态的转换、对课程实施方式的更新、对不同学段的衔接，不变的是思政课立德树人的宗旨和追求。“大思政课”建设将成为“十四五”时期推动思政课高质量发展的重要抓手。推进思政小课堂守正创新，应把握基本遵循，明确实践重点。

办好思想政治理论课关键在教师，建好“大思政课”的关键也在师资队伍建设。“大思政课”建设必须努力打造一支能肩负立德树人根本任务的高水平、高质量教师队伍，要培养思维新、视野广、学科扎实且真学、真懂、真信、真用的思政课教师。

随着时代发展，互联网逐渐成为高校思政工作的前沿阵地，应该在互联网上积极推进专业化的思政大课堂，汇聚全社会资源和力量搭建“大平台”，促进教育信息化，推动教育高质量发展，努力实现大思政课教育数字化和专业化的融合，建设全国大思政课网络教研系统、开发思政课国家智慧教育公共平台、打造思政课网络宣传平台、创建校本网络思政教育云平台等，充分发挥网络教育的优势。

同时，“大思政课”要善用“社会大课堂”开展社会“大实践”，通过推广红色研学大课堂、拓展社会实践大课堂、讲好社会特点大课堂等形式，开展多样、灵活的“大思政课”实践教学，提升“大思政课”实践教学的实效性和趣味性。

第五章

新时代高校“大思政课”建设的大机制

“大思政课”意味机制大，只有大联动才能运行大机制。推动“大思政课”建设的主体、时空、评价等维度的大联动，形成“大思政课”建设的运行大机制。一是主体大协同，构建党委统一领导、党政齐抓共管、有关部门各负其责、全社会协同配合的，以高校思政课教师、党政领导、辅导员、专业课教师、管理人员与校外先锋模范、专家学者等为基本成员的大联动队伍；二是空间大联动，促进家庭、学校、政府、社会大联动，落实高校“大思政课”全员、全程、全方位育人机制；三是学段大贯通，小学阶段重在培育道德情感，初中阶段重在打牢思想基础，高中阶段重在提升政治素养，大学阶段重在增强使命担当，各学段渐次推进，螺旋上升，一体配合；四是评价大互动，构建多元多层、科学有效的测评体系，运用多种评价方式，明确多维评价维度，细化多层评价指标，发挥多方评价力量。

第一节　“大思政课”建设的主体协同

主体大联动，就是构建党委统一领导、党政齐抓共管、有关部门各负其责、全社会协同配合的，以高校思政课教师、党政领导、辅导员、专业课教师、管理人员与校外先锋模范、专家学者等为基本成员的大联动队伍。

一 高校党委主体责任

“大思政课”是落实“举全党全社会之力上好思政课”要求的具体体现，需要多部门合作，整合多方资源，因此需要强化卓越设计，做好整体规划。“大思政课”本质上是思政课，重点主要是在思政课建设中落实“大思政课”的理念，而不是在现有思政课的基础上，再单独设立一门思政课程。

办好中国的事情，关键在党。2019 年 3 月，习近平总书记在学校思想政治理论课教师座谈会上强调，坚持党的全面领导是思政课建设的根本保证，高校党委要深入贯彻落实这一重要讲话精神，加强对“大思政课”建设的领导，统筹各方主体，发挥高校“大思政课”建设多主体的主动性、积极性。

（一）高校党委完善顶层设计方案

高校党委要把握“大思政课”建设的正确方向，在现有思政教育体系的基础上加强和完善“大思政课”的顶层设计。

高校党委坚持社会主义办学方向，落实立德树人根本任务，充分彰显“把方向、管大局、做决策、保落实”的重要功能。在认真学习领会习近平总书记相关重要讲话和中央文件精神的基础上，高效解决好教育的根本问题。思政课是落实立德树人根本任务的关键课程，与其所在的马克思主义学院是重点建设学院，“马院姓马，在马言马”。这些思政课程、马克思主义理论专业及学科、学院要抓紧抓好抓强，发挥其全面贯彻党的教育方针的排头兵作用。其他课程、专业、学科、学院要与全校的思政课改革创新相协同，同向同行，共同提高人才培养质量，真正为党育人、为国育才，保证高校的社会主义办学方向。

高校党委全面领导“大思政课”建设。在把方向的基础上，管大局，做决策，保落实。着眼于全校大局，学校党委要对接好与高校驻地的地方党委共同谋划思政课改革创新大计。根据中央部委文件要求，第一，地方党委要落实“大思政课”建设主体责任，各级党委领导班子要求考核和政治巡视思政课建设情况。凡涉及思政课教学考试、学生培养、队伍建设、支撑保障乃至干部任用和公共资源使用等都是党委自身工作的基本职责。第二，加强对学校思政课教师队伍建设的支持力度。学校党委强化在研究成果评价、思政课教师来源和教师专业技术职务（职称）评聘等方面的职责任务。第三，强化党委对“大思政课”社会实践、评奖评优、理论宣传、对外合作等校内外两种资源的协调统筹，加快形成学校教育和社会教育相互融合的深度发展格局。第四，学校党委要大力推动创新习近平新时代中国特色社会主义思想、党的二十大精神等思想理论的“三进”工作，加强党的理论对思政课教育教学的思想引领，让学生听党话、跟党走、感党恩，为学生正确价值观的形成提供丰富的思想营养。

湖南第一师范学院是一所红色大学，有着“千年学府、百年师范”的美誉。学校顶层设计“红色一师”战略，将学校独特的红色资源利用好、红色传统发扬好、红色基因传承好。[①] 推出一批红色基因文库，打造红色学术名片；推出一批红色教材红色课程，打造校本思政课“金课”；推出一批红色故事，有机融入思政课教育教学；推出一批红色文化资源的课程思政教育教学改革项目，形成全校教师“人人讲思政”“个个育新人”的全新格局。针对师范院校的特点，学校党委开展了“大思政”育“大先生”的教学改革，统领学校思政课建设。学校党委以“三聚焦、三抓实”（“聚焦立德树人，抓实三全育人；聚焦一四战略，抓实担当作为；聚焦师生关

① 《习近平在视察南京军区机关时期强调贯彻全军政治工作会议精神扎实推进依法治军从严治军》，《人民日报》2014年12月16日。

切，抓实为民服务”）党建引领工程统领“双一流”建设，以一流专业、一流学科建设重点马克思主义学院助推“四个一师”建设。学校成立了“大思政课”建设领导小组，负责专业建设、学科建设、重点马克思主义学院的顶层设计、宏观布局、统筹协调、绩效评价、资源配置等重大事项决策。学校党委根据《教育部等十部门联合印发的全面推进“大思政课”建设的工作方案》和中央其他文件精神，制定《湖南第一师范学院关于全面推进“大思政课”建设的实施方案》，用好思政课课堂教学主渠道，将新时代的伟大实践、湖南红色文化资源等作为鲜活素材，开展思政课教学研究，创新创优课堂教学方法，优化教学评价体系，推动党的创新理论进课堂。学校党委落实马克思主义学院“第一学院”和思政课堂“第一课堂”地位，加大对马克思主义学院支持力度，拓展“大思政课”建设工作格局。学校将进一步加大经费投入、队伍建设等条件保障，推动“大思政课”建设取得实效。关于“大思政课”建设的主体，学校严格按照 1∶350 的师生比，配齐建强思想政治理论课专职教师队伍；学校领导带头推动“大思政课”建设，带头联系思政课教师；马克思主义学院党组织坚持“双带头人”制度，教研室坚持以党建统领思政课建设，党员教师模范带头。

（二）高校党委构建党政联动机制

落实高校党委“大思政课”建设责任制，要有全局观念、统一方式，统筹安排、顶层设计，既要抓好思政课主渠道的“小逻辑”，也要抓好思想政治工作的全员全过程全覆盖的“大逻辑”，构建高校“大思政”育人体系。

关于“领导体制”安排，那就是党委领导下的校长负责制，学校党委直接领导，支持校行政负责实施。分管校领导具体负责，并成立相应的领导机构，坚持把从严管理和科学治理结合起来，增强“四个意识”、坚定“四个自信”、做到“两个维护”。

关于“工作机制”要求，校党委（常委）会议、校长办公会每学期至少召开一次“大思政课”建设专题会议。建立学校党政主要负责人带头抓“大思政课”建设机制。党委书记、校长及分管思想政治理论课建设、教学、科研工作的校领导每学期至少听1课时思想政治理论课。把思想政治理论课建设作为学校重点课程建设，有条件的本科院校同时应把马克思主义理论学科作为重点学科建设，每年至少进行1次专项督查，将“大思政课”建设情况纳入领导班子考核和政治巡视。

（三）高校党委压实人财物联动责任

坚持学校党委“大思政课”责任制，党政齐抓共管，学校各部门各负其责、各司其职。学校宣传、人事、教务、研究生院（处）、财务、科研、学生处团委等党政部门和马克思主义学院，落实思想政治理论课教育教学、学科建设、人才培养、科研立项、社会实践、经费保障等各方面政策和措施。学校要明确规定党政部门的领导责任和具体分工。宣传部和教务处要善于宣传“大思政课”改革创新成果；人事处要负责思政课教师选配、师德师风、政治方向、培养培训、职务评聘、经济待遇、表彰评优、后备人才培养等具体内容；教务处、学生处、团委、科研处、组织部、财务处等其他一些部门为“大思政课”建设提供业务保障。

要有专门讲授思想政治理论课的教学单位。思想政治理论课教学单位负责人应当从事马克思主义理论的教学科研工作，符合基本要求。教学与基础设施与专业院系同等待遇，即与专业院系同等配备办公用房和教学设备、基本图书资料、国内外主要社会科学期刊、声像资料、教学课件以及办公设备等，满足教学及办公需要。

在此基础上，加强思想政治理论课教学科研机构（多数高校称之为马克思主义学院）和其他二级院系协同发展。高校“大思政课”建设主要包括思想政治理论课教育教学的主渠道和日常思想政治教育的主阵地。高校要加强各二级学院大学生的日常思想政治教育，通过公寓文化、社团活动、团学活动、班级活动、大学生创新创业项目、理论宣讲、“三下乡”实践活动等多种途径教育人，构建思想政治教育的“大思政”格局。

马克思主义学院与其他院系协同发展的重要方面是“思政课程”与“课程思政”相协同。“课程思政”不是一门特定的课程，需要教师在教学过程中要有意识地对学生进行思想政治教育，在其他学科的教学中融入思想政治教育元素，潜移默化地对学生产生影响。高校党委要积极推动“思政课程”和“课程思政”的结合，使其他学科的课程与思政课程同向而行。首先，高校党委要着力抓好思政课教育教学的主渠道作用，监督激励教师上好思政课。然后，要积极贯彻“课程思政”的理念，使它深深融入全体教师的心中。更重要的是，高校党委要积极地为两者的结合提供平台，通过组织教师研究各个学科所蕴含的思政课教学资源，鼓励他们自觉地将“思政元素”融入教育教学设计，并有效运用到培养方案设计、课程目标设置、教案设计的全过程，将各专业课程思政元素向思政课教学资源转化，将各学科的知识体系向思政课教育体系转化，从而推动“思政课程”与“课程思政”更好结合，打造思政“大课程”。

二　三支骨干力量联动

在“大思政课”建设中，除了压实高校党委主体责任外，需要特别强调的是，要发挥高校的校领导、二级机构党政领导、管理干部的领导和示范作用，高校党政管理干部是“大思政课”建设的管理骨干力量。同时，高校“大思政课”建设离不开高校思政课教师、学工队伍等重要主体。高校思政课教师是马克思主义理论学科的学者、专任教师，他们是“大思政课”建设的专业骨干力量；辅导员、班主任负责大学生日常思想政治教育，是“大思政课”建设的基础骨干力量。

（一）高校党政管理干部

高校党政管理干部肩负着组织、管理、协调学校各个学院部门，共同推动思想政治教育工作的重要职责。高校党政管理干部组织各学校单位创建“三全联动育人”、全要素联动育人、一体化育人格局，把思想政治教育全方位融入课程、科研、实践、文化、网络、心理、管理、服务、资助、组织各领域、各环节，进一步深化高校“大思政课”建设。2017 年中共中央、国务院印发的《关于加强和改进新形势下高校思想政治工作的意见》强调：坚持全员全过程全方位育人。把思想价值引领贯穿教育教学全过程和各环节，形成教书育人、科研育人、实践育人、管理育人、服务育人、文化育人、组织育人长效机制。[①] 同年，中共教育部党组织关于印发《高校思想政治工作质量提升工程实施纲要》的通知强调，为了大力提高高校思想政治工作的质量，详细规划如何提高课程育人、科研育人、实践育人、文化育人、网络育人、心理育人、管理育人、服务育人、资助育人、组织育人，促进“十大育人”相结合，共同促进思政教育在高校中发挥实效。[②] 高校有必要有效地建立一个“十”字形的教育体系，并在课程、研究、实践、文化、网络、心理、管理、服务、财政支持和组织等教育功能方面做出充分的贡献。这“十大教育体系”是一个有机的整体，是一个立体连贯的教育圈。

1. 高校党政管理干部组织协调推动全员全程全方位联动育人机制

2016 年 12 月，习近平在全国高校思想政治工作会议上强调：“要坚持把立德树人作为中心环节，把思想政治工作贯穿教育教学全过程，实现全程育人、全方位育人，努力开创我国高等教育事业

---

① 《中共中央国务院印发〈关于加强和改进新形势下高校思想政治工作的意见〉》，《人民日报》2017 年 2 月 28 日。

② 中共教育部党组织：《高校思想政治工作质量提升工程实施纲要》（教党〔2017〕62 号）。

发展新局面。”[①] 这为高校思政工作提供基本遵循。这个机制形成高校各个岗位的合力。坚持高校党委领导核心作用，加强三全育人管理。高校各个部门应当明确岗位育人职责，建立育人工作标准，实施奖惩制度。坚持教师是育人主体，坚定育人信念，提高思想素质、政治能力和理论水平。发挥辅导员的积极引导作用，要多跟学生联系，深入了解学生的所思所想，尊重个性，培养学生自我管理能力，引导学生发展，全力做好大学生的日常思想政治工作。培育后勤服务人员的育人能力，通过后勤服务培育学生。这就要求后勤人员要有育人意识，不断提高后勤服务人员的知识水平和育人能力。这个机制形成无缝连接的全过程育人。在学生的课余时间和周末，要加强校园文化建设，发挥校团委的统筹作用、学生社团的自主功能，通过丰富多彩的文化活动吸引学生、教育学生。寒暑假，教师要布置与思想政治教育相关的合理的社会实践作业，做到理论联系实际，检验理论学习和实践活动的成效。开学初教师严格把关，作为课程成绩或者综合测评的重要组成部分，与学生毕业和评奖评优紧密联系起来。毕业季，家长与学生关注毕业和就业，考虑更多的是未来。毕业季的思想政治工作可能成为空档期，这就要求高校在就业指导时融入思想政治教育内容，与招聘单位合作，把思想政治教育内容作为应聘的重要条件。这个机制形成高校为主、社会与家庭为辅的全方位育人。高校“大思政课”建设，高校要发挥主导作用。要发挥课程教学的渠道作用，加强思政课程与课程思政相结合，让大学生把所学理论应用到企业、农村、社区实践当中。要发挥校园文化润物细无声的教育作用，在打造独特校园文化的基础上，加强校风、学风和教风建设。湖南第一师范学院以“要做人

---

① 《习近平在全国高校思想政治工作会议上强调 把思想政治工作贯穿教育教学全过程 开创我国高等教育事业发展新局面》，《人民日报》2016 年 12 月 9 日。

民的先生，先做人民的学生”为校训，以“实事求是，不自以为是”为校风，以“传道济民、经世致用的文化传统，胸怀天下、敢为人先的革命传统，实事求是、立德树人的教育传统”为学校传统，起到了“兴我一师”“爱我一师”的思想政治教育效果。

2. 高校党政管理干部组织协调完善“十大”育人体系

教务处、各学院党政管理干部要组织发挥课程育人功能。课程育人的最终目的是实现习近平新时代中国特色社会主义思想进课堂、进教材、进头脑，以开发其他课程的思想政治教育意蕴，挖掘思想政治教育元素，与高校思想政治理论课一道，共同促进高校思想政治工作的进行。科研处、各个科研院所的党政管理干部要加强科研育人力度。科研的思想价值引领应该贯穿选题、立项、研究、成果运用全过程，把思想政治表现作为科研团队的底线要求。要将科研和思想政治教育紧密结合在一起，不只有人文社科重视思想政治教育，理科工科也将思想政治教育纳入日常科研的范围内，健全有中国特色的科研体系。校团委、教务处、各学院的党政管理干部要善于组织大学生开展实践活动，发挥实践育人作用。实践性是马克思主义哲学的显著特征，实践育人的重要性可以从两个方面来看，首先从高校角度来看，高校作为当前理论开发以及研究的前沿阵地，不能仅重视理论的作用，更应该将理论与实践结合起来。从学生的角度来看，实践是学生成长成才的内在需求，要促进学生德智体美劳的全面发展，实现个体和社会的和谐统一。学校党委宣传部、校团委、学生工作部、科研处、各学院的党政管理干部要善于营造高校文化氛围，发挥文化育人作用。“文化自信是最基本、最深沉，最持久的力量。”① 文化的力量是难以估量的，在教育方面也

① 习近平：《在庆祝中国共产党成立95周年大会上的讲话》，《人民日报》2016年7月2日。

具有潜移默化的作用。“戏剧进校园”“汉服活动”等推进中华民族优秀传统文化进校园的活动在各大高校中取得了较为突出的成绩。“红色舞台剧”“传承红色基因”等形式的革命文化、红色文化传承活动也在高校取得了不错的育人效果。推进高校文化育人的脚步不能停歇，不仅要使大学生在高校受到足够的艺术熏陶，更要逐步把高校打造成为地方“文化传播的中心”。湖南第一师范学院是毛泽东主席的母校，红色文化资源丰富，学校将千年湖湘文化传统、家国情怀的教育文化和奋斗不息的革命文化融入立德树人工作中去。宣传部、教务处、团委、学生工作部、现代技术中心、各学院的党政管理干部在网络阵地要善于引导学生，创新推动网络育人作用。随着互联网信息技术以及通信工具的不断发展，网络已经成为除学校以外极具影响力的教育途径，互联网将信息传播变得更加简便以及迅速，但与此同时，也让不良信息随着互联网的传播影响着网络使用者，培养正确的网络使用方式和风清气正的网络空间，有利于网络育人。学生工作部、团委、各学院的党政管理干部要大力促进心理育人。大学生心理健康问题逐步受到来自各方面的关注，将高校心理健康教育纳入了学校整体的教育教学计划中，各高校开展了针对学生的心理课程，配备了专业心理教师的心理咨询室以及每学期开展心理测试问卷等，在高校里营造了良好的心理氛围，推动提高全覆盖的心理育人质量。学校党政管理干部要切实强化管理育人。树立管理者管理育人的意识，促进管理事务渗透思想政治教育，最大限度从管理层面发挥教育作用。构建管理育人的质量体系，需要建立管理育人的队伍，形成管理育人的文化，丰富管理育人的途径。后勤处等部门以及各学院的党政管理干部要提高服务意识，发挥服务功能，将服务育人的意识贯穿于每项教育教学工作的始终，更有利于思想政治教育贴近学生的生活实际，配合高校思想政治理论课、学科思政以及高校德育工作共同达到育人效果。学生工作部、团委等部门以及各学院的党政管理干部要全面推进资助育人。在高校资助体系中，不应该简单将资助育人归为助学金的发放，而是要采取“资助＋思政”模式，利用资助实现育人成长的目的，不仅要关注贫困生的生活状况，更要关注其道德、心理方面的问题，并进行精准引导，培养一批有理想、有道德、有文化、有纪律的青年。团委、组织部、学生工作部等部门以及各学院党政管理干部要积极优化组织育人。高校的组织主要由党组织、团组织以及学生自治组织三大方面组成，[①] 不同的组织发挥不同作用。高校党政组织起着政治和思想引领的作用，将政治引领落实到高校各项活动中；团组织开展各项实践活动，积极与团员相联系，潜移默化对学生进行思想政治教育；学生会、学生社团等学生自治组织深入学生实际，了解学生兴趣，在开展学生活动的同时也起到凝聚团结引领学生的育人作用。三大组织形成合力，共同发挥高校组织育人的实效。

（二）高校思政课教师

百年大计，教育为本。教育大计，教师为本。[②] “国将兴，必贵师而重傅。”培养德才兼备的时代新人，必须加强思想政治教育，必然需要思政课教师队伍。“大思政课”建设，必须发挥思政课教师的骨干力量。新时代以来，党中央高度重视思政课、思政课教师队伍建设。习近平总书记关于思政课、思政课教师的相关论述，系统回答了为什么要加强思政课教师队伍建设、怎样加强思政课教师队伍建设、建设什么样的思政课教师队伍等一系列重大理论和实践问题，为新时代高校思政课教师队伍建设指明了方向。

高校思政课教学不仅涉及马克思主义理论学科知识，而且涉及

① 王娇、王仕民：《新时代高校组织育人刍议》，《学校党建与思想教育》2022年第17期。

② 习近平：《做党和人民满意的好老师：同北京师范大学师生代表座谈时的讲话》，人民出版社，2014，第13页。

相关的多学科背景，不仅涉及政治，而且涉及相关的经济、文化、社会、生态文明和党的建设等，体系庞大、内容丰富。这样的特殊性对教师综合素质要求很高。近年来，随着以中国为代表的众多新兴国家的群体性崛起，全球政治、经济和安全格局正在发生深刻调整，世界正在经历百年未有之大变局，特别是 2020 年新冠疫情全球大流行，进一步推动百年未有之大变局加速演进。

国际国内形势的深刻变化、“两个大局”的演变、社会主要矛盾的变化，党的二十大报告的新提法，客观上要求思政课教学内容与时俱进，才能提高思政课实效性。这就需要充分发挥思政课教师的积极性、主动性、创造性。事实上，党的十八大以来，围绕应该建成一支什么样的思政课教师队伍等关键性、根本性问题，习近平总书记已经做出了一系列具体明确而又内涵丰富的论述。2014 年教师节前夕，与北京师范大学师生座谈时，习近平总书记提出教师要做“四有”好老师。在 2016 年 12 月召开的全国高校思想政治工作会议上，习近平总书记提出，教师要坚持“四个相统一”。在 2018 年 9 月召开的全国教育大会上，习近平总书记强调“六个下功夫”，从这些方面教育引导学生。2019 年 3 月，习近平总书记在学校思想政治理论课教师座谈会上的讲话中，围绕思政课教师的素养问题，进一步明确要求思政课教师做到“六要”。这些也是对广大高校思政课教师的要求，习近平总书记的重要论述为建设一支高素质的高校思政课教师队伍提供了基本遵循。

（三）高校学工队伍

“大思政课”建设离不开高校辅导员，辅导员天天与学生在一起，与学生年龄差距小，联系最多，是开展大学生思想政治教育的基础力量、直接力量、骨干力量。在“大思政课”建设过程中，高校辅导员应当进一步明确自身角色，聚焦主责主业，做大学生思想政治教育的管理者；强化使命担当，做“大思政课”的教育者；整合多方资源，做“大思政课”建设的协同者，为新时代高校“大思政课”建设做出自己应有的贡献。

2017 年修订的《普通高等学校辅导员队伍建设规定》（教育部令第 43 号）明确了辅导员的主要工作职责，包含思想理论教育和价值引领、党团和班级建设、学风建设、学生日常事务管理、心理健康教育与咨询工作、网络思想政治教育、校园危机事件应对、职业规划与就业创业指导、理论和实践研究九个方面的内容。高校辅导员担任集价值引领、管理工作、服务工作于一体的角色。首先，要聚焦主责主业，做大学生思想政治教育的管理者、引领者。要遵循高校思想政治规律、教书育人规律和学生成长规律，在日常思想政治教育工作中，要学思想政治教育原理与方法、思想政治教育的文件、习近平关于思政课建设的论述、“大思政课”建设的论述，多学多想多总结，努力提高自身的理论水平。比如《关于加强和改进新形势下高校思想政治工作的意见》要求院领导联系师生制度。辅导员可以担任院领导与大学生的联系人，共同服务大学生的成长。

高校辅导员要强化使命担当，做“大思政课”的教育者。高校辅导员要运用好“形势与政策”课堂教学这一主渠道，坚持在改进中不断加强思想政治理论教育和价值引领。根据《教育部关于加强新时代高校“形势与政策”课建设的若干意见》要求，“形势与政策”课成为思政课，2022 年秋季学期开设“习近平新时代中国特色社会主义思想概论”，与原有思政课共同构成大学生本科阶段的思政课程体系。根据高校辅导员多为研究生学历、多数是哲学社会科学背景的特点，可以考虑主讲“形势与政策”课、“思想道德与法治”课、“习近平新时代中国特色社会主义思想概论”课。高校辅导员还可以发挥思政课教学与大学生日常思想政治教育的双重优势，构建思政课为第一课堂，大学生日常事务管理、心理健康教育、创新创业就业服务、班风学风建设、团建、党建、网络思想政治教育、校园危机事件应对为第二课堂的“大思政课”建设机制，推动大学生成长成才，促进辅导员与大学生之间的良性互动。

高校辅导员要整合多方资源，做"大思政课"建设的协同者。高校辅导员工作涉及面广，也为"大思政课"建设整合各种资源提供便利。比如联系学生家长，可以整合学校、家庭、社会的三方力量和资源，整合学校学生工作处、学生所在学院、涉及事项的相关部门的资源。当辅导员履行思想政治教育职能或者主讲思政课时，可打破马克思主义学院专任教师和辅导员（思政教师）之间的隔阂，加强思政课程一体化、规范化建设；贯通与大学生学习、生活、实践密切相关的职能部门之间的联系，促进高校内部联动，推进不同专业的专任教师、辅导员和相关职能部门工作人员统筹配合，同心同德、同心同行，共同建设"大思政课"，创新协同育人新局面。

三　校外主体力量联动

除了发挥校内"大思政课"师资，还要挖掘使用校外"大思政课"建设的主体力量。高校党委可以对接当地党委，发挥当地党委职能，联络校外人脉资源，共同建设高校"大思政课"，实现校内外思政工作者的联动。

（一）校外党政领导进校园

习近平强调，"各地区各部门负责同志要积极到学校去讲思政课"①。这就要求各级党委领导建设"大思政课"，各地区各部门的党政领导积极到高校去讲思政课。党政领导干部讲思政课，宣讲马克思主义、介绍国内外形势和时事政治、解读党和国家的方针政策，是中国共产党的优良传统和政治优势。毛泽东、邓小平、江泽民、胡锦涛、习近平党和国家领导人是讲思政课的典范。毛泽东从湖南第一师范学校毕业，做过教员。求学期间，毛泽东筹办工人夜学。1926～1927 年，

① 习近平：《用新时代中国特色社会主义思想铸魂育人 贯彻党的教育方针落实立德树人根本任务》，《人民日报》2019 年 3 月 19 日。

毛泽东在广州、武昌的农民运动讲习所主讲“中国农民问题”等课程。在井冈山给红军教导队讲解人民军队的宗旨和性质。在江西中央苏区，为马克思共产主义学校学员讲授“苏维埃运动史”课程。抗战时期，他经常到延安的高校讲课。据统计，仅从1938年3月至当年底的10个月中，毛泽东就为“抗大”等在延安的学校开学、期中、毕业讲话多达40余次。除此之外，毛泽东还在陕北公学讲过哲学，讲稿后来整理出来，就是我们所熟知的《实践论》和《矛盾论》两篇文章。习近平总书记高度重视思政课建设，对于广大思政课教师、所有教育工作者和在校学生而言，他主持学校思想政治理论课教师座谈会并在会上发表的重要讲话就是一堂生动、深刻而又精彩的“思政课”。高校要协同地方党政机关、相关部门，积极推动各级党政领导干部发挥各自优势，常去高校，当好学生引路人。

地方党政领导干部既是各地各部门的负责人，也是一支特殊的思政课教师队伍，要充分发挥自身独特优势，结合高校大学生的特点，把握好“度”，讲“活”思政课，让学生真心喜爱、终身受益。

1. 要有思想温度

思政课，顾名思义，就是思想政治理论课，要有思想性、政治性、理论性。教育的本质就是一个灵魂唤醒另一个灵魂，要让有信仰的人讲思政课。这要求地方党政领导干部厚植家国情怀、树立马克思主义信仰，对思政课投入真情实感，对传递的价值坚信不疑，用心用情讲好思政课，有效激发学生思想的律动、心灵的共鸣。要结合“00后”学生的年龄特点、心理需求，创新表达方式，把官方语言转化为教学语言，用“青言青语”把真善美的种子埋在学生的心田。“亲其师，则信其道；信其道，则循其步”。[①] 地方党政领

① 习近平：《做党和人民满意的好老师：同北京师范大学师生代表座谈时的讲话》，人民出版社，2014，第10页。

导干部要一身正气、刚直不阿，有独特亲和力和人格魅力，不但讲得好，而且做得好、行得正，把党和政府对思政课建设的重视、对学生成长的关心展示出来。要以进学校讲思政课为契机，把解决思想问题同解决实际问题、促进改革发展有机结合起来，加强调查研究，积极为学校和师生办实事、解难题，使思政课成为一次学生受教育、学校得实惠、地方党政领导干部办实事的“金课”。

2. 要把握政治高度

党政领导干部要站在培养堪当中华民族伟大复兴的时代新人的高度，讲授好“大思政课”，落实好为党育人、为国育才。地方党政领导干部实践经验丰富，具有不同于高校思政课教师的人生体验，要把理论宣讲与政策宣讲、实际工作、鲜活案例相结合，让学生感受到新时代的伟大成就、火热的生动实践和中国共产党的伟大光荣正确。要把思政课与党的二十大精神、习近平总书记系列重要讲话结合起来，推动新思想进教案、进课堂、进学生头脑，让学生深刻感悟中国化时代化的马克思主义行，体悟到强大的真理力量，并内化为爱党爱国爱社会主义的真挚情感，致力于实现中华民族复兴的伟大梦想。

3. 要有理论深度

新时代大学生的学习习惯和认知模式都发生了较大变化，传统的理论宣讲无法满足学生的学习需求。这就要求地方党政领导干部理论联系实际讲思政课，理论联系“四史”讲思政课，要运用马克思主义立场、观点、方法阐释现实生活中的重大理论和实际问题，创新思政课教学内容与方法，全面提升思政课实效性。要深刻把握大学生成长成才规律，遵循学生心理特点和接受习惯，结合学生学科专业特色，综合运用案例式、探究式、互动式、分众式教学等方式，优化课堂教学生态，把抽象的概念、高深的原理转化为平实质朴的语言、深入浅出的道理，真正把透彻的理论讲透彻，把鲜活的思想讲鲜活。要讲好"四史"特别是党史故事，充分挖掘和用好当地党史和红色资源，让课堂既"高大上"又"接地气"，引导学生深刻理解中国成功，归根结底是马克思主义行、中国化时代化的马克思主义行。要坚持因事而化、因时而进、因势而新，注重把新媒体新技术融入讲课之中，运用动画、声音、影像等让思政课活起来、火起来，不仅"有意义"更"有意思"。

4. 要把握格局广度

办好新时代高校"大思政课"，不仅仅是教育部门和学校的事，也是各级党委、政府和各部门的共同责任。地方党政领导干部讲思政课，既是对干部的理论水平的检验，也是对高校思政课教师的示范，对高校"大思政课"建设的支持。地方党政领导干部应当政治站位高、理论视野广，要做思政小课堂同社会大课堂结合起来的典范。党政领导干部熟悉社会大课堂，但不熟悉思政小课堂，不熟悉学校情况、学生思想。讲好思政课，党政领导干部首先要了解高校思政课、高校特点、"00后"大学生思想状况，要掌握高等教育规律、高校思政课育人规律、大学生成长成才规律。地方党政领导干部要系统构建与高校的常态化联系机制，要定期进学校、进班级、进宿舍、进食堂、进课堂、进网络，了解高校学习、生活、工作情况和大学生思想动态，主动与师生交朋友、常来往、多交心，做到与师生"面对面""心贴心"。由于党政领导干部和高校思政课教师存在区别，两者交流互动后，党政领导干部要向高校教师学理论学方法，高校教师要向党政领导干部要素材要经验。党政领导干部善用"大思政课"就要针对学生思想困惑，站在理论前沿，集体研讨备课，用好新媒体技术，打造思政课"金课"。同时，地方党政领导干部要把思政课建设作为党的建设和意识形态工作的标志性工程来抓，凝聚学校、家庭、社会协同育人合力。

（二）校外先锋模范进校园

推动“大思政课”建设，可以纳入校外先锋模范作为思政课教师。邀请为国家和人民做出突出贡献的新时代先进人物走进高校，拓展思政课教学队伍。邀请身边的教书育人楷模、思政课教师年度人物、高校辅导员年度人物、大学生年度人物来校宣讲他们的先进典型事迹。高校有名校友、在读学生家长、高校优秀应届毕业生均可服务于高校“大思政课”建设。

邀请为国家和人民做出突出贡献的榜样来高校主讲思政课，可以讲述他们成长成才的心路历程、实践过程，攻坚克难、敢于奋斗的精神，以鲜活的人物、事件为例告诉青年大学生其中蕴含的深刻道理，感悟人生价值。比如抗击新冠疫情涌现的“共和国勋章”获得者钟南山、获得“人民英雄”国家荣誉称号者张伯礼、张定宇、陈薇，抗击新冠疫情先进个人李兰娟等，他们“让党旗在抗疫一线高高飘扬”，冲锋在前，发挥着先锋模范带头作用，感染和激励着更多的医疗队员，他们在高校讲抗击新冠疫情故事就是生动的“大思政课”。教书育人楷模、思政课教师年度人物、高校辅导员年度人物、大学生年度人物都是来自学校的先进人物，对大学生比较熟悉，大学生对他们也是非常认同亲近，他们讲的教书育人的故事就是身边的专题“大思政课”，实现师生、生生之间关系的升华，凝聚起协同育人的力量。高校有名校友、在读学生家长、高校优秀应届毕业生都是与青年大学生关系密切的人，他们来讲思政课会让青年大学生感同身受。杰出校友讲思政课，回顾来时的路，对青年大学生的人生选择、专业学习、回报母校、报效祖国都有很好的示范作用。在读学生家长讲思政课，家长与孩子的故事对青年大学生再熟悉不过了，“他山之石可以攻玉”，借鉴和参考家长对子女教育的成功经验，有利于大学生更加清晰地认识青少年健康成长的重要性。高校优秀应届毕业生讲思政课，同龄人的困惑和破解、失误与教训、成功与经验，对在读青年大学生成长成才少走弯路，具有重要的启迪意义。

（三）校外专家学者进校园

推动“大思政课”建设，还可以纳入校外专家学者，让学生从不同领域的专家身上汲取人生智慧，厚植家国情怀，坚定新时代奋斗的信心。社科理论界名家、“两院”院士等专家学者进校园开展思想政治教育。高校主动邀请并充分发挥院士、国家哲学社会科学领军人才、文化名家暨“四个一批人才”“长江学者”“杰青”、国家级教学名师等示范带头作用。

社科理论界名家、“两院”院士等专家学者都是学富五车、坚韧不拔、艰苦奋斗的典范，为国家科技进步、文化繁荣做出突出贡献，他们讲思政课是弘扬科学家精神，深入推进爱国主义教育，对青年大学生有榜样示范价值。科学家怀着深厚的爱国情怀，凭借精湛的学术造诣、宽广的科学视野，为祖国和人民做出了许多重大贡献。青年大学生不仅要在个人学习工作中传承弘扬科学家静心笃志、戒骄戒躁的精神，更要勇于肩负起时代赋予的重任，把人生理想融入为实现中华民族伟大复兴的中国梦的奋斗中。

集中社会力量，完善思政课教师队伍结构。思政课教师队伍的主要力量是马克思主义学院思政课教师，辅助力量是高校党委书记校长、院系党政负责人、专业课骨干教师、辅导员、教学名师等，补充力量是校外人力资源，推动地方党政领导干部、企事业党委负责人、社会科学理论界专家、“两院”院士等专家学者、各方面英雄模范人物。邀请身边的教书育人楷模、思政课教师年度人物、高校辅导员年度人物、大学生年度人物来校宣讲他们的先进典型事迹。高校有名校友、在读学生家长、高校优秀应届毕业生均可服务于高校思政课建设。

按照《全面推进“大思政课”建设的工作方案》要求，构建大师资体系，实现大联动。概括起来，就是要在高校党委领导下，发挥高校党政管理干部、思政课教师、辅导员班主任三支骨干力量的作用，挖掘使用好地方党政领导干部、校外先锋模范、专家学者等主体力量，形成“大思政课”大建设的大联动队伍。

第二节 “大思政课”建设的空间联动

高校党委要对接地方党委，推动高校与社会、家庭共同建设好“大思政课”。办好中国的事情关键在党，党委要发挥总揽全局、协调各方的领导核心作用，政府部门组织执行并力推“大思政课”建设，要发挥社会大舞台、学校主阵地、家庭基础性作用。

社会是人生大舞台，高校大学生通过社区、农村、企业等活动空间，丰富阅历，淬炼人生，锤炼品格。高校大学生通过参与抗击新冠疫情、脱贫攻坚、反对腐败、百年党史教育等社会活动，培育和践行社会主义核心价值观，发挥大学校园不一样的教育功效。因此，由社区、农村、企业等活动空间组成的社会空间具有培养人才各种思想政治教育功能。

家庭是社会的基本细胞，是人生的第一所学校，是人身体的住处，更是心灵的港湾。父母是人生的第一任老师。原生家庭、家庭成员之间的互动交流对高校大学生思想观念的形成和发展产生重要影响。家长作为家庭的主导者，要持续跟进子女在大学阶段的成长情况，了解子女在校思想动态，及时与高校取得联系。同时要善于学习与子女沟通，不断提高水平，遇到教育子女的难题，及时向拥有思想政治教育、心理学、教育学等专长的人士寻求帮助。家长要言传身教，以身作则，营造和谐家庭，塑造优良家风，打造独特家教方式，引导子女“扣好人生第一粒扣子”。[①] 子女在校期间，可以利用现代通信设备，视频交流，就学校发生的事情分析探讨，因

① 习近平：《思政课是落实立德树人根本任务的关键课程》，人民出版社，2020。

势利导，让孩子自己得出结论。寒暑假期间，朝夕相处，根据人的全面发展的需要，适当安排家务、学业、健体等方面的任务。家长要引导孩子弘扬家庭美德，涵养家国情怀，让良好的家教家风成为孩子思想发展的“营养剂”。因此，家庭这个空间同样具有思想政治教育的功能，应为高校培养人才提供良好家庭环境。“国有千万家”“有国才有家”。在家庭开展思想政治教育，有利于子女的成长成才、社会和谐稳定、民族平等团结、国家繁荣富强。

空间大联动，主要是促进高校、社会、家庭等高校大学生活动的有形空间的大联动，就是推动校社空间联动、校地空间联动、校企空间联动、家校空间联动，落实高校“大思政课”全员、全程、全方位育人机制。

一 推动高校与社区联动

社区空间大联动是指高校与社区空间的联动，具体是社区与青年大学生思想政治教育的互动。在社区，通过志愿服务等形式，培养青年大学生思想道德素质。在高校，选择专业对口的大学生精准对接社区服务，做到学校小课堂与社会大课堂的有机统一。社会在城市表现为有形的街道社区或者无形的临时的社区或者虚拟的社区。社区是群众聚居地的有形空间，搞好社区思想政治教育有利于提高居民素质、构建和谐社区。青年大学生参与社区事务，不但为社区发展贡献微薄力量，而且助推大学生健康成长。

（一）大学生社区志愿服务的育人功能

“大思政课”要求找好学校小课堂与社会大课堂相结合的契合点，在社会实践中挖掘思政元素，提升思政课理论课堂的针对性和吸引力。大学生通过社区志愿服务实现实践育人。第一，社区志愿服务有利于大学生形成正确的世界观、人生观、价值观。青少年是人生世界观、人生观、价值观形成的关键阶段，大学生一直在学校接受理论教育，通过志愿服务的窗口接触社会，走向实践，将学校小课堂与社会大课堂有效对接，在社区服务中运用好理论，在学习理论中服务社区，有利于培养大学生实事求是、服务基层、敢于担当的正确价值观念。第二，社区志愿服务有利于大学生提升思想道德修养。“纸上得来终觉浅”，社区志愿服务的实践活动，使理论学习得来的思想道德修养得到实践锤炼，从而进一步深化理解理论内容，使得理论学习与实践服务有机统一，有利于培养“敬业”“奉献”的良好品质，自觉践行社会主义核心价值观。第三，社区志愿服务有利于大学生现代化发展。以中国式现代化全面推进中华民族伟大复兴，在此过程中，城市社区走在前列、干在实处。城市社区承载着历史、现实和未来的时空变迁和发展图景，大学生通过志愿服务亲身参与城市社区的现代化实践，有利于激发爱国之情、强国之志和报国之行三者互相促进，有利于推动大学生按照中国式现代化的要求去完善自我，鞭策进步，全面发展。

（二）大学生社区志愿服务面临的困境

为了立德树人，锻炼学生，高校与社区合作取得一定成绩，但存在不足，主要表现在以下四个方面。第一，高校与社区的联动不足。高校组织大学生志愿服务，在开展活动前，少有调研社区需求，存在形式化特点。这主要表现是高校不了解社区的真实急迫的需要，大学生志愿者服从志愿服务组织方安排，没有与志愿服务的社区对象沟通交流，没有经过必需的培训和指导，志愿服务没有针对性和高阶性；同时社区对大学生提供的志愿服务也不是很重视，他们将大学生志愿服务者当作普通的社区工作者，彼此缺乏互动交流，阻碍大学生志愿服务机制的形成，严重削弱大学生志愿服务效果。第二，理论与实践结合不够。“大思政课”要求知行统一，理论与实践相结合。志愿服务如果能实现两者统一，必能实现实践育人的目标。但事实上，大学生在志愿服务过程中，理论与实践结合不够。这主要表现是部分大学生对社区志愿服务的理论认知停留在体力劳动层面，对社会的基本认知相对匮乏，存在社区志愿服务活动过程社会经验不足、实践能力不强、创新能力不够，沟通协调不到位等问题。理论与实践一定程度的脱节影响大学生志愿服务的持续热情，弱化大学生社区志愿服务的成效。第三，社会保障不完善。我国志愿服务起步较晚，社会保障机制不完善。这主要表现在志愿服务经费不充足，大学生志愿服务经费依赖高校团委经费、地方政府部门项目经费以及部分爱心企业家的捐赠；按照全面依法治国的要求，虽然有志愿服务的相关条例，志愿服务的相关法律法规还不健全；大学生志愿服务的顶层设计不足，关于大学生志愿服务的运行机制、激励机制、评价机制等体系建设不完善；志愿服务社会认可度不高，志愿服务对象对大学生志愿者及其提供的志愿服务反应一般，志愿服务经历对大学生就业择业也不起作用，社会对大学生志愿服务的认同度不高。第四，育人效果欠佳。由于政府和高校对志愿服务的重视程度不够高，志愿服务的育人效果有待加强。这主要表现在高校对大学生志愿服务重点强调大学生志愿服务的安全，不注重志愿服务的专业性、精准性、发展性等高阶性特质，大学生志愿者参与活动考虑综合测评分数，停留于活动表面，蜻蜓点水，无法深入。大学生志愿服务前，缺失专门的培训，或者志愿服务项目与大学生所学专业不一致，志愿服务出现不专业、不规范现象。志愿服务的思想指导不够或者不得力，是因为志愿服务活动由学校团委、学工部监管，通常是兼职人员“审批式”服务，没有专业人员全程跟进志愿服务。

（三）大学生社区志愿服务优化路径

针对志愿服务上述四大困境，拟从以下四个方面去解决。第一，搭建平台，推动高校与社区的联动。运用“互联网＋”的信息技术，搭建志愿服务网络平台，提供信息交流渠道，推动高校教师、大学生志愿者、社区服务对象、社会资源的有效衔接。高校要建设志愿服务基地、见习研习实习基地，探索高校与社区的长期合作模式，在基地建设过程中，推进高校与社区的合作，挖掘社区思政资源，发挥社区志愿服务实践育人功能。高校要建立志愿服务网络信息平台，匹配双方需求，优势互补，形成“高校－社区”双向互动的“大思政课”格局。由于高校与社区长期合作与实践互动，大学生可结合自身特长与优势，捕捉与时代需要相关的联结点，开展特色品牌活动，志愿服务品牌形成后，就会产生良好的社会效应，推动高校和社区间的有效联动。第二，激活潜能，推动高校理论课堂与社会实践课堂联动。培育和践行志愿服务精神是思政课的重要教学内容和教学目标，为解决大学生社区志愿服务实践与思政课关于志愿服务理论教学相脱节的问题，需要激活“大思政课”潜能，在高校思政课堂上讲深讲透讲活志愿服务理论的基础上，守正创新，将课堂所学运用到社会大舞台，推动理论课堂教学成果指导社区志愿服务实践，社区志愿服务经验上升到社会志愿服务理论。具体操作上，高校理论课堂要善于设计志愿服务学理性较强的专题，引进影响力较强的志愿服务品牌；社会实践课堂，应结合社区需要，开设适用于社区志愿服务的实践课程，并将该课程纳入本科人才培养方案之中，与学位相联系，计有学分，使实践课程教育教学规范化。遵循高等教育规律、人才培养规律和志愿服务实践规律，高校理论课堂与社会实践课堂的协同联动，必将有益于大学生志愿服务水平螺旋式上升，必将有利于大学生弘扬志愿精神，必将有助于大学生成人成长成才。第三，提供保障，推动制度建设与志愿服务有效联动。党的二十大报告强调，完善志愿服务制度和工作体系。优化大学生社会志愿服务，同样需要加强相关制度与体制机制建设，为“大思政课”建设提供坚强保障。一是志愿服务经费保障机制建设。高校团委及各个学院要有专项经费启动志愿服务，高校要与地方党委政府协调联动，引导企事业单位为大学生社区志愿服务捐助经费，可以投资高校公益性创新创业项目，收购大学生社区志愿服务项目，拓宽社会融资渠道。二是志愿服务法律保障机制建设。用好全国普适性的法律法规，加强保障志愿者权益，明确志愿服务工作者准入机制和志愿服务通行标准，总结推介地方志愿服务立法、执法经验。要合理规避大学生在社区志愿服务时可能发生的各类风险，完善社会保险相关规定。三是志愿服务培训与考核机制建设。对于首次开展志愿服务的大学生要进行岗前业务培训和政治学习，在志愿服务过程中，高校要在大学生中发现、塑造、树立典型，通过评优评先，传播正能量，形成志愿服务激励机制，激发志愿服务热忱，营造积极育人环境。第四，强化理念，推动高校思政育人与社区志愿服务育人联动。高校要践行“大思政课”理念，重点解决新时代高校大学生志愿服务育人功能发挥的问题。一是发挥思政育人功能。贯彻落实党的二十大精神，要求完善社会治理体系，以社会治理现代化夯实“中国之治”的基石。高校要加强大学生志愿精神的教育引导，提升大学生思想觉悟，在社区志愿服务中弘扬志愿精神，涵养为民服务的情怀，坚定理想信念。二是发挥基层党建引领功能。高校“大思政课”建设要发挥大学生党组织战斗堡垒作用和大学生党员的先锋模范作用，推动社区党委和大学生党支部资源优化整合，活动同开展，信息互通用，平台共建设，发挥基层党建联动效能。三是发挥指导教师教育功能。“办好思想政治理论课关键在教师，关键在发挥教师的积极性、主动性、创造性。”[①] 大学生在高校教师指导下成长，大学生参加社区志愿服务同样离不开教师的指导，教师要根据社区志愿服务的需要，既要加

① 习近平：《思政课是落实立德树人根本任务的关键课程》，人民出版社，2020，第10页。

强志愿服务的一般教育，又要加强具体的精准教育；既要采用多种教学方式加强志愿服务的理论教育，又要在社区志愿服务过程中指导大学生提升实践能力，在理论学习中增进志愿服务认同，在实践锻炼中升华志愿服务思想。

（四）大学生社区志愿服务案例探究

高校组织青年大学生参加诸如志愿服务的社区实践活动，让学生在实践活动中学习理论，运用理论，进而巩固理论学习效果、健全人格，最终实现自己的成长发展。依循高校“大思政课”建设的基本思路，由马克思主义学院牵头，与校团委、学工处、学生所在学院等部门合作，确定实践主题，带领青年大学生走进社区。比如，关爱孤老的实践主题，义务照顾、陪伴孤寡老人，给他们送去欢乐。学医的大学生可以义诊，给患病的老人送去健康。创业的成果与老人分享，给他们送去温暖和快乐。比如志愿服务社区的实践主题，不同专业学生利用不同专业特长为社区居民提供个性化服务，法律专业学生可以开展法律援助服务，计算机专业学生可以排除计算机软硬件故障。比如参观社区纪念馆实践主题，湖南第一师范学院组织学生参观学校附近的雷锋纪念馆，向中国好人雷锋同志学习；参观新民学会旧址，传承红色基因，弘扬伟大建党精神。

特别值得一提的是，2020 年，新冠疫情突发，党带领全国各族人民众志成城，不惧艰险，坚持人民至上、生命至上，坚决打赢疫情防控战。青年大学生可以在导师的指导下，讲好社区抗疫故事，与新时代同频共振，砥砺奋斗精神。对于教育社区居民与大学生自我教育都有极大的激励鼓舞作用。要讲好中国人民尤其是中国共产党员的抗疫故事。疫情发生后，党中央第一时间做出应急反应，以习近平同志为核心的党中央高度重视，做出战略部署，并对各级党员干部提出明确要求，党员冲锋在前，抗疫前线党旗飘飘。

据统计，全国400余万名社区工作者奋战在65万个城乡社区的疫情前线，平均6个社区工作者守护一个社区，工作危险而繁重。同时，这场疫情阻击战彰显了我国基层群众自治制度的力量，彰显了中国特色社会主义制度的独特优势。在同严重疫情的殊死较量中，中国人民和中华民族以敢于斗争、敢于胜利的大无畏气概，铸就了生命至上、举国同心、舍生忘死、尊重科学、命运与共的伟大抗疫精神。这种精神还体现在“宅”在家中的广大人民群众身上，大家高度自觉、坚忍不拔，有大局意识，这种精神构成民族精神的重要组成部分。大学生认识到，个人价值的实现与国家民族的命运紧密相连，应该把火热青春融入民族复兴的洪流中，爱国之情油然而生，初心使命勇于担当。通过抗疫故事，大学生应该认识到要崇尚科学，树立健康理念，常怀忧患意识。大学求学期间，应该追求真理，践行“知识就是力量”理念，不负韶华，砥砺奋斗，做优秀大学生，将来更好地为祖国和人民服务。

青年大学生与社区空间互动的同时，作为高校，应当注意学生专业与社区实践的结合，选择相应的专业参与相应的社区实践，既有利于思政课程与课程思政有机结合，又利于发挥学生特长，充分调动学生参与的积极性。应当注意思政课理论教学与社区实践模块的统一，将课堂所学运用到社区所需，在实践中学，学以致用，提升青年大学生发现问题、解决问题的能力。应当建立“大思政课”建设的社区实践的保障机制，一是领导机制和工作机制，保证政令畅通，活动顺利开展；二是保证生均实践经费。应当注意考核评价机制，必须包含实践活动的考核内容。应当建章立制，有专门的实践学分，使得社区实践活动规范化。

总之，青年大学生参与城市社区活动，了解了社情民意、人间烟火，懂得了如何与居民打交道，理解了群众利益无小事。这些感性认识，经过老师点拨，发展成理性认识，就能提高大学生的理论水平。

二　推动高校与乡村联动

中国传统上是农业大国，农村大有可为。高校“大思政课”建设离不开广大农村这个大平台。农村空间联动就是青年大学生思想政治教育与农村广阔天地的联系与互动。农村空间存在的脱贫攻坚、富民政策、乡风文明、乡村振兴等各方面建设及其取得的伟大成就对高校大学生形成正确的世界观、人生观、价值观产生重要影响。大学生利用假期调研农村、做农村公益、支边支教等各种社会实践活动丰富了“大思政课”建设内容。其中暑期“三下乡”活动、新时代文明实践中心活动是高校在农村空间开展“大思政课”建设的重要抓手，青年大学生通过丰富多彩的农村实践活动，密切接触社会，开阔视野，潜移默化，增长见识，锻炼能力。

（一）大学生“三下乡”推动高校与乡村空间联动

大学生“三下乡”活动是指文化、科技、卫生“三下乡”活动。团中央会同中宣部等部委自 1997 年开始开展大中专学生志愿者暑期文化科技卫生“三下乡”社会实践活动。从 2000 年开始，新增深化性子项目：百支博士团“三下乡”志愿服务行动。比如 2022 年全国开展“三下乡”社会实践活动，就是高校指导青年大学生与现实相结合建设“大思政课”，在社会课堂中“受教育、长才干、作贡献”，坚定听党话、跟党走信念，迎接党的二十大胜利召开。组建理论普及宣讲团、党史学习教育团、乡村振兴促进团、发展成就观察团、民族团结实践团等团队，开展专项活动，全国层面主要包括：组织青年学生重走习近平总书记的考察路线，在习近平总书记考察过的乡村实地调研学习，深入全国各地新时代文明实践中心（所、站），围绕健康中国战略开展实践活动；面向老少边穷地区开展精准关爱志愿服务，进乡村开展惠民展演等文体活动，开展宣传推广“中国双奥之城”等主题体育文化活动；开展环境治理等实践活动。2022 年 7 月，湖南第一师范学院马克思主义学院暑期“三下乡”理论普及宣讲团师生共计 34 人，前往长沙宁乡市黄材镇开展为期 13 天的社会实践活动，该团荣获“全国重点团队”称号。本次实践活动形式丰富多样，围绕乡村教育、乡村发展、乡村建设、乡村治理、农民共同富裕等内容，开展红色课程、普及科学理论、宣讲形势政策、推广普通话等活动，力求为促进“三下乡”实践提质扩面，推动当地乡村振兴建设向纵深发展。理论普及宣讲团主要宣讲习近平新时代中国特色社会主义思想、民法典、养老防诈骗、禁毒知识等。该宣讲团自制理论普及手册和折页等宣传材料，采用线上、线下相结合的方式进行宣传、普及，以期获得更佳成效。宣讲团调研组同学深入实地，前往镇政府、养老院，走进各街道居民家中进行宣传册分发与讲解。

以 2022 年 7 月 13 日黄材镇中心小学宣讲为例，理论普及宣讲团的宣讲活动主要分为红色故事品读、党史故事宣讲以及理论普及艺术化宣讲三部分内容，运用丰富多彩的艺术化形式加以呈现，宣讲内容充实紧凑，现场反响热烈。“红色故事品读”部分由马克思主义学院润之师生宣讲团成员分享《藏在衣柜里的父子情》与《一封托孤信》。通过讲述毛主席珍藏的对儿子毛岸英的追思之情和杨开慧作为一名共产党员舍小家、为大家的深情大爱彰显我党的政治本色，以实际行动传承红色基因，赓续红色血脉。故事娓娓道来，在场观众不禁潸然泪下。“党史故事宣讲”与“理论普及艺术化宣讲”两部分内容则是在将理论思想凝练在《何叔衡》和《垃圾分享汇》两个节目之中，是全党、全国人民共建美丽中国、文化中国生动实践的现实缩影。最后，一师马院的“星火”推普队带来《青春中国》朗诵节目作为压轴节目，秉承为祖国、为人民的赤子之心，将爱国理念融入普通话课堂，与黄材镇中心小学的学生们一起为祖国献上一首爱的诗篇，将本次宣讲活动推到又一高潮。活动结束后，在场领导嘉宾与观众对于本次活动给予高度评价，小朋友们热情高涨，纷纷表示收获良多，现场的学生家长认为：“宣讲很精彩，小老师和学生们配合默契。宣讲团准备理论政策汇编手册很实用，生动易懂，准备带回家继续学习。”与会的一师校友也感慨“宣讲节目极富感染力和号召力，一师学生的素质颇高，学校红色教育工作做得非常好。”宣讲团成员们对取得的圆满成功自己深受教育，深受鼓舞。宣讲团还在“一师马院”官方抖音号开启同步直播，沿途宣传宁乡市黄材镇乡村秀美风光，为广大网友展现黄材水库景致，激发当地旅游业等第三产业发展潜能，增强理论普及宣传的感染力与影响力。

（二）新时代文明实践中心推动高校与乡村空间联动

党中央做出了建设新时代文明实践中心的战略部署，2018 年，中共中央办公厅印发《关于建设新时代文明实践中心试点工作的指导意见》在 50 个县（市、区）开展试点工作。以全县域为整体，以县、乡镇、村三级为单元，成立新时代文明实践中心、所、站，通过实践建设社会文明，旨在传播科学理论、宣传党的大政方针、培育和践行主流价值观、丰富活跃文化生活、弘扬时代新风尚，打通宣传群众、教育群众、关心群众、服务群众的“最后一公里”，最终“推动形成适应新时代要求的思想观念、精神面貌、文明风尚、行为规范”[①]。现在江西、甘肃、河北、北京、内蒙古等各地的高校纷纷成立“高校新时代文明实践中心”并将其作为高校师生的社会实践基地，不断拓宽“大思政课”实践育人渠道，创新“大思政课”建设模式。高校具有人才队伍、文化阵地等资源优势，参与新时代文明实践中心活动，解决群众急难愁盼问题，与群众的互

---

① 习近平：《在教育文化卫生体育领域专家代表座谈会上的讲话》，《人民日报》2020 年 9 月 23 日。

动中，农民群众获得文化熏陶、精神滋养，统一到习近平新时代中国特色社会主义思想上来，凝聚起乡村振兴的磅礴力量。高校要按照中共中央《关于拓展新时代文明实践中心建设的意见》等要求，把“新时代文明实践中心”作为高校“大思政课”建设的坚强阵地，通过不同主题教育活动服务人民群众，实现教书育人和服务社会相统一。

高校在摸清所在区域农村基层新时代文明实践中心（所、站）是“大思政课”建设的阵地资源和活动资源的基础上，发挥高校的特色优势，对接对标对表，打造理论宣讲平台、文化服务平台、教育服务平台等，精准服务基层，实现高校与新时代文明实践中心功能充分发挥，并协同运行、相互赋能。同时，要把新时代文明实践中心建设融入高校“大思政课”建设之中，这就要求打破校内外场域限制，把高校“大思政课”建设搬到新时代文明实践中心去，通过高校力量，助力新时代文明实践中心建设，进而推动乡村振兴战略；通过新时代文明实践中心阵地，为高校“大思政课”建设拓展发展空间，有利于大学生了解国情，有利于培养时代新人。一方面，强化高校立德树人职能，在校内所有资源权属不变的情况下，根据新时代文明实践中心的定位，顺应基层群众的呼声，贯彻落实共享发展理念，切实提高学校思政资源的综合使用效益，实现思政工作体质增效。另一方面，拓展新时代文明实践中心功能，充分发挥文明实践活动作用，更好服务高校“大思政课”建设。2021 年，我国摆脱绝对贫困，实现了全面小康，完成第一个百年奋斗目标。脱贫攻坚后的重大战略是乡村振兴，面对县域的新时代文明实践中心建设要与时俱进，贯彻落实党的二十大精神，进一步拓展功能，要由学习实践科学理论向凝聚力量、由引领乡风文明向培育时代新人、由“送文化”向“种文化”、由服务脱贫攻坚向乡村振兴、由解决思想问题向基层治理的功能拓展。围绕“大思政课”建设，高校师生在新时代文明实践中心的活动与服务，充分彰显新时代文明实践中心原有的思政功能，进一步彰显拓展的功能。在发挥新时代文明实践中心功能过程中，实现高校与新时代文明实践中心的空间联动，推动高校“大思政课”建设。

（三）乡村振兴战略推动高校与农村空间联动

党的二十大报告提出“加快建设农业强国，扎实推动乡村产业、人才、文化、生态、组织振兴”①。在乡村产业、人才、文化、生态、组织五个方面振兴的伟大过程中，离不开高校思政课改革创新和“三农”人才培养。对接乡村振兴，讲好“大思政课”，培养知农爱农新型人才，是高校贯彻落实党的二十大精神、推动中国式现代化的重要举措。

1. 对接乡村振兴推动高校思政课改革创新

高校党委要对接乡村振兴战略，深入思考高校思政课改革创新“改革什么、如何创新”，积极探索思政课之“红”与乡村振兴之“绿”深度融合的“大思政课”，为培养热爱“三农”的复合型人才指引正确方向。高校党委不但要带头在学校讲思政课，而且要到田间地头讲授乡村振兴“大思政课”；全体思政课教师不但要讲好习近平总书记关于乡村振兴的重要论述等内容，而且要讲好习近平新时代中国特色社会主义思想在脱贫攻坚、乡村振兴中的生动实践，全面提升思政课教学效果和质量。

2. 建好乡村振兴“大课堂”

2022 年 8 月，教育部等十部门联合印发《全面推进“大思政课”建设的工作方案》，强调全面推进“大思政课”建设，要建设“大课堂”、搭建“大平台”、建好“大师资”。坚持新时代“大思政

---

① 习近平：《高举中国特色社会主义伟大旗帜 为全面建设社会主义现代化国家而团结奋斗——在中国共产党第二十次全国代表大会上的报告（2022 年 10 月 16 日）》，人民出版社，2022，第 31 页。

课”建设的要求与高校人才培养紧密结合，在广大师生服务乡村振兴的生动实践中，开好讲好“大思政课”乡村振兴篇，培养能担当乡村振兴使命、可堪民族复兴大任的时代新人。“大思政课”不局限于空间拓展与延伸，尤其是思政小课堂与社会大课堂的衔接与融合。“全面建设社会主义现代化国家，最艰巨最繁重的任务仍然在农村。”[①] 理解“三农”，才能理解中国共产党的初心使命、国家的历史担当。把建好用好乡村振兴思政课“大课堂”作为人才培养的重要抓手，一方面建好乡村振兴思政课实践教学“大课堂”，组织学生走进乡村振兴现场开展实习实践，培养“三农”情怀，培育创新意识，提高实践能力，一方面通过“互联网＋”大学生创新创业大赛解决乡村振兴中“卡脖子”技术项目难题，另一方面抓住时间节点，讲好“开学第一课”“毕业最后一课”“就业大思政课”。

3. 搭建乡村振兴“大平台”

要用好综合大学农业学科，尤其是发挥农业院校优势，建好用好乡村振兴“大平台”服务乡村振兴“大思政课”。加强校地、校企、校院协同，通过建设教授工作站、博士农场、科技小院、大学科技园、人才培养基地，打造行走着的乡村振兴“大平台”，以此为依托组织大学生与“三农”零距离接触，推进乡村振兴“大平台”与社会实践“大课堂”协同育人。建好乡村振兴“大师资”。一方面，高校领导干部带头、专家教授坚守、广大青年教师奔赴“田间地头”；另一方面，高校聘请农业领域领导干部、企业家、专家学者、杰出校友代表以及乡村“大户”“能手”走进校园讲授“大思政课”；在此基础上，高校与乡村的党组织联合开展乡村振兴相关活动，双向奔赴，共同建设乡村振兴“大思政课”。

---

① 习近平：《高举中国特色社会主义伟大旗帜 为全面建设社会主义现代化国家而团结奋斗——在中国共产党第二十次全国代表大会上的报告（2022年10月16日）》，人民出版社，2022，第30～31页。

党的二十大报告指出，“教育、科技、人才是全面建设社会主义现代化国家的基础性、战略性支撑”①。高校构建产教融合、校企协同育人模式，发挥高等教育、科技发展、人才培养三方面的优势，讲好乡村振兴“大思政课”，努力培养知农爱农新型人才。

三 推动高校与企业联动

经济发展主要靠企业，大学生到企业见习实习，参与、调研国家经济发展，在企业空间的观察、体验，同样有利于综合素质的提高。企业文化与企业思想政治教育密切相关，在企业空间，大学生深受企业文化影响，接受企业思想政治教育，推动企业空间与高校空间的思想政治教育同向同行。

（一）企业空间“大思政课”建设推动高校大学生成长

大学生通过调研、见习、实习，将来就业，来到企业空间。从高校“大思政课”建设角度看，企业空间思想政治教育有如下主要内容。在企业空间，大学生首先感受到企业文化，尤其是企业家精神、创新精神。接受企业文化的熏陶，与大学生接受企业思想政治教育异曲同工。高校侧重大学生的专业技能培养，忽视了综合素质要求。综合素质包含企业需要的企业家精神、制度意识、合作态度、工匠精神、时间观念、成本意识等。习近平总书记在党的二十大报告中指出，要“完善中国特色现代企业制度，弘扬企业家精神，加快建设世界一流企业”②。用户至上，自信自立；胸怀天下，

① 习近平：《高举中国特色社会主义伟大旗帜 为全面建设社会主义现代化国家而团结奋斗——在中国共产党第二十次全国代表大会上的报告（2022 年 10 月 16 日）》，人民出版社，2022，第 33 页。

② 习近平：《高举中国特色社会主义伟大旗帜 为全面建设社会主义现代化国家而团结奋斗——在中国共产党第二十次全国代表大会上的报告（2022 年 10 月 16 日）》，人民出版社，2022，第 29 页。

有系统观念；问题导向，守正创新等是企业家精神的体现。新时代的企业家精神应该是学习型、应变型、担当型、能实现中国式现代化的企业家精神。大学生走进现代企业，核心就是感受企业文化中的企业家精神，这正是高校“大思政课”建设在企业空间的重要内容。

在企业工作的大学生接受企业的思想政治教育，从调研、见习、实习等实际情况来看，一是在搞清楚企业思想政治教育的职责任务、进入企业的大学生需求、大学生日常生活区、工作区和交往圈环境的基础上，建立健全思想政治教育方案体系；二是加强企业领导、思想政治教育工作者和调研、见习、实习大学生等参与者之间的互动能力，加强信息平台、信息化人才等信息化能力、思想政治教育工作者能力建设和储备；三是根据思想政治教育方案、主客观条件对教育资源进行定位，根据思想政治教育任务特点和大学生需求合理配置教育资源；四是优化完善激励机制、监督评估机制、常态化教育机制。就业是民生之本，企业的核心竞争力是人才。从未来进入企业工作来看，以培养人才为第一要务的高校，“大思政课”建设要避免与大学生职业发展脱节的弊端，一是加强创新创业训练。创新创业教育是适应社会对人才的具体要求，也是高校思想政治教育的培养目标，两者是一致的。这就要求训练创新思维，创新就业观念，提升创业能力。二是要具备去企业就业的素质，包括脚踏实地与积极上进相结合、诚实正直与忠于职守相统一、原则性与灵活性相统一、个体主动性与团队协作性相结合、深厚理论与扎实技能相统一等综合素质。

推动企业空间与高校空间联动，不仅要求大学生置身于企业空间接受企业思想政治教育，而且要把企业文化，尤其是企业家精神通过高校教学、科研、管理、校园文化等渠道送到高校去，真正实现高校“大思政课”育人目标。

（二）企业空间“大思政课”建设需要与高校互动

思想政治工作是经济工作和其他一切工作的生命线，企业发展离不开思想政治工作。习近平总书记在全国国有企业党的建设工作会议上强调，要把思想政治工作作为企业党组织一项经常性、基础性工作来抓。[①] 企业要创新思想政治工作，构建适应新时代发展要求的“大思政课”体系，才能把党的政治优势和组织优势转化为企业发展优势。我国企业历来重视思想政治工作，党的十八大以来，企业的各级党组织切实做好思想政治工作，但是新时代新挑战，推动高校与企业联动，高校为企业把脉问诊，审时度势，提供思路，助力新时代企业“大思政课”建设。

企业的“大思政课”建设遭遇的困境需要破解。一是“大思政课”建设内容更新不及时的问题。主要原因是互联网的发展，企业员工获得信息渠道多、速度快。同时，企业员工受到经济因素影响更大，“大思政课”建设的内容需要紧密联系国内外经济形势并及时更新。二是“大思政课”建设针对性不够强的问题，主要表现为企业成员差异大，包括领导干部、关键岗位职工、普通职工及外包职工等多层次差异化的教育对象以及与之相适应的多元化的价值追求。三是“大思政课”建设方式方法创新性的问题。新时代青年员工的心理、思想、行为等方面的特点，必须与时俱进，考虑青年网民的需求，创新方式方法，否则效果将大打折扣。

企业的“大思政课”建设思路需要厘清。遵循习近平总书记关于思政课建设的相关论述，结合企业思想政治工作实际，创新企业“大思政课”建设。一是把握时代方向，融入大格局，解决“大思政课”建设内容更新的问题。习近平总书记强调：“当前形势下，

① 《习近平谈治国理政》（第二卷），外文出版社，2017，第178页。

办好思政课，要放在世界百年未有之大变局、党和国家事业发展全局中来看待，要从坚持和发展中国特色社会主义、建设社会主义现代化强国、实现中华民族伟大复兴的高度来对待。”[1] 新时代企业“大思政课”建设，要聚焦中华民族伟大复兴主题，政治站位高，理论视野新，信息技术高，紧密结合经济发展来谋划。要在系统阐释习近平新时代中国特色社会主义思想基础上，积极开展形势与政策教育，同时，企业“大思政课”要贴合生产经营选择学习内容，围绕企业中心工作来开展。二是践行社会责任，砥砺大担当，解决“大思政课”建设针对性不强的问题。针对企业不同层次、不同工种、不同年龄的员工，有的放矢，要将解决思想问题同解决实际问题结合起来，既讲道理又办实事，切实把党的政治优势转化为企业发展优势。同时，不能忽视普适性，要求每一位员工有主人翁精神，有社会责任担当。要讲出心系“国之大者”的家国情怀、“偏向虎山行”的大气魄、“舍我其谁”的大担当。三是培育“大先生”，拓展“大方法”，解决“大思政课”建设方式方法创新性的问题。高校要发挥高等教育资源优势，为企业培养真学真懂真信真行的“大思政课”的“大先生”，从基层员工中选拔思想好、素质高、爱学习、愿奉献的骨干加强培养，开发适合员工思想基本需求的特色课程，组织企业各级党组织负责人讲党课，统筹兼顾选树一批优秀典型人物，开展先进事迹宣讲，创造创优争先氛围，还要打造一支思想政治工作队伍，这样形成“大师资”队伍。充分发挥“大先生”积极性创造性，构建企业内外配合、线上线下混合、理论实践融合的经典传统授课方法，突出强调要贴近员工工作实际，在企业的车间、在职工日常中时时、事事、处处开设“微”思政课堂，达到润物细无声的效果。

① 习近平：《思政课是落实立德树人根本任务的关键》，《求是》2020 年第 17 期。

四 推动高校与家庭联动

《辞海》对家庭概念的界定是：以婚姻和血统关系为基础的社会单位，包括父母、子女和其他共同生活的亲属在内。家庭是生活的场所，是社会基本单位，具有以下几个明显特征：一是家庭结构多样化，婚姻、血缘、收养、感情等构成家庭；二是家庭功能社会化，家庭是社会细胞、个人与社会联系的桥梁和纽带；三是家庭的时空性与精神性，通过家庭成员及其长幼有序的时空存在，子女与父母的情感依恋、精神依赖等方面表现出来。

每个人成长离不开家庭，每个人的价值选择、思想观念的形成、道德品质的培育都与原生家庭密切相关。建设美好家庭，培养家庭美德，有利于从源头上培育全面发展的大学生，有利于解决青年大学生成长的原初性、基础性问题。家庭空间可以分为物理空间、文化空间、政治空间，家庭空间的思想政治教育，关键是建设良好家风，良好家风需要良好的家教。作为立德树人的高校“大思政课”，应当关注青年大学生出身的家庭空间，加强家校联系，使高校“大思政课”建设延伸拓展到家庭空间，实现高校与家庭空间的大联动。

（一）家庭思想政治教育空间的联动

家庭是家庭成员生活的场所，是物理空间；家庭是家风传承、教育孩子的地方，是文化空间；家庭是民族复兴、国家强大的起点，是政治空间。家庭思想政治教育空间包含物理空间、文化空间、政治空间。家庭思想政治教育空间的内部联动就是这些空间的联动，外部是高校与家庭、家庭与社会等空间的大联动。高校“大思政课”建设，不能忽视大学生成长的家庭。虽然大学生已经成人，不像小时候离不开父母和家庭，但是高校加强与家庭的联系，重视与家庭教育的协作，有助于了解大学生身心发展历程，有利于增强高校立德树人的针对性，提升思想政治教育的亲和力。

家庭物理空间是高校“大思政课”建设发挥作用的重要场所。一方面，家庭空间跟学校空间、社会空间一样，是相对独立的思想政治教育场所，有特定的家庭成员，互动交流频繁；有持久的教育内容，即价值观、人生观、道德观、情感等方面的教育内容，还有社会知识、政治常识的启蒙；有生活化的教育方法，主要是言传身教、榜样示范、家庭会议、环境熏陶、因材施教等方法。另一方面，社会由一个个家庭组成，家庭具有社会属性，家庭的思想政治教育帮助孩子成为社会人，家庭是思想政治教育的第一现场。从教育内容考察，家庭教育的内容必须符合社会主流价值观，要把孩子培养成对社会有用的人。从教育主体考察，家长在多大程度上认可社会主流价值观，就会在被教育对象的孩子身上体现出来，这又是教育结果的考察了。总之，家庭是大学生生存、身心发展的空间，同时是思想政治教育的重要场所。发挥家庭的思想政治教育作用是高校“大思政课”建设的重要环节。

“家庭”通过千百年的发展，早已融入中华文化当中，“家庭”概念是中华文化的独特精神基因，家庭在有形的物理空间的基础上形成家庭文化空间。古人云，家和万事兴，勤俭持家、贤妻良母、尊老爱幼、相夫教子等，体现中国人重视家庭、珍视亲情的思想观念。家教家风中的爱国、尽职、勤劳、节俭、正直、奉献、孝道、友爱、诚实、和谐、艰苦奋斗、自强不息等内容，都毫无遗漏地在家庭中继续传承。这些关于“家庭”的理念，是中华优秀传统文化的重要组成部分，彰显中华文化软实力。每年的“春运”潮，把人们重视家庭、珍视亲情，怀念家乡、想念亲人的精神世界呈现得淋漓尽致。新时代，家庭、家庭成员、家庭环境跟历史上的家庭文化空间不一样，但是人们对家庭的无限依恋，离不开中华文化基因的影响。对每个人而言，家庭不仅是物质空间的存在，也是精神的港湾，这个港湾正是中华文化软实力。加强家庭思想政治教育需要挖掘家庭文化空间资源。

家是最小国，国是千万家。《孟子·离娄上》中记载："天下之本在国，国之本在家。"[①] 知识分子具有家国情怀的传统，倡导修身、齐家、治国、平天下。家庭空间含有政治空间的组成部分。革命战争年代，老一辈革命家"舍小家为大家"。和平建设年代，坚守初心使命，为中国人民谋幸福，为中华民族谋复兴，坚持社会主义核心价值观，践行集体主义道德原则，离不开"舍小家为大家"的精神气质。"舍小家"与"为大家"是对立统一的辩证关系，"为大家"就是为了更多人的利益，就是要为祖国、为民族、为人民、为社会做贡献。反过来，国家好、民族好、人民好。实践证明，个体发展、家庭和谐，社会才会充满活力，国家才会繁荣昌盛，中华民族才有希望，中国共产党才有向心力。因此，加强个人修养，建设和谐家庭与服务社会、民族、国家是完全一致的。搞好以家国情怀为基础的爱国主义教育、社会主义教育，引导家庭成员发展成合格的公民进而培养成时代新人，就是发挥家庭政治空间的功能。

（二）家庭思想政治教育目标是形成良好家风

"家风"一词，最早出自西晋文人潘越的《家风诗》。家风是家庭文化风格，反映了家庭成员的道德素质、精神风貌和行为习惯。围绕高校"大思政课"建设，发挥家庭思想政治教育的作用，关键是形成良好家风。家庭思想政治教育的目标就是要有良好的家风，有良好家风的家庭，是思想政治教育效果颇佳的重要表现。红色家风是良好家风的重要表现形式。红色家风是中国共产党人在长期革命建设中形成的，大多体现在理想信念、家国情怀、道德品行、亲情友情、廉洁自律等方面，展现了中国共产党人精神品格的群像。

家风建设与思想政治教育本质上是一致的。家风建设就是要把

① 《平"语"近人：习近平总书记用典》，人民出版社，2019。

家庭成员培养成社会需要的能力较强的优秀人才，这与思想政治教育培养社会主义合格建设者和可靠接班人是一致的；高校“大思政课”建设视域下的家庭思想政治教育的对象就是思想不够成熟、认知能力处于发展中、可塑性非常强的大学生，这与高校思想政治教育的对象是完全一致的；家风建设就是对家庭成员开展家国情怀、诚实守信、无私奉献、“舍小家为大家”等精神品质的教育，与高校思想政治教育的社会主义核心价值观倡导的爱国、敬业、诚信、友善等优秀品质的教育如出一辙。因此，家风建设传承了中华优秀传统文化，提升了大学生人文素养，丰富了思想政治教育资源，提高了高校“大思政课”建设的实效性。

良好家风的形成有助于彰显家庭思想政治教育功能，首先，父母先正己。父母是孩子的第一任老师、最信任的亲人，家风良好家庭的父母的言谈举止、处事方式会对孩子产生积极正面影响，相反，会产生消极负面的影响。毛泽东经常教育子女，权力来自人民，权力只能为民所用。他曾说：“不要想着把我挂在嘴边唬人，你们要靠自己奋斗。”[①] 其次，成才先成人，父母要重视孩子的伦理道德教育和责任意识教育，帮助孩子形成正确的世界观、人生观、价值观。作家老舍强调，我真正的老师，把性格传给我的，是我的母亲，母亲并不识字，他给我的是生命的教育。家庭养成教育的重要性不言而喻。

良好家风的形成具有约束规制功能。“称尊者、勿呼名，路遇长，疾趋揖。”类似《弟子规》的传统家风教育，特别强调规范家庭成员的行为。红色家风家庭中，老一辈革命家严以律己、以身作则，并对亲属提出严格要求。周恩来总理为家庭成员制定了十条家规，要求严格遵守。周总理不但为家人、身边人如何建立公正和谐家庭关系、建设良好家风做出榜样，而且为新时代家长主导家风建

① 李敏：《我的父亲毛泽东》，人民出版社，2009，第 89 页。

设、大学生的法规意识培养提供了思想政治教育资源。

良好家风蕴含榜样示范功能。榜样的力量是无穷的，一个家庭的榜样依靠长者来树立，后人深受影响，模仿学习。简单而言，就是大人在做，小孩在学。家风好是榜样多的结果，榜样多，家风就会好。好家风必然呈现榜样的作用。县委书记焦裕禄的焦门家风是要热爱劳动，自己的事情自己做，不能不劳而获。焦裕禄就是女儿焦守云的好榜样，他为女儿的成长指明了方向，他更是我国县委书记的榜样。如果每个家庭都有先进榜样，那么就为每个家庭的孩子提供了学习榜样和机会，就会形成良好家风，家风影响到民风、政风。因此，治国先治家，治家要求父母做榜样，引领孩子健康成长是每对父母的首要课题和责任。

良好家风内含接续承继功能。家风通常不是在某一代形成的，而是一个家族从古至今、世世代代流传下来的，是后代不断承继先辈习俗、家教家训嘱托，不断与时俱进，注入时代积极因素的过程。家风就是家庭世代相传的风气、信仰、价值、精神、德行。朱德元帅用“德”字贯穿家风，教育儿子不当干部当工人。朱德家庭的家风影响了他的儿子、孙子，这种家风传递，就是家风的接续承继功能。

（三）家庭思想政治教育的路径

好家风必有好家教。做好“家教”，一方面，要在家庭空间做好家庭思想政治教育；另一方面，推动家庭空间与高校空间关于家风建设的联动。

俗话说，“道德传家，十代以上，耕读传家次之，诗书传家又次之，富贵传家，不过三代”。“富不过三代”主要原因是子孙后代没有教育好，无法继承和发展祖辈的事业。因此，家庭教育极端重要，家长要明白，自己是教育孩子的第一责任人。一是爱的教育。因为爱，组织新家庭。在家庭空间，爱是家风最核心的精神力量。

用爱来教育孩子和家人，用爱来营造和谐家庭。家长要引导家人相互理解支持，同舟共济。对内要重视家庭民主建设，对外要热情好客。通过户外旅游、家庭购书、看电影、听音乐会、走访亲友、家庭小聚会等家庭活动实践爱的教育，实施温和、启发式的高效沟通，进一步增进家庭"人和"氛围，有助于青年大学生构建良好的人际关系，全面提高思想道德素质。二是榜样教育。父母是孩子的"镜子"，在孩子身上可以看到父母的影子。父母在做，孩子在学。因此，在家庭空间提升孩子素质，家长要以身作则，言传身教。《礼记》记载："知为人子，然后可以为人父。"意思是反思做儿子的经历，换位思考，怎样做父亲。父母要相亲相爱，子女才能健康快乐。一个家庭如同一棵大树，父母是根，子女是枝叶果实。要想枝繁叶茂，必须在树根上浇水，不是在果实上浇水。孝敬父母是子女的责任，也是父母教育孩子的重要内容。父母礼貌待人，敢于担当，孩子就会讲究礼仪，重视诚信。父母学习勤奋、幽默生活，都会给孩子思想营养。三是规矩教育。国有国法，家有家规，没有规矩不成方圆。人之初，规矩始。培养孩子对规矩的敬畏之心，一边讲规矩一边要厚爱，给孩子发言权，食不言寝不语，站有站相，坐有坐相等规矩要牢记。特别讲究餐桌文明，注意培养做家务的能力。四是品格教育。父母要培养孩子远大理想，志存高远，有利于激发内生活力。教育孩子谦卑，同时保持自信。做事用心而不是用计。合作成大事，分裂会双输。培养孩子平常心，珍爱生命，乐观生活。培养孩子正确的金钱观、时间观、竞争观，带领孩子回归自然，培养环保意识。五是情商教育。父母既要教孩子知识，更要培育孩子心灵，要与孩子心心相印。要让孩子做自己的主人、走自己的路，父母要和孩子一起感悟幸福，教育孩子学会控制情绪，鼓励孩子原谅折磨你的人，教会孩子用合理形式发泄心中的烦恼等等。

高校“大思政课”背景下，推动家庭空间与高校空间联动，把家风建设融入高校立德树人的神圣事业中。一是将优良家风建设融入高校思政课程和课程思政中。积极研究开发关于家风建设的选修课程，并纳入高校人才培养计划，有利于对接大学生在家庭空间接受的家教家风，有利于培养未来家长。家教家风建设的名人名著，可以开设“家教名著选读”“名人家风”，比如《颜氏家训》《朱熹家训》《朱子家训》《治家格言》《弟子规》《曾国藩家书》等。可以开设家教家风系列讲座，可以编撰选修课程教材、著作，丰富马克思主义理论研究和建设工程重点教材体系。可以将优良家风元素或者红色家风中的经典故事内容巧妙融入专业课程等，实现课程思政的效果。二是将优良家风建设融入高校校园文化建设中。校团委指导创办弘扬优秀家风的学生社团，创新优良家风主题的节目，工会组织遴选“好家风好家庭”。组织相关实践活动，比如参观传统家族祠堂、名人故居、烈士故居、伟人故里、红色遗址等，大学生获得感性认识，接受优良家风洗礼，不忘家庭育人初心。三是高校要加强优良家风宣传教育。要把家风建设作为高校思想政治教育的重要内容在学校官网、微信公众号、马克思主义学院、教育学院等相关学院的官网和微信公众号等主流媒体广泛深入宣传报道，要利用新媒体，加强媒体与受众的互动，要充实宣传的内容，彰显宣传特色，形成良好的舆论氛围。

总之，要畅通家校交流渠道，开办“家长学校”，举办大学生思想政治教育家庭教育经验交流会，推动家庭空间与高校空间联动，激发育人活力。

五　构建空间大联动的机制

构建高校、社会、家庭“三位一体”的空间大联动的可靠合作教育机制，要求具有共同育人目标、共同开展活动、构建协同机制，创造“共同空间”。

（一）具有共同育人目标

一要凝聚协作思想共识，充分认识到教育好青年大学生是全社会共同的责任；二要凝聚教育理念共识，坚持“以生为本”，尊重差异，因材施教，遵循思想政治教育规律、教书育人规律和大学生成长规律培养人才；三要凝聚教育目标共识，坚持教育目标是人的自由全面发展，真正认识到高校立德树人就是要培养德智体美劳全面发展的时代新人。

（二）共同开展活动

关键是需要健全保障体系。一要完善制度保障。不断健全高校、家庭、社会不同育人空间的制度体系，明确高校、家庭、社会的不同特点及其优势，增强空间联动的科学性和实效性，保障和激励参与协同育人的主体。二要健全人力保障。共同开展活动，人才是第一资源。不同空间联动的目的是推动各方力量协同育人，这就要提升三大空间的高校教师、学生家长、社会组织负责人的协同能力和育人水平，激发协同队伍的积极性和主动性，创新科学的协同方式，服务高校“大思政课”建设。三要加强财力保障。共同开展活动，经费是空间联动的基础。在政府加大经费支持的基础上，还需要热心家长、爱心校友、社会组织捐赠等形式，为空间大联动、大学生创新创业、“大思政课”建设提供物质保障和经济支持。

（三）构建协同机制

需要评估和反馈。一要建立科学合理的评价指标体系，对空间联动的思政效果、育人成效进行评估；二要畅通信息反馈渠道，推动育人主体发现问题，解决问题，或者分享经验，推广运用；三要评建结合，反馈后要设计优化改进环节，真正发挥三大空间联动的作用，提升三者协同育人机制的实效。

（四）创造共同交流空间

要求运用好信息技术，推动不同思政空间的联动。有效运用信息技术赋能高等教育，是“加快教育现代化和建设教育强国”、建设高质量高等教育体系的应有之义。一是高校与家庭的空间联动，线上整合各种沟通媒介，呈现学生在校情况，线下创新各种交流形式，设立家长开放日、家校联谊会等，共同商量育人大计，共同分享成功案例，让自己的孩子向“别人家的孩子”学习；二是高校与社会的空间联动，线上云课堂、空中双选会，线下建立实习、见习、研习创业基地，举办创业就业服务节等，推动两者联动，共建共享教育资源；三是家庭与社会的空间联动，围绕高校大学生成长成才的主题，通过线上直播、讲座论坛、网络宣传、双向互动等形式实现知识普及、思想引领，线下书籍发售、心理咨询、家庭辅导协同解决难题。通过信息技术，三大空间汇集到线上，创造共同的思政空间，实现三大空间联动融合。

（五）共创线下“共同空间”

在创造“大思政课”的“共同空间”中，除了线上的“共同空间”，也可以创造线下“共同空间”。高校党委要坚持开门办思政课，利用社会资源，拓展思政课实践教学基地。要用好教育部办公厅等八部门公布的“大思政课”实践教学基地，完善思政课实践教学机制。湖南第一师范学院党委强调建好用好实践基地。一是充分发挥湖南 17 家“大思政课”实践教学基地的作用，包括韶山毛泽东同志纪念馆、刘少奇同志纪念馆等中华优秀传统文化、革命文化、社会主义先进文化专题实践教学基地，湖南省十八洞党性教育基地等脱贫攻坚、乡村振兴、湘江新区企业专题实践教学基地。二是学校层面重点建设国家级“大思政”实践教学基地“毛泽东与第一师范纪念馆”，紧密对接湖南省党史陈列馆、雷锋纪念馆、新民学会旧址等基地，在全省各地挂牌设立 50 个左右校级“大思政”实践教学基地。三是各学院根据各专业人才培养特点，列出清单、作好计划，加强与有关基地合作，建立长效合作机制。要落实关于加快构建高校思想政治工作体系的意见，在地方党委政府领导下，学校、家庭、社会形成“实践育人共同体”，汇聚办好思政课合力。

总之，以协同育人为核心价值，建立新型的三者关系，在育人方向上一致，在育人活动中协调，在育人效果上达到1+1+1 > 3的最佳状态。

第三节 “大思政课”建设的学段大贯通

为贯彻习近平总书记在全国教育大会以及全国思政课教师座谈会上的精神，中共中央办公厅、国务院办公厅印发了《关于深化新时代学校思想政治理论课改革创新的若干意见》（以下简称《意见》），《意见》指出：“在大中小学循序渐进、螺旋上升地开设思政课，引导学生立德成人、立志成才”“小学阶段重在启蒙道德情感，初中阶段重在打牢思想基础，高中阶段重在提升政治素养，大学阶段重在增强使命担当”①。为进一步推进大思政课程，贯彻《意见》中的精神，推进大中小学思政一体化建设，国家先后在2020年以及2022年颁布《新时代学校思想政治理论课改革创新的实施方案》（以下简称《实施方案》）以及《全面推进“大思政课”建设的工作方案》（简称《工作方案》），强调指出：“要充分发挥思想政治理论课立德树人的关键作用，循序渐进、螺旋上升地开好

① 中共中央办公厅、国务院办公厅：《关于深化新时代学校思想政治理论课改革创新的若干意见》2019年。

思政课程”[1]，“要深入推进大中小学思政课一体化建设”[2]。

大中小学思政教学整个过程应当是螺旋式前进的，前一个阶段是后一阶段的基础，后一个阶段是前一个阶段的发展，循序渐进，才能共同实现思政课的立德树人的总目标。如果大中小学思政一体化建设成为重要命题，那么大中小学思政课程要如何建设、如何实现有效衔接成为这一命题中的关键。把大中小学思政课程视为一个整体，那这一整体中就包括教学目标、教学内容、教学方法、教师队伍建设等各个方面。大中小学思政课联动，就包含大中小学思政课的教学目标、教学内容、教学方法、教师队伍建设等各个方面的自然衔接，并随着学段的提高而不断提高。

一　教学目标衔接与教学内容衔接

（一）整体规划大中小学思政课教学目标

《意见》指出要整体规划思政课课程目标，在大中小学循序渐进、螺旋上升开设思政课，引导学生立德成人、立志成才。其中特别强调大学阶段的学生要引导其矢志不渝听党话跟党走，争做社会主义合格建设者和可靠接班人；高中阶段引导学生衷心拥护党的领导和社会主义制度，形成做社会主义建设者和接班人的政治认同；初中阶段，引导学生把党、祖国、人民装在心中，强化做社会主义建设者和接班人的思想意识；小学阶段引导学生形成爱党、爱国、爱社会主义、爱人民、爱集体的情感，具有做社会主义建设者和接班人的美好愿望。

教学目标应当具有引导性以及前瞻性，即既可以引导课程、教

---

① 中宣部、教育部：《新时代学校思想政治理论课改革创新的实施方案》（教材〔2020〕6号）。

② 教育部等十部门：《全面推进“大思政课”建设的工作方案》（教材〔2022〕3号）。

学内容以及评价等环节的进行，同时也能预见随着社会环境不断变化而变化。随着大中小学思政一体化概念的提出，不同阶段的教学目标要思考与之相衔接的不同教学阶段的目标，既能为下一阶段教学提供基础，也能发展上一阶段的教学内容，做到整体规划，有意识地培养学生认知、能力、情感和行为。规划大中小学思政课的教学目标主要注意以下几个方面。

1. 坚持整体性

思政课是一门以马克思主义观点教育为核心的社会主义意识形态的课程，其目标归根到底是培养社会主义事业的建设者和接班人。小学是基础，中学是关键，大学是升华，大学、中学、小学的思政课程目标都应当相互衔接，循序渐进。在制定大中小学思政课程教学目标时，应当了解各阶段学生的成长成才需要，统筹规划总体课程目标，使之能够在各学段思政课中处于引领地位，各学段共同发力，实现整体性统一，帮助学生立德成人、立志成才。

2. 坚持阶段性

根据不同阶段学生的学情现状不同、课程目标呈现多层次的特征，不同学段，各有侧重。小学阶段重在情感的启蒙，重视启蒙教育；初中阶段重在打下学生的思想基础，重视学生思想道德教育；高中阶段重在学生政治素质的提升，重视学生的思想政治教育；大学阶段重在树立学生的担当使命感，重视学生的责任教育。教学应当根据学生认知、能力、情感、行为等多方面发展的年龄规律，制定出符合学生成长成才规律的课程目标，将立德树人这一整体任务落细落小。

3. 坚持连续性

将思想政治教育总的目标进行分层细化的同时，也不能忽略各阶段目标之间的连续性。不同阶段的目标之间应当不是相互独立的，要让学生在各教学阶段的进阶过程中，感觉不到中断或者跳跃。一体化的教学目标就像一场接力赛，跑好自己的一段路固然重要，但是更要做好交接的任务，赢得这场接力比赛。教学在螺旋式上升中不断深化内涵，提高难度，学生在自然衔接中提升思维水平、实践能力，从具象思维能力提升到抽象思维能力，将爱国情、强国志转化为报国行。

（二）统筹推进大中小学思政课教学内容

课程内容是思想政治课程的灵魂，大中小学思政一体化的关键在于课程内容的设置。《意见》强调要加强以习近平新时代中国特色社会主义思想为核心内容的思政课课程群建设，强调要在保持思政课必修课程设置相对稳定基础上，结合大中小学各学段特点、学情规律构建形成必修课加选修课的课程体系。其中《实施方案》对于课程体系进行了详细说明，大学阶段要开设“马克思主义基本原理概论”“毛泽东思想和中国特色社会主义理论体系概论”“中国近现代史纲要”“思想道德与法治”“习近平新时代中国特色社会主义思想概论”五门基础思政课程加上时事类课程“形势与政策”，由每个学校的马克思主义学院承担；高中阶段开设思想政治课程，“中国特色社会主义”“经济与社会”“政治与法治”“哲学与文化”四门必修课程加上“当代国际政治与经济”“法律与生活”“逻辑与思维”三门选择性必修课程以及选修课程；初中阶段和小学阶段都开设道德与法治课程，可以结合地方以及学校需要，开设符合自身实际的校本课程或者地方课程。

思政课程改革最终落脚点往往是在课程内容上，课程内容的改革要坚持“内容为王”的中心原则，统筹规划大中小学思政的教学内容。大中小学思政的教学内容要坚持以下几个原则。

1. 要错落有致，不是简单重复

回顾大中小学思政课的课程内容，会发现有很多重复的地方，比如，高中思想政治课模块四“哲学与文化”中就有关于哲学基本

问题、辩证法、唯物论、认识论等哲学问题的论述，在大学思政课程《马克思主义基本原理》中有一模一样的内容复现；大学《思想道德与法治》中个人情操与法律基础方面的问题与初中道德与法治课重复较多；初中道德与法治课程中九年级上册里《建设法治中国》中的内容与小学道德与法治六年级上册的内容有形似部分。要做好大中小学思政课教育内容的有效衔接，关键在于处理好一些重点且重复内容的衔接，抓住课程内容的整体设计思路，要防止“各自为政”的现象，随着学生年龄的增长，实现各阶段内容的螺旋式深化，而不是重复学生前一个阶段学习过的内容。

2. 要相对稳定，又与时俱进

不管是大学还是中小学，思政课程在经历一轮又一轮的课改后，仍保留性继承了很大一部分教学内容，这一部分的教学内容就是本阶段教学内容中相对稳定的部分。比如，高中的哲学板块的内容、初中阶段友谊和家庭部分的内容、小学阶段行为规范的内容，这些是根据学生身心发展规律设置的，是符合学生学情要求、为学生未来学习和生活提供原理和方法论的内容。当然随着时代不断发展，随着中国在经济和科技方面不断取得进展，加之思想政治教育本身具有时代性的特征，思想政治教育的内容也需要与时俱进，不断发展。比如，高中思想政治课程在新一轮教材改革后，加入了“中国特色社会主义”新的模块，主要讲述人类历史发展脉络，只有社会主义才能救中国、只有中国特色社会主义才能发展中国等命题。大中小学思政课教学内容的编订，既要在继承中发展，继承思政课相对稳定的教学内容，也要随着时代以及社会的发展，创造性增添更多新的教学内容，培养学生的时代素养以及政治素质。

3. 要遵循规律，不要内容倒置

遵循规律主要是指遵循学生身心发展的规律，设定教学内容，使内容能随着学生年龄以及知识能力增长而不断深化。在实际教学过程中，有低年级内容较难、高年级内容较易的现象，比如，在小学初中道德与法治课程讲授了许多高深抽象的内容，类似中国特色社会主义制度、人民民主专政等，但是在大学课堂中往往去讲授一些单纯简单只需要背诵的内容。意蕴深刻的内容放在低学段中去讲授，学生已有的知识不足以消化复杂内容，同时也会降低学生学习本科目的积极性，将简单内容放在高学段中去讲授，学生降低了对思政课程的期待感，对于课程学习产生懈怠。这样的教学内容既不符合学生发展规律，也不符合大中小学思政一体化的要求。教学内容要针对学生学情发展实际，设计符合思政课教学逻辑的内容，将部分内容进行整合，达到大于整体的效果。

二　教学方法衔接与师资队伍衔接

（一）革新传统推动大中小学思政课教学方法衔接

教学方式是将教学内容有效传授给学生的途径，是将师生衔接起来的桥梁。课堂上良好教学方式的运用，既能活跃课堂气氛，也能提高教学效率，有效发挥学生的主体作用。《意见》指出要不断增强思政课的思想性、理论性以及亲和力、针对性。如何增强？最直接的方式就是从教学方式入手。《工作方案》针对创新教学方法提出详细意见，各校加强对学生思想、心理及关心的热点难点问题研究，制定针对性的教学方案。善于采用多样化的教学方法，注重发挥学生主体性作用，积极运用小组研学、情景展示、课题研讨、课堂辩论等方式组织课堂实践。有条件的高校要为思政课配备助教，协助开展教学组织、课后答疑等工作。但是受长期应试教育的影响，大中小学思政课教学的方式方法常以灌输为主，单一被动的教学方式根深蒂固。近几年来，随着高校思政课的地位逐步上升，各高校将思政课程规划为公共课、必修课，但是其重背诵、轻实效的教学方式仍难以撼动，加之很多与高中知识点重复的内容，导致思想政治必修课很难达到对于学生政治方向的引领作用，学生只会在“一次性”背诵中逐步丧失对思政课的兴趣。高中思想政治课在高考压力的影响下，以老师为主、以课本为主、以课堂为主的传统教学方式占据高中思政课堂的主流，在这种教学方式之下，学生自主创造能力、实践精神很难得到培养，思政课的效果被削弱。在义务制教育阶段下，教学方式将教材作为权威，教师以权威进行教学，很难给学生留下自主思维空间，不利于学生理解能力以及思维能力的培养。

在实际教学过程中，需要打破传统教学观念对思政课的束缚，提高学生对思政课的兴趣，就需要不断革新教学方式，丰富思政课堂。具体可以从以下三个方面入手。

1. 紧跟时代步伐，促进大中小学思政衔接的现代化

随着时代不断向前发展，传统教学方式不太适应学生的生长生活，当今时代是一个信息爆炸的时代，于教育而言，就意味着学生接触信息、接触知识的途径逐步与成年人对等，那么作为教授者的老师，就需要不断去更新教学方式，吸纳新的教学理念以及教学方法。可以发挥多媒体的作用，科学利用新媒体技术，与其他学校的教育资源共享互补，进行线上备课或者上课，也能利用现代信息技术为学生提供更多丰富多样的课程资源以及学习材料，比如，短视频、VLOG 等形式，可以给学生带去新鲜感受的同时，将思政元素蕴含其中，从而对于学生进行熏陶。大数据背景下，利用新媒体，搭建多样的思政课教学平台，打破时间、空间的限制，提高信息交互的效率。

2. 走入社会实践的大课堂，扩大大中小学思政衔接的空间

《工作方案》特别指出：要善用社会实践的大课堂，组织开展多样化的实践教学，建好用好实践教学基地。但是长期以课堂为主的传统教学形式将学生禁锢在校园内，学生很难走出教室、走出校

园，致使学生很难学到除了知识以外可以在未来社会上生存的品质以及精神，这是不管是在大学校园还是在中小学校园中都存在的通病。改变单一的教学模式，尝试将课堂的触手伸向校园外，既可以利用社会上丰富多彩、意味十足的案例丰富课堂教学，加深学生对于理论知识的理解程度，也可以将课堂引入课外进行实践教学。比如，社会实践基地、研学活动、敬老院活动、社区类活动等，在提高学生综合素质的同时，也能提高思政课的教学效果。如学生从小学至大学都接受较有强度的实践教学，那么学生在真正走出校园时，就能具有当今社会人才必备的品质，成为社会发展的中流砥柱。

3. 以学生为中心，把握大中小学思政一体化的主体

以教师为主体的教学方式通常会产生“满堂灌”或者“一言堂”的现状，杜威提出以学生为主体的现代教学思想早在20世纪初期就成为中国教育改革的精神之一。但是在实际过程中，很多教师特别是一些老教师在师生关系、课堂气氛等方面的把握上过于强势，很难给学生留下自主的空间。在教学过程中，首先，教师要调整自己对教学的认识，教学是教与学的双向互动，单方面的输出只会变成“独角戏”，教师要树立学生是课堂主体的认识；其次，将探究教学法、疏导教学法、比较教学法等多样的教学方式运用到课堂中，让学生能在课堂上开动脑筋。从各个阶段来看，小学是学生形成正确的行为习惯以及理解能力的初期，初中是学生自我认知发展的高速阶段，高中是学生“拔节孕穗”的关键时期，而大学则是引导学生形成正确政治方向，促进学生作出正确价值选择和价值判断的时期，在不同时间段中采用多样的教学方式都能起到不同教学效果。

（二）以终身学习推进大中小学思政课教师队伍衔接

习近平总书记强调：“办好思政课的关键在于思政课教师。”①

① 习近平：《思政课是落实立德树人根本任务的关键课程》，人民出版社，2020。

教师是大中小学思政一体化的发起者、承担者以及责任人。要提升大中小学思政一体化的教学效果，就要加强大中小学思政教师队伍的建设，其中最为重要的就是大中小学思政教师队伍衔接工作的展开。《意见》也指出要建设一支政治强、情怀深、思维新、视野广、自律严、人格正的思政课教师队伍。《工作方案》中对于如何发展大中小学思政课教师队伍给予了具体性建议：建设专兼结合的师资队伍、搭建队伍研究平台、提升队伍综合能力。

要促进大中小学思政课堂的有效衔接，教师是有效参与者，也是大中小学思政一体化的重要人力资源，大中小学思政师资建设主要有以下几个着力点。

1. 强化思政教师的衔接意识

思政教师是思政课堂的主要承担者，思政教师自身的素质以及教学理念，是能有效培养学生思想政治素质和思想品德素质的重要因素。大中小学思政一体化提出，对于思政教师自身的素质有了更高的要求。大中小学思政一体化要真正落到实处，随着学生学段增加而不断呈螺旋形上升趋势，大中小学思政课教师就必须树立大中小学思政一体化的衔接意识。中小学教师要重视对于大中小学思政一体化目标以及内容衔接，大学思政课教师要注重对中小学思政课堂的引领以及深化作用，将目标不明确、内容模糊、途径较少等事项从人力方面得到解决，直面大中小学思政一体化衔接的困难。

2. 提高思政教师的准入门槛

新时代要建设一批“专职为主，专兼结合，数量充足，素质优良”的大中小学思政一体化教师队伍，但是存在思政教师不足的问题，在高校，部分学校很难达到“1∶350”的思政教师的配备，高校为达到这一指标，常常会大幅度地提高对思政教师的招聘数量，在这一过程中，招聘标准就会降低，新教师的质量就会下降。而中小学思政课教师，经常会存在由其他学科教师，比如语文教师兼任的问题。这样的现状导致教师对于思政课程中蕴含的政治导向以及正确世界观、人生观、价值观培养部分的知识难以讲授通透，对于大中小学思政一体化内容以及维度的把握难以深入，思政课堂的效率将大打折扣。所以首先在培养和招聘思政课教师时，就应该把大中小学思政课一体化建设作为重点，加强对专业人才的培训，提高思政课教师队伍的专业性。

3. 加强思政课教师的在职培训

长期脱离系统教育的教师很难接触新的教学理念和教学方式，以老一套的教学形式对待在互联网中长大的新生代们，常常会造成反效果，产生逆反心理。教师个人素质与学生能否有效学习知识密切相关，加强教师的理论水平，需要从国家、学校、个人三个方面入手。首先从国家来看，应当对教师在职培训方面加大经费支持力度，将教师在职培训划入教育规划，专门划分部门、高校、教育机构等组织来承担教师的在职培训；从学校来看，应当给予教师充足的学习时间以及精力，规划好教师的固定课时以及工作量，为教师在职培训留下时间以及空间；从教师的个人角度来看，教师要树立终身学习观念，不能将安排的培训仅仅当作任务来看待，应当从中不断精进自己的个人能力以及专业水平。

三　教学活动共享与管理联动

（一）加强合作，推动大中小学思政课教学互动共享

大中小学思政一体化针对的是不同学段的学生，由于教育对象之间的差异，不同年龄阶段的学生要接受不同的教育，在教育内容、教育方式等多个方面都不相同，由此容易产生仅重视本学段思政教育的开展，而忽视其他学段之间的合作协同的心理。而大中小学思政一体化是一个整体，“牵一发而动全身”，仅仅守好自己的那

一段渠，是达不到一体化的最终效果的。要实现新时代对高素质人才的要求，培养能肩负起复兴大任的时代新人，就必须加强各阶段之间的合作，实现资源共享。《意见》强调，要建立纵向跨学段、横向跨学科的交流研修机制，深入开展相邻学段思政课教师教学交流研讨。《工作方案》也提出要建设一批课程思政系列共享资源库。

思想政治教育工作具有长期性，思想政治教育效果具有滞后性，一个人自身正确政治方向的形成不是一蹴而就的，所以大中小学思政的教学课堂之间的衔接互动显得尤为关键。只有建立了长效的互动机制，才能跟踪了解学生思想政治观念的形成与发展，思想政治问题才会迎刃而解。建立大中小学思政教学互动机制需要注意以下几个方面。

1. 建立大中小学思政一体化的备课机制

集体备课在各个大中小学已经成为常态，但其主要是以教研室为集体，分学科、分学段地进行备课，从而将不同班级之间的进度、难度等进行有效规划。但是这也形成了各学段之间割裂的态势，各学段之间缺乏沟通，在具体教学上就会存在偏差。这就需要建立起长期性的大中小学一体的备课机制，加强各学段之间的互动。各高校马院可以担负起责任，负责一定范围内中小学的集体备课活动，将专家、教研员、一线教师等优秀师资整合起来，制定优质教学设计以供选择；也可以由地方教育行政系统建立教学设计平台以及课程资源共享平台，使大中小学教师对于对方的教学内容有着更加深入的理解，对学段之间教学衔接更加得心应手。

2. 设立大中小学思政一体化教研课题

国家社会科学基金规划项目、教育部人文社科研究项目等已经设立思政课教师研究专项，专家学者们已经对于大中小学思政一体化进行了学理以及实践方面的研究。相较于高校，中小学对大中小学思政一体化的研究偏少，然而作为一线教师，其掌握着大量教学经验以及教学案例，是进行教学研究的最好资源。所以中小学可以以问题为导向、以案例为导向，借鉴高校的研究经验，找出在大中小学思政一体化过程中的衔接问题，填补研究空白。同时高校可以和中小学的老师进行“结对子”活动，手把手教授如何解决课题申请、研究、经费审批等方面的问题，整体提高中小学的研究水平。

3. 推进课程思政工作的开展

思想政治教育工作是一个系统的工作，需要长期的熏陶，如果不与其他学科和学校德育工作结合起来，仅仅靠思政课堂很难达到树立学生正确世界观、人生观和价值观的目的。要充分利用高校学科门类专业课程和中小学语文、历史、地理、艺术等所有课程蕴含的思想政治教育资源，解决好各类课程与思政课相互配合的问题，使所有课程都能与思政课程同向同行，发挥好协同育人作用，实现真正的“大思政课”。

（二）高效协同推动大中小学思政一体化管理联动

我国思想政治教育管理体系主要是以学校党委领导的中国特色社会主义的管理机制，在管理方面不仅管理着思政教学，也管理着全校的德育工作，从组建教师队伍、建立统一机制、统筹思政教学到形成校风学风，最终达到提高思想政治教育教学效果的目的。《意见》从严格落实地方党委思政课建设主体责任、推动建立高校党委书记、校长带头抓思政课机制以及积极拓展思政课建设格局三个方面对于如何加强党对学校的领导进行叙述，为大中小学思政一体化的管理衔接给予了很多具体的建议，《工作建议》在《意见》的基础之上提出其他行政部门（如科技部、网信办等）要协助教育部门的工作，以及地方也要为思想政治课的建设提供条件保障。

思想政治教育管理机制应当同其他管理机制一样，需要有引领性、开放性以及调控性，为大中小学思想政治教育提供目标、计划、内容以及人员等多个方面的内容。大中小学思政管理机制要整合发挥效用，就需要从三个管理主体出发，从中央到地方再到学校，形成一套协调的大中小学思政管理机制。

1. 国家教育主管部门要将大中小学思政教育部门紧密结合

国家教育主管部也就是教育部，将大中小学思政教学划分在不同行政机构，以高考为划分阶段，分为“高等教育司”和“基础教育司”，在不同的行政机构中对大中小学思政课的教学目标、教学内容、教学规划等方方面面进行制定，从顶层设计就对大中小学思政课程进行分裂，那么在实践阶段大中小学思政课程就或多或少存在断隔或者重复。所以对国家教育主管部门来说，进行扁平化管理，不一定要在组织区划上进行整合，但需要交流共享，比如在组织专家制定教材时，就需要倾听其他阶段的专家或者一线教师的建议，或者在制定编写组成员时，有选择性地扩充编写队伍，使教材的编写更具有科学性和衔接性

2. 地方教育行政部门对大中小学思政一体化进行宏微观调控

高校的思想政治教育工作主要由省级行政部门进行监管，而中小学思想政治教育工作主要由市、县或者区进行管理，在不同级别的教育行政部门的管理之下，对于职权划分、内容把控、各部门的分工、教师队伍等各个方面都会缺乏一些细节上的调控，细节上的失控在实践过程中就容易掀起巨浪。在大中小学思政一体化的过程中，地方的教育行政机关起着中间衔接的作用，既能对大中小学思政一体化进行宏观调控，比如，具体的地方性大中小学思政一体化政策的出台、大中小学思政一体化委员会的组建等，也能进行微观把握（如交流平台的建立、在职教师的培训等细节性操作）。所以在实践过程中，对于大中小学思政一体化地方教育行政机关应尽可能打破高校与中小学之间衔接的隔膜，促进大中小学思政一体化的衔接。

3. 学校教育领导班子对大中小学思政一体化要给予具体帮助

教师主要的工作范围是在学校，教学对象、教学内容都深受学

校领导班子的影响。一个学校的校风往往由学校教学理念决定，而大中小学思政一体化发展也受制于学校领导班子。从高校来看，大学思政教育近几年来受到重视，学校党委成员、校长常常到思政课堂进行授课。在大中小学思政一体化方面高校本就起着引领带头效用，所以高校管理者必须加强对大中小学思政一体化的建设，将大中小学思政一体化纳入工作日程当中，特别是各校马克思主义学院要加强与中小学的联系，为大中小学思政的衔接提供理论支撑；从中小学的角度来看，中小学对思政课的重视程度不高，更不用说大中小学思政一体化的衔接问题，所以反映在教师教学上，教师往往对这一方面的建设问题处于一知半解的状态。中小学领导班子要以学校党委书记为领导，联合各年级阶段的思政教研组，对于大中小学思政一体化问题进行研究，同时积极联系高校，学习先进经验，寻求理论指导，共同促进一体化工作的展开。

第四节　“大思政课”建设的评价互动

党的十八大以来，特别是习近平总书记召开学校思想政治理论课座谈会以来，思想政治理论课在国家发展中的地位越发凸显，《工作方案》中强调对于“大思政课”的建设，要坚持以习近平新时代中国特色社会主义思想为指导，聚焦立德树人根本任务。

随着时代发展，传统思想政治教育早已不能满足学生的需要，更不要说达到立德树人的效果，新时代思想政治教育要求创新，思想政治教育评价创新就是其中一个重要的环节。一个良好的教学评价有利于在思想政治教育教学过程中寻找问题，进一步促进“大思政课”建设，有利于培养能够担当复兴大任的时代新人。教学评价具有导向引领作用，在宏观方面，可以进一步贯彻落实党的教育方针，落实立德树人的工作机制；在微观方面，可以满足和提升高校思想政治教育的教学实效，更好地满足学生发展成才需要，提高思想政治教育的工作质量。

一　构建科学指标体系

思想政治教育评价体系，是由反映思想政治教育效果的若干个既相互区别又相互联系的评价项目和评价标准指标构成的有机结构体。[①] 一个科学的思想政治教育评价体系往往应当多维度，要将各个评价项目、具体指标等方面结合起来，有利于学生的行为、素养的科学评价，形成一个能够发挥合力的评价机制。

（一）政治性的评价方向

思想政治教育评价的方向主要是把握是否坚持正确的政治方向，是否培养学生正确的世界观、人生观、价值观，是否把坚持习近平新时代中国特色社会主义思想作为思想政治教育的思想核心，这是思想政治教育评价的首要维度。毛泽东曾经说过："政治工作是一切经济工作的生命线。"[②] 习近平也强调要把政治教育工作贯穿教育教学的全过程[③]，可见，重视思想政治教育评价中的方向维度，是实现教育满足社会需要的重要条件。

重视方向维度的评价，首先，需要加重内容中关于马克思主义理论、马克思主义中国化理论和社会主义核心价值观念的比重，使学生树立中国共产党能、中国特色社会主义好、马克思主义行的观点。其次，教育目标对于思想政治教育评价起着引领作用，教育目标要突出强调的是培养社会主义事业的建设者和接班人。最后，在

---

① 李春华：《论构建现代思想政治教育评价体系的基本原则》，《学校党建与思想教育》2011年第32期。

② 《毛泽东文集》（第六卷），人民出版社，1999，第499页。

③ 《习近平在全国高校思想政治工作会议上的讲话》，《人民日报》2016年12月9日。

教学过程中，要以立德树人的总任务为引领，帮助学生确立正确的思想认识，树立正确的政治方向。

（二）发展性的评价目标

教学评价的目标从根本来看并不在于对学生的行为进行价值判断，而是能够“以评促进，以评促改”，大学生能够从评价过程、评价结果中了解到自己的缺点以及长处，从而有针对性地进行改进。但是老师往往会忽略这一目标，把评价目标的重心放在排列出学生的“三六九等”上，这样的目标在实践过程中，往往会给予学生较大的压力，特别是思想政治教育是一门立德树人的课程，高校思想政治教育评价不应当仅仅将视角放在理论学习上，促进学生思想政治素质以及思想品德素质的发展，使之达到社会要求，实现个体和社会的统一才是重中之重。针对这一目标，思想政治教育发展性的评价目标要落地落实，首先就是要在转变教师评价理念上下功夫，将学生看作发展中的人；其次在教育评价机制中要增加人文关怀的部分，强调形成性评价，不过分追求最终结果；最后，制定发展性评价机制，从评价初期至评价末期都应当体现发展意蕴。

（三）全面且有针对性的评价内容

思想政治教育的评价存在一定的困难，一是因为体现思想政治素养素质的行为难以测量；二是因为评价者的主观性和抽象性较强，很难客观对评价对象进行评价，所以评价内容应当尽可能全面系统，但是评价者的时间以及精力是有限的，不可能方方面面都能顾及，所以一份优秀的评价内容应当是全面但是有针对性的。首先，全面性原则就是要反映思想政治教育评价体系是一个有机的整体，需要包括评价的价值取向、评价的指标体系、评价的组织结构、评价的程序等各个方面内容，同时也要使各个方面的内容相互协调、相互作用。其次，从针对性来看，全面性不等于面面俱到，思想政治教育评价应当有重点难点或者突出点，这些方面更能反映评价的本质属性，比如，素养评价应当着眼于大学生的情感态度价值观方面的内容，那就不应该紧抓着期末课程的考试或者考查成绩不放，舍本逐末。坚持全面而重点的评价内容，既有利于加深对各个环节的理解，又有利于进一步促进思想政治教育整体性发挥作用。

（四）细化评价指标体系

高校思想政治教育评价的效果如何，最终是否达到教学目标，主要是由评价指标来确定。思想政治教育教学评价的指标是能够反映评价对象本质特征的具体评价项目，是对评价对象进行价值判断的依据。科学的可行的评价指标体系是开展教学评价的先决条件，所以在制定思想政治教育评价指标时应当呈现全面多层、有机结合的特点，尽可能反映思想政治教育的教学实效。

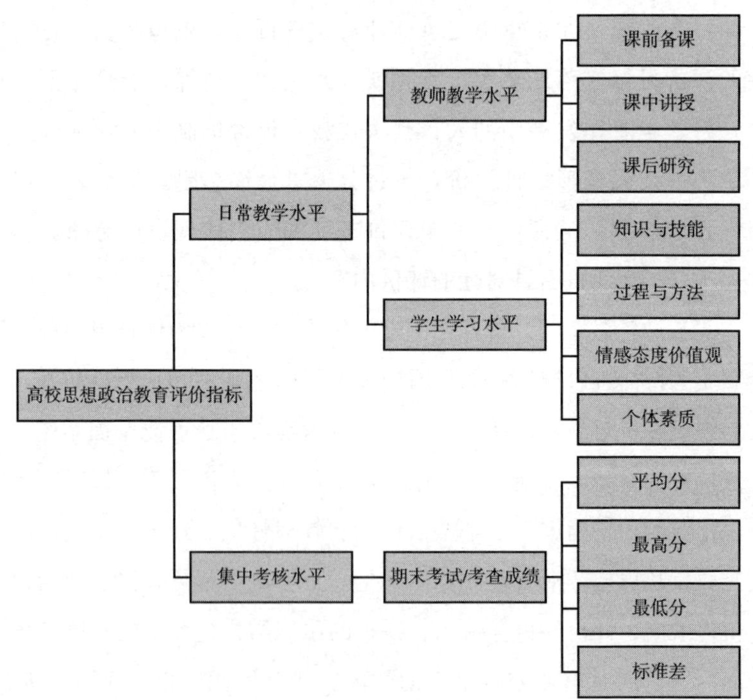

图 5—1 高校思想政治教育评价指标

现就图5—1做简要阐释。在评价指标层级的设计上，共分为三级，“日常教学水平”和“集中考核水平”为一级指标，将一级指标进行分解，“教师教学水平”、“学生学习水平”设为“日常教学水平”中的二级指标，主要从教师以及学生两个维度就高校思想政治教育中日常教学水平进行测评，而集中考核水平，根据大部分高校实际，将二级指标设定为“期末考试/考察成绩”。指标级数越往上走，越抽象，越具有概括性；指标级数越往下走，越具体，越具有独特性。以下是指标体系的具体设置。

1. 一级指标：日常教学水平

评价是一个长期的过程，真正的教学水平不应该仅仅只看最终的教学成绩来决定，日常的教学水平更能反映教学的真正高低。日常教学水平从教学过程的两个主体出发进行测评，选用教师教学水平和学生学习水平作为指标。一是教师教学水平，主要按照时间逻辑来测评，从课前到课中再到课后。从课前备课来看，高校思想政治教师相较于中小学对于备课的要求相对放松，但是备课在教学环节中是必不可少的，在课前要设置教学目标、安排教学内容、选择教学方式以及教学环节的运用等都需要在课前进行预设，对于后续生成的部分有一个基础性的标准。从课中讲授来看，课堂是评价教学水平的主渠道，2016年12月8日，习近平总书记在全国高校思想政治工作会议上指出，高校思想政治工作要用好课堂教学这个主渠道[①]，所以从教学评价的角度来看，课堂讲授式教学是评价中必不可少的评价指标，可以从教师组织教学能力、教师教学素养、教师运用新媒体的能力等各个方面进行评价。从课后研究的角度来看，高校教师特别是思政课教师，研究和教学是分不开的，只会教

① 习近平：《把思想政治工作贯穿教育教学全过程 开创我国高等教育事业发展新局面》，《人民日报》2016年12月9日。

学不会研究或者只会研究不会教学都是不行的，二者就像一个问题的两个方面，是相辅相成、互促互进的。在《工作方案》中也特别提出了要优化思政课教师教学研究的措施，要促进队伍研究平台的搭建。二是学生学习水平。在21世纪初，就针对教学目标提出了三维目标，分别是知识与技能、过程与方法、情感态度价值观，随着党的十八大报告提出教育的根本任务在于立德树人，三维目标已经不能全面地反映学生的发展状况，《关于全面深化课程改革落实立德树人根本任务的意见》中提出核心素养概念①，强调要培养学生能够适应终身发展和社会发展需要的必备品格和关键能力，所以针对学生的学习水平提出四项三级指标。

2. 一级指标：集中考核指标

高校思想政治理论课的集中考核一般是指期末考试或者考查，针对期末考查共设置四项三级指标，分别是“平均分”“最高分”“最低分”“标准差”，从“最高分”“最低分”可以看出一个班级的上限以及下限，而“平均分”“标准差”则可以测评一个班级的整体的水平。集中测评可以就学生本学期或者本学年对于知识的理解程度以及分析问题和解决问题的能力进行测评，但容易受到现场环境以及学生心态的影响。

（五）操作性的评价方式

思想政治教育的评价体系只有能够测评评价对象，那才是有效的，所以作为测评体系重要的一点就是要具有操作性，可以通过一些信息的收集，得出结论。也因为这个原因，高校思政课堂在评价学生的时候，往往所使用的是具象的定量的评价，要么是通过考试的形式，要么就是通过论文的形式来考查学生对于知识点的把握以

---

① 《关于全面深化课程改革 落实立德树人根本任务的意见》，中华人民共和国教育部网站，2014年4月8日，http：//www.moe.gov.cn/srcsite/A26/jcj_kcjcgh/201404/t20140408_167226.html。

及自身价值观的形成。这种方式简便经济，已成定式，但是往往只限于一些知识点和语言能力的评价。对于高校思想政治教育的评价方式其实可以加上实践活动的形式，在实践活动过程中可以制定评价指标，将评价指标逐层细化，从抽象到具象，从概况到具体，逐步地评价学生的实践能力以及行为后面的价值观意蕴。

（六）创新性的评价理念

“创新是一个民族进步的灵魂，是一个国家兴旺发达的不竭动力，也是中华民族最深沉的民族禀赋。在激烈的国际竞争中，唯创新者进，唯创新者强，唯创新者胜。”[①] 创新的理念应当深入思想政治教育的各个环节中，为教育目标、教育内容、教育方法、教育评价等各个环节带去新的生命力。从创新思维来看教学评价，首先，在评价内容方面，不应当局限在测评学生对于知识的理解上，而是要更新评价内容，从而发展学生的实践精神，培养学生的创新能力。其次，在理论方面，现有的流行的评价理论（泰勒的行为目标理论、CIPP 教学评价理论、斯塔克的应答评价理论等）的劣势已经或多或少不太适应社会的发展，理论应当随着社会的进步而不断发展。最后，在手段方面，要与时俱进，随着社会主义经济以及科技的发展，思想政治教育评价也需要跟上时代，将大数据、人工智能、新媒体技术与教学评价结合，碰撞出新的火花。

二　运用多种评价方式

评价过程中需要学生、教师参与，评价方式作为沟通师生双方的中介，也是评价思政课的重要内容。从学生的角度来看，个体具有差异性，在不同学生身上展现多样的光彩，仅用单一的评价方式

① 习近平：《在欧美同学会成立 100 周年庆祝大会上的讲话》，《人民日报》2013 年 10 月 22 日。

很难对学生进行全面的评价，同时单一的评价方式会使学生感受到枯燥、无趣，难以调动学生的积极性。从评价方式的角度来看，不同评价方式也有自身的局限性，往往在一方面比较突出，另一方面优势就没有那么明显，没有“包治百病”的评价方式；从教师的角度来看，教师作为评价过程中的主体，自身的智慧、主观能动性往往使其能够在一次评价过程中运用多种评价方式，有能力将多种评价方式衔接在一起。

从高校思想政治教育教学实效来看，评价方法和评价手段的滞后在一定程度上阻碍了高校思想政治教育的创新，有些高校思政课堂过分依赖单一的评价方式，导致最终教学效果不佳，在实际教学中，应当采用多种评价方式进行组合，对于学生学习效果进行评价。

（一）定性评价与定量评价相结合

根据性质不同，评价可以被划分为定性评价与定量评价。定性评价是指运用逻辑思维的方式对教学过程和结果性质进行分析和评价，一般以经验为基础；定量评价则往往是运用一定的数学方法对教学结果各要素进行数量分析和评判，它的结果是客观的。可量化的评价方式在各国逐步占据主流，因为既有利于直观了解情况，也有利于学生之间进行比较，激发竞争意识，但是随着我国新课改的提出，近三十年的教学评价中开始逐步重视质性评价，重视对学生价值导向的评价。思想政治教育的教学目标由知识、能力、情感态度价值观三维目标组成，知识目标测评不可能使用定性评价，能力、情感态度价值观目标的测评也不可能单纯使用定量评价，所以在评价方式方面，定性评价和定量评价相结合，能够准确评价学生三维目标的达成程度。

（二）形成性评价与终结性评价相结合

根据重点不同，评价可以被分为形成性评价和终结性评价。形成性评价也叫作过程性评价，是在学生教学过程中逐步形成的评价，通过在教学过程中的反馈而不断调节教学机制，是具有反馈特点的评价。终结性评价则是在一个学段或者一个学期结束之后对学生学习结果进行的评价，含有总结的意味。在实际教学过程中，高校喜欢采用平时作业加上期末作业的方式来测评学生在一个学期里对于课程学习的效果，也体现出形成性评价与终结性评价相结合的特点。但是思政课教师往往会因为最终成绩不达标，而出现在平时成绩方面予以斟酌的现象。所以在高校思政课堂中，平时成绩可以变化的范围较大，受教师主观性的影响，加快对于高校思想政治教育课堂的平时成绩的量化考核十分重要，加强教师对于平时成绩的重视程度，提高平时成绩在最终成绩中的份额，做到真正形成性评价和终结性评价相结合。

（三）传统评价经验与现代评价方式相结合

根据使用现代评价手段与否，评价可以被分为传统评价方式和现代评价方式。传统思想政治教育评价方式侧重于对思想政治教育教学效果进行整体评价，从而整体把控教学目标，调控教学内容，为之后思想政治教育方面的决策提供支持。但其也有缺陷，首先评价周期长，评价调控时间长，受教师自身素质的影响较大。随着时代进步和数字化时代的到来，思想政治教育的评价方式应随着时代的发展而不断发展，现代评价手段应运而生，比如，实现学校教学评价数据库的建立以及教学评价平台的建立等。现代评价手段以其精确、客观、真实地再现情境而受到教师认同。与传统评价手段相比，现代教学手段似乎具有先天的优势，速度快，容量大，精确度高，所以一部分教师开始对于现代评价方式青睐有加。比如，清华大学附属中学运用最新教育理论，借助大数据、云计算等信息技术，聚焦学生综合素质评价，率先开发了基于大数据的学生综合素质评价系统，这个系统关注学生成长的发展性，注重学生行为，注重参与主体、评价体系的多元性，注重数据的动态性，帮助学生认识真实的自我，找到适合自身成长的方式。[①] 其实传统评价方式的长期性、宏观调控的功能等优势是值得继承下来的。思想政治教育评价的现代化改革或者信息化变革都应该是基于传统评价经验基础之上，对现代评价方式所做的进一步开发。

三 综合多方评价主体

《工作方案》中强调要优化评价体系，高校要建立校领导、教学督导、马克思主义学院班子成员、思政课教师和学生参加的多维度综合教学评价工作体系。传统评价体系中，往往是以教师评价以及学校管理者评价为主，只限于学校内部，一个大学生的学习成绩、个人品德等方面往往是由学校内部决定，很少能加入其他外部主体。思想政治教育的评价对象是学生，学生并不仅仅只有学习者这一个身份，他是家庭中的一员，也是社会中的一员，要全面科学评价学生，就需要发动多方的评价力量，增加评价过程的评价主体，做到评价主体内部与外部相结合，国家、社会、学校、家庭多维度相结合，引入多方评价机制，为全方位、多角度评价学生提供人力基础。

（一）校领导、教学督导和马克思主义学院班子成员是思想政治教学管理者

高校思想政治教育教学管理者主要是三个层面，一是校外教学管理者，比如各级教学形成机关；二是校内的管理者，比如，党委书记、校长；三是马克思主义学院院内管理者，马克思主义学院的

① 王殿军、鞠慧、孟卫东：《基于大数据的学生综合素质评价系统的开发与应用——清华大学附属中学的创新实践》，《中国考试》2018 年第 1 期。

班子成员。这些主体对于高校思想政治教育具有一定权威性，其评价对于高校思想政治教育工作具有促进和监督作用，通过评价做出决策，从而能够有效地反馈到课堂教学中去。管理者评价相较于课堂教学的两大主体——教师与学生而言，其评价不太受到情感的左右，评价具有较大的客观性。但是其评价会受到个人的管理理念、社会经验的影响，所以管理者评价必须综合其他主体的评价，才能全面地对课堂教学进行评价。对于管理者而言，其中最为重要的是树立正确的评价观念，评价应当是在大量客观有效的信息之上进行的，教学评价不只是评价课堂教学成效，更应该深入一步，评价教师的思想品德、教学素质、工作态度等多个方面，为后续做出决策提供正确反馈信息。

（二）高校思想政治理论课老师发挥主导作用

高校思想政治教育教师作为课程的主导一方，是课程的实施者，同时也可以成为课堂的评价者。对教师的评价有两种，一种是教师自评，一种是教师他评。教师自评是当教师从一个实施者的视角转化成为评价者的视角，回顾自己的教学历程，因为教师劳动过程的复杂性以及创造性，那就意味只有教师本人才能了解在教学过程中自己所花费的时间以及精力，还有最终达到教学目标的程度，从而达到自省的目的；教师他评是指成为评价其他教师课堂的主体，在这一过程中可以运用自己的教学经验、教学素养去发现其他教师的优点以及问题，为其他教师的发展提供建设性意见，同时也能折射到自己教学上，达到扬长避短的目的。

从各个高校来看，思想政治教师作为评价主体进行评价，主要是以教研室、学校教学督导推门听课、集体备课的形式进行，这样的评价往往集中在校内，同行对于教学内容、学生学情、教师教学水平的把握是比较精确的，但通常形式较为单一，人员也比较固定。高校思想政治理论课教学评价可以突破学校的物理范围，与其他高校进行联动，以同课异构的形式，综合各高校师资，拓展教师的视野，有助于教师广泛学习，吸纳资源。

（三）大学生是高校思想政治理论课教学评价的主体

高校思想政治理论课的评价主体主要是学生，随着“以学定教”的教学理念逐步替代“以教定学”的教学理念，高校思想政治教学评价的主体也应当增加大学生参与的比重，学生作为思想政治教育教学评价对象，既能评价教师的教，也能评价学生的学[①]。

从评价教师的教的角度来看，高校课程往往在学期期末会有评教的环节，评教的最终结果会和老师利益自身挂钩。思想政治理论课程的最终目的是培养学生思想政治素质和思想品德素养，把学生培养成为社会主义的建设者以及接班人。但是在大学评教过程中，指标过于细化，加之学生自身认知关系的因素，学生通常将课堂是否引起学生的兴趣作为判别教师教学能力的主要依据，这样评教很难择优出真正能够培养学生政治素养和品德素养的教师，反而偏移了“以学生为中心”的初心。针对这一问题，就需要培养学生正确的评价意识，将评价的重点从当下的主观感受转移至未来有需要的能够促进学生发展能力方面。

从评价学生学的角度来看，评价可以分为两个方面，一是学生自评，二是学生互评。学生自评，反思自己身上的优缺点，激发学生对于学习的内在动机，认识自我，控制行为，最终达到知识、能力、情感等多方面的提升，但学生自评需要防止过度自信和过度自卑的心理状态，教师应当在学生自评的时候及时予以指导。从学生互评的角度来看，学生之间共同经历教学整个过程，学生对于这一过程存在的问题以及学生之间发生的变化都较为清晰，是最为直观

① 骆郁廷、丁雪琴：《论高校思想政治理论课程评价的主体》，《思想理论教育》2007年第7期。

的评价者。高校思想政治理论课课堂中主要是以小组作业的形式来展现学生互评，学生共同完成作业，然后小组内的成员相互评价，但这一评价不应该与最终成绩挂钩，容易在学生之间产生嫌隙，不利于组内合作。

（四）社会是高校思想政治教育教学评价的重要参与者

大学生最终是要走向社会的，高等教育的最终目的是为社会培养高层次的人才，将使用人才的主体纳入评价过程中来，更能反映高校在培养人方面中存在的问题以及不足，起到强有力的反馈作用。人们往往会忽视高校思想政治教育与用人机构之间的关联，一部分毕业生踏入社会之后，很难用到思想政治理论课有关知识。事实上，高校思想政治理论课培养人才主要是围绕着学生素质来进行的，高校思想政治理论课所教授的知识以及内在蕴含的价值观会转化成为学生自身的素养以及正确的世界观，比如说：学生的大局观念、团结精神等，最终达到内化于心、外化于行的效果，所以加入社会评价于高校思想政治教育理论课是十分必要的。

首先，要求课堂教学中可以增加社会实践的部分，走出教室，走入社会实践的大课堂。在实践教学过程中，可以将一些参与到实践过程中的主体纳入评价中来。其次，用人单位可以及时向学生反馈学生的质量，高校也可以根据现状迅速调整培养方案，使高校所培养的人才成为社会所需要的人才。最后，社区工作也可以与学校思想政治教育对接，将社区工作人员对高校思想政治教育的评价也纳入评价机制中来。

小　结

新时代高校“大思政课”建设需要主体、时空、评价等维度的大联动，构建“大思政课”建设运行的大机制。

主体大协同主要是落实高校党委主体责任，发挥高校党政管理干部、高校思政课教师、高校学工队伍等校内三支骨干力量，推动校外党政领导进校园、校外先锋模范进校园、校外专家学者进校园等校外主体力量联动。空间大联动主要是推动校社空间联动、校地空间联动、校企空间联动、家校空间联动，构建高校、社会、家庭“三位一体”的空间大联动。学段大贯通主要是着力打破学段壁垒，建设大中小学思政课一体化共学共研共训机制、资源整合互通共享机制，尤其是要打造跨时空地域、集众家所长于一身的大中小学思政课一体化网络建设平台，推动大中小学思政课教学目标、内容、方法、师资、活动、管理等衔接与联动。评价大互动在于构建多元多层评价指标体系，运用多种评价方式，明确多面评价维度，综合多方评价力量。

凝聚校内外主体力量，推动高校与社区、乡村、企业、家庭的思想政治教育联动，发挥高校引领功能，推动大中小学思政课一体化建设，通过科学评价指标体系与建设成效的反馈互动，解答高校“大思政课”怎么建的问题，构建新时代高校“大思政课”建设机制。

参考文献

一　经典文献

[1]《马克思恩格斯文集（第一～十卷）》，人民出版社，2009。

[2]《马克思恩格斯选集（第一～四卷）》，人民出版社，1995。

[3]《马克思恩格斯全集（第三卷）》，人民出版社，1960。

[4]《马克思恩格斯全集（第四十六卷）》，人民出版社，2006。

[5]《马克思恩格斯全集（第四十七卷）》，人民出版社，2006。

[6]《马克思恩格斯全集（第二十四卷）》，人民出版社，1972。

[7]《马克思恩格斯全集（第三十九卷）》，人民出版社，1974。

[8]《马克思恩格斯全集（第四十卷）》，人民出版社，1982。

[9]《马克思、恩格斯论教育（上下卷）》，人民教育出版社，1985。

[10]《列宁选集（第一～四卷）》，人民出版社，1995。

[11]《列宁全集（第六卷）》，人民出版社，1959。

[12]《列宁全集（第二十三卷）》，人民出版社，1990。

[13]《列宁全集（第三十七卷）》，人民出版社，1986。

[14]《列宁全集（第三十一卷）》，人民出版社，1958。

[15]《列宁全集（第三十九卷）》，人民出版社，1986。

[16]《毛泽东文集（第一～八卷）》，人民出版社，2003。

[17]《毛泽东选集（第一～四卷）》，人民出版社，1991。
[18]《毛泽东同志论教育工作》，人民教育出版社，1958。
[19]《周恩来选集（上、下卷）》，人民出版社，1980～1984。
[20]《邓小平文选（第一卷）》，人民出版社，1994。
[21]《邓小平文选（第二卷）》，人民出版社，1994。
[22]《江泽民文选（第一～三卷）》，人民出版社，2006。
[23] 江泽民：《论“三个代表”》，中央文献出版社，2001。
[24] 江泽民：《论有中国特色社会主义》，中央文献出版社，2002。
[25]《胡锦涛文选（第一～三卷）》，人民出版社，2016。
[26] 胡锦涛：《高举中国特色社会主义伟大旗帜 为夺取全面建设小康社会新胜利而奋斗》，人民出版社，2007。
[27]《建党以来重要文献选编（1921～1949）》，中央文献出版社，2011。
[28] 中共中央文献研究室编《十五大以来重要文献选编》，人民出版社，2003。
[29] 中共中央文献研究室编《十六大以来重要文献选编》，中央文献出版社，2008。
[30] 中共中央文献研究室编《十七大以来重要文献选编》，中央文献出版社，2009～2013。
[31] 中共中央文献研究室编《十八大以来重要文献选编（上、中册）》，中央文献出版社，2014～2016。
[32] 中共中央党史和文献研究院编《十八大以来重要文献选编（下册）》，中央文献出版社，2018。
[33] 中共中央文献研究室：《习近平关于实现中华民族伟大复兴的中国梦论述摘编》，中央文献出版社，2013。
[34] 中共中央文献研究室：《习近平关于青少年和共青团工作论述摘编》，中央文献出版社，2017。

[35] 中共中央文献研究室：《习近平关于社会主义文化建设论述摘编》，中央文献出版社，2017。

[36]《习近平谈治国理政》，外文出版社，2014。

[37]《习近平谈治国理政》（第二卷），外文出版社，2017。

[38]《习近平谈治国理政》（第三卷），外文出版社，2020。

[39]《习近平谈治国理政》（第四卷），外文出版社，2022。

[40] 习近平：《摆脱贫困》，福建人民出版社，2014。

[41]《习近平总书记系列重要讲话读本》，人民出版社，2016。

[42]《习近平新时代中国特色社会主义思想三十讲》，学习出版社，2018。

[43]《习近平新时代中国特色社会主义思想学习纲要》，学习出版社，2019。

[44] 习近平：《爱之深 爱之初》，河北人民出版社，2015。

[45] 习近平：《干在实处 走在前列》，中共中央党校出版社，2014。

[46] 习近平：《之江新语》，浙江人民出版社，2013。

[47]《关于深化新时代学校思想政治理论课改革创新的若干意见》，人民出版社，2019。

[48]《深入学习习近平关于教育的重要论述》，人民出版社，2019。

[49] 习近平：《在哲学社会科学工作座谈会上的讲话》，人民出版社，2016。

[50]《中共中央关于党的百年奋斗重大成就和历史经验的决议》，人民出版社，2021。

[51] 习近平：《决胜全面建成小康社会 夺取新时代中国特色社会主义伟大胜利——在中国共产党第十九次全国代表大会上的报告》，人民出版社，2017。

[52] 习近平：《高举中国特色社会主义伟大旗帜 为全面建设社会主义现代化国家而团结奋斗——在中国共产党第二十次全国

代表大会上的报告》，人民出版社，2022。
[53] 习近平：《在哲学社会科学工作座谈会上的讲话》，人民出版社，2016。

二 著作类

[1] 李秉德：《教学论》，人民教育出版社，2001。
[2] 李敏：《立德树人之—大学生思想政治教育理论与实践发展探究》，中国水利水电出版社，2016。
[3] 李旭炎：《立德树人实践论》，中国文史出版社，2014。
[4] 刘丽群：《教科书内容的选择与形成—知识准入课程中的国家介入》，湖南师范大学出版社，2013。
[5] 陆建：《陶行知教育名著大学生读本》，上海教育出版社，2008。
[6] 马凤岐：《教育政治学》，人民教育出版社，2002。
[7] 王嘉教：《课程与教学设计》，高等教育出版社，2007。
[8] 王鉴：《教师与教学研究》，甘肃教育出版社，2013。
[9] 王鉴：《实践教学论》，甘肃教育出版社，2002。
[10] 王鉴主编《课程与教学基本原理》，人民教育出版社，2014。
[11] 王鉴主编《课堂观察与分析技术》，甘肃教育出版社，2014。
[12] 鲁洁：《道德教育的当代论域》，人民出版社，2005。
[13] 重庆工业大学马克思主义学院：《高校思想政治理论课教育教学改革与理论研究》，西南财经大学出版社，2017。
[14] 丁国浩：《问题意识导向下的高校思想政治理论课教学研究》，浙江大学出版社，2017。
[15] 冯培：《新媒介时代高校思想政治理论课创新体系研究》，旅游教育出版社，2013。
[16] 顾海良、余双好：《高校思想政治理论课程教学改革研究》，武汉大学出版社，2006。

[17] 郭文亮、谭毅：《中国特色社会主义理论与实践研究（第二版）》，中山大学出版社，2015。

[18] 嘉兴学院思想政治理论教学科研部：《高校思想政治理论课教学案例集》，高等教育出版社，2015。

[19] 教育部社会科学司：《普通高校思想政治理论课文献选编（1949—2008）》，中国人民大学出版社，2007。

[20] 井冈山大学马克思主义学院：《高校思想政治理论课教学案例集》，高等教育出版社，2015。

[21] 孟宪生、客洪刚：《全国高校思想政治理论课教学方法改革年度发展报告》，高等教育出版社，2018。

[22] 佘双好：《思想政治理论课程教学法探析》，中国人民大学出版社，2018。

[23] 忻平、吴德勤：《高校思想政治理论课改革发展研究》，上海大学出版社，2016。

[24] 徐园媛、净萍：《研究生思想政治教育创新模式构建》，西南交通大学出版社，2014。

[25] 杨慧民、洪晓楠：《高校思想政治理论课核心教学案例》，高等教育出版社，2017。

[26] 杨慧民：《高校思想政治理论课案例教学课例研究》，高等教育出版社，2012。

[27] 杨慧民：《高校思想政治理论课案例教学适用性研究》，高等教育出版社，2012。

[28] 张亮：《马克思主义理论学科学术规范与方法论研究》，南京大学出版社，2016。

[29] 赵雪梅：《新形势下研究生思想政治工作理论与实践》，武汉大学出版社，2018。

[30] 周海燕：《高校思想政治理论课教师角色研究》，人民出版

社，2018。
[31] 熊川武：《反思性教学》，华东师范大学出版社，1993。
[32] 叶圣陶：《叶圣陶集》，江苏教育出版社，1991。
[33] 余文森：《核心素养导向的课堂教学》，上海教育出版社，2007。
[34] 胡田庚：《新理念思想政治品德教学论》，北京大学出版社，2014。
[35] 黄艳芳：《职业教育课程与教学论》，北京师范大学出版社，2010。
[36] 教育部基础教育课程教材专家工作委员会组织编写、普通高中思想政治课程标准修订组编写、韩震、朱明光主编《普通高中思想政治课程标准解读》，高等教育出版社，2020。
[37] 教育部考试中心制定：《中国高考评价体系》，人民教育出版社，2019。
[38] 居继清：《立德树人视域下大学生核心价值观培育研究》，江西人民出版社，2016。
[39] 姚利民：《有效教学论》，湖南大学出版社，2005。
[40] 陈瑞丰、黄莺、韩秀婷、本志红：《对分课堂之高校思想政治理论课》，科学出版社，2017。
[41] 叶澜：《教育概论》，人民教育出版社，1996。
[42] 李雁冰：《课程评价论》，上海教育出版社，2002。
[43] 高鸿业：《西方经济学（第七版）》，中国人民大学出版社，2018。
[44] 刘宝存：《大学理念的传统与变革》，教育科学出版社，2004。
[45] 俞家庆：《中国特色社会主义教育理论研究》，中国人民大学出版社，2008。
[46] 于光：《德育主体论》，中国社会科学出版社，2010。

[47] 陈飞：《回归生活世界——思想政治教育研究的一个视角》，人民出版社，2014。
[48] 沈壮海：《文化强国建设的中国逻辑》，人民出版社，2017。
[49] 王学俭：《现代思想政治教育前沿问题研究》，人民出版社，2008。
[50] 邓纯东：《意识形态工作思想研究》，人民日报出版社，2019。
[51] 李德顺：《价值论》，中国人民大学出版社，2007。
[52] 张平柯、陈日晓：《自然科学基础》，人民教育出版社，2006。
[53] 洪晓楠等著《提高国家文化软实力的哲学研究》，人民出版社，2013。
[54] 于幼军：《社会主义初级阶段文化论》，人民出版社，1999。
[55] 王策三：《教学论稿》，人民教育出版社，1985。
[56] 丹尼斯劳顿等：《课程研究的理论与实践》，人民教育出版社，1994。
[57] 比彻姆：《课程理论》，人民教育出版社，1989。
[58] 扈中平主编《现代教育理论》，高等教育出版社，2000。
[59] 张华：《课程与教学论》，上海教育出版社，2000。

三 期刊类

[1] 刘建军：《论马克思主义信仰体系》，《求索》2020 年第 4 期。
[2] 刘书林：《努力做受学生欢迎的思政课教师》，《思想理论教育导刊》2020 年第 5 期。
[3] 刘书林：《试论思想政治理论课教师科学世界观方法论的修养》，《文化软实力》2020 年第 2 期。
[4] 骆郁廷：《新时代爱国主义教育的“破”与“立”》，《思想理论教育导刊》2020 年第 2 期。
[5] 吴争春、于天真、狄神武：《高校思政课混合式教学之“道”

“术”“效”》，《思想政治教育研究》2020年第3期。

[6] 顾海良：《新时代高校思政课改革和发展的新模式——评〈高校思想政治理论课“启拓教学”研究〉》，《学校党建与思想教育》2020年第9期。

[7] 孙冲亚、高福进：《革命文化认同的逻辑、挑战及其推进路径》，《毛泽东邓小平理论研究》2020年第2期。

[8] 任晓伟：《论新时代高校思想政治理论课的内生能力建设》，《学术论坛》2020年第2期。

[9] 宋友文：《当代中国价值观建设的历史进程及其内在规律》，《教学与研究》2020年第3期。

[10] 阎占定：《思想政治理论课教学要讲出理论的温度》，《思想理论教育》2020年第2期。

[11] 王晓荣、郭霆：《现代化视阈下的中国特色社会主义》，《科学社会主义》2020年第1期。

[12] 项久雨、石海君：《中国特色社会主义文化自信的内在根据》，《学习与实践》2019年第7期。

[13] 骆郁廷：《“小我”与“大我”：价值引领的根本问题》，《马克思主义研究》2019年第12期。

[14] 骆郁廷、秦玉娟：《新中国70年高校思想政治理论课建设的回顾与展望》，《思想理论教育导刊》2019年第11期。

[15] 陈金龙：《新时代思想政治理论课建设的文化力量》，《马克思主义理论学科研究》2019年第3期。

[16] 何虎生、赵文心：《论革命文化融入高校思想政治理论课的三重逻辑》，《教学与研究》2019年第8期。

[17] 刘水静、朱洁仪：《增进高校思想政治理论课程的文化含量：目标、内容与方法》，《教学与研究》2019年第10期。

[18] 田旭明：《英雄是民族最闪亮的坐标——新时代培育和弘扬英

雄文化的若干思考》,《马克思主义研究》2019 年第 8 期。

[19] 卢黎歌:《坚持政治性与学理性相统一,提升思政课的说服力》,《福建师范大学学报》(哲学社会科学版)2019 年第 4 期。

[20] 阎树群:《论深化习近平新时代中国特色社会主义思想研究的三个维度》,《陕西师范大学学报》(哲学社会科学版)2019 年第 1 期。

[21] 宋友文、王易:《高校思想政治理论课教材体系向教学体系转化研究》,《中国高等教育》2019 年第 6 期。

[22] 宋友文:《高校思想政治理论课“课堂革命”与文化自信》,《思想教育研究》2019 年第 2 期。

[23] 李蕉:《高校思想政治理论课“课堂革命”与协作学习》,《思想教育研究》2019 年第 2 期。

[24] 宋进:《论思想政治理论课教师的视野》,《江西师范大学学报》(哲学社会科学版)2019 年第 4 期。

[25] 崔利萍、阎树群:《习近平关于革命文化重要论述的三重维度》,《南通大学学报》(社会科学版)2019 年第 6 期。

[26] 顾海良:《办好“关键”课程,教师是关键》,《求是》2019 年第 18 期。

[27] 张雷声:《新时代思想政治理论课教学的重要遵循》,《马克思主义理论学科研究》2019 年第 2 期。

[28] 石云霞:《新中国 70 年高校思想政治理论课建设基本经验与未来展望》,《思想理论教育》2019 年第 9 期。

[29] 刘书林:《思想政治理论课改革创新的行动纲领——学习习近平总书记关于思政课改革创新的“八个统一”的思想》,《文化软实力》2019 年第 4 期。

[30] 王磊、景飞:《用革命文化资源提高思政课水平》,《思想政治

工作研究》2019 年第 6 期。
[31] 房广顺、刘培路：《列宁文化育人思想与实践研究》，《思想教育研究》2019 年第 9 期。
[32] 程彪、张荣荣、王春林：《革命文化的历史性内涵与时代价值》，《理论探讨》2019 年第 3 期。
[33] 梁楹：《以革命文化涵养时代新人的担当精神》，《思想理论教育导刊》2019 年第 10 期。
[34] 高良坚：《论红色革命文化教育话语的当代转换》，《学校党建与思想教育》2019 年第 1 期。
[35] 朱志明、刘映芳：《新时代大学生担当精神培育探究》，《思想理论教育导刊》2019 年第 3 期。
[36] 刘建军、张韬喆：《坚定文化自信 加强革命精神研究》，《中国高等教育》2018 年第 19 期。
[37] 速继明：《革命文化是维系民族长盛不衰、国家兴旺发达的强大精神动力》，《毛泽东邓小平理论研究》2018 年第 7 期。
[38] 朱志明、欧阳秀敏：《革命文化融入立德树人实践的价值意蕴及实现路径》，《思想教育研究》2018 年第 5 期。
[39] 冯刚：《改革开放 40 年来高校思想政治教育发展的经验与展望》，《中国高等教育》2018 年第 2 期。
[40] 张东明：《习近平关于革命精神重要论述研究》，《红色文化资源研究》2018 年第 1 期。
[41] 王易、宋友文：《新时代高校思想政治理论课创新研究》，《中国高等教育》2018 年第 1 期。
[42] 宋友文、王易：《不断提升高校思想政治理论课的教学质量》，《中国高等教育》2018 年第 1 期。
[43] 田旭明：《革命文化：涵育社会主义核心价值观不可或缺的重要载体》，《思想理论教育导刊》2018 年第 8 期。

[44] 王晓荣、王华：《习近平反对历史虚无主义，树立正确党史观思想述论》，《毛泽东思想研究》2017 年第 3 期。

[45] 王东：《革命文化，中国共产党关于革命的“集体记忆”》，《红色文化资源研究》2018 年第 2 期。

[46] 陈永莲、孙海英：《“三山一坡”精神融入高校育人工作的价值与路径研究》，《红色文化资源研究》2018 年第 1 期。

[47] 陈金龙：《中国共产党思想政治教育史研究的视域拓展》，《思想理论教育》，2017 年第 11 期。

[48] 徐美英、田晓伟：《革命文化资源应用于思想政治理论课教学的思考》，《学校党建与思想教育》2017 年第 14 期。

[49] 冯秀军：《用“问题链”打造含金量高获得感强的思政课》，《中国高等教育》2017 年第 11 期。

[50] 李艳：《红色文化资源与大学生社会主义核心价值观培育》，《广西社会科学》2017 年第 10 期。

[51] 陈晋：《中国共产党的“精神谱系”解读》，《中国井冈山干部学院学报》2016 年第 4 期。

[52] 许慎：《铸就思政课教师的精神品格》，《思想教育研究》2016 年第 11 期。

[53] 黄延敏：《思想政治理论课教学体系设计应关照五个问题》，《北京教育：德育版》2016 年第 1 期。

[54] 李康平：《中国革命文化基本理论问题研究》，《马克思主义研究》2015 年第 7 期。

四　学位论文

[1] 戚静：《高校课程思政协同创新研究》，上海师范大学学位论文，2020。

[2] 李旭芝：《高校“课程思政”存在的问题及解决路径研究》，河

北师范大学学位论文，2020。
[3] 林泉伶：《“课程思政”：新时代高校思想政治教育新途径研究》，南京邮电大学学位论文，2019。
[4] 康雅利：《高校“课程思政”建设的原则与路径研究》，河北科技大学学位论文，2019。
[5] 蔡文玉：《高校课程思政实践策略研究》，燕山大学学位论文，2019。
[6] 屈海龙：《高职院校大学生隐性思想政治教育存在的问题及对策研究》，西南大学学位论文，2018。
[7] 王珊珊：《大中小学思想政治理论课衔接问题研究》，沈阳师范大学学位论文，2019。
[8] 王慧：《高中思想政治课与大学思想政治理论课内容衔接研究》，华中师范大学学位论文，2018。
[9] 刘卓穆：《大学与中学思想政治教育衔接问题的研究》，华中师范大学学位论文，2017。
[10] 尹蕾：《高中思想政治课与高校思想政治理论课衔接问题研究》，苏州大学学位论文，2017。
[11] 刘园园：《高中与高校思想政治教育的衔接》，华中师范大学学位论文，2016。
[12] 杨洪泽：《当代大学生思想政治教育实效生研究》，东北师范大学学位论文，2013。
[13] 杨俊达：《新媒体时代提高大学生社会主义核心价值观教育实效性的研究》，东北师范大学学位论文，2018。
[14] 杨杰：《高校思想政治教育实践育人实效性研究》，长春理工大学学位论文，2019。
[15] 王玺：《思想政治理论课教学空间研究》，电子科技大学学位论文，2020。

[16] 李靖：《新时代高校课程思政发展研究》，辽宁大学硕士学位论文，2021。

[17] 马曦：《新时代硕士研究生思想政治理论课教学现状及改革路径研究》，南京大学学位论文，2020。

[18] 毛若：《美国大学思想政治教育经验及对我国高校德育实效的启示》，西南科技大学学位论文，2017。

[19] 臧红：《大中学校思想政治教育衔接问题研究》，安徽大学学位论文，2013。

[20] 刘文革：《思想政治理论课教学实效性研究》，首都师范大学学位论文，2011。

[21] 石瑛：《思想政治教育过程机制研究》，吉林大学学位论文，2018。

[22] 尹兰芝：《“课程思政”协同育人的困境和对策研究》，东北师范大学学位论文，2020。

[23] 覃景冠：《高校课程思政育人机制构建研究》，西北政法大学学位论文，2021。

[24] 郝志庆：《高校深入推进课程思政建设研究》，河北经贸大学学位论文，2021。

[25] 柏路：《大学生马克思主义幸福观教育研究》，东北师范大学学位论文，2014。

[26] 樊悦：《马克思主义人学视阈中高校立德树人教育研究》，安徽工业大学学位论文，2016。

[27] 靳志高：《思想政治教育要素的有效性研究》，郑州大学学位论文，2003。

[28] 张莉：《高校立德树人根本任务的实现路径研究》，东南大学学位论文，2017。

[29] 冯东东：《高校立德树人的现实问题及对策研究》，兰州大学

学位论文，2018。
[30] 杨睿：《基于协同学理论的思想政治教育方法创新研究》，广西师范大学学位论文，2014。
[31] 常晓芳：《当前大学生日常思想政治教育存在的问题及对策研究》，华中师范大学学位论文，2017。
[32] 崔晓丹：《大学生思想政治教育主渠道与主阵地协同研究》，北京科技大学学位论文，2021。
[33] 李力：《新时代高校立德树人协同策略研究》，东北师范大学学位论文，2019。
[34] 肖微薇：《高校思想政治工作协同机制研究》，华中师范大学学位论文，2017。
[35] 李江燕：《思想政治理论课教师与辅导员协同育人研究》，东北财经大学学位论文，2017。
[36] 李晓莉：《思想政治教育协同创新研究》，兰州大学学位论文，2016。

五　报纸

[1] 习近平：《习近平在全国高校思想政治工作会议上强调：把思想政治工作贯穿教育教学全过程开创我国高等教育事业发展新局面》，《人民日报》2016 年 12 月 8 日。
[2] 习近平：《在纪念马克思诞辰 200 周年大会上的讲话》，《人民日报》2018 年 5 月 4 日。
[3] 习近平：《坚持中国特色社会主义教育发展道路 培养德智体美劳全面发展的社会主义建设者和接班人》，《人民日报》2018 年 9 月 10 日。
[4] 中办印发《关于加强新时代马克思主义学院建设的意见》，《人民日报》2021 年 9 月 21 日。

[5] 人民日报评论员：《沿用好办法 改进老办法 探索新办法——三论学习贯彻习近平总书记高校思想政治工作会议讲话》，《人民日报》2016年12月12日。

[6] 中共中央党史研究室：《历史是最好的教科书——学习习近平同志关于党的历史的重要论述》，《人民日报》2013年7月22日。

[7] 刘建军：《马克思与信仰》，《北京日报》2018年5月7日。

[8] 朱喜坤：《以革命文化培育时代新人》，《中国教育报》2018年11月23日。

[9] 佘双好：《推进思想政治理论课建设改革创新》，《新华日报》2017年7月26日。

[10] 朱安东：《以“大思政课”拓展全面育人新格局》，《光明日报》2024年6月25日。

[11]《育人育心，增强思政引领力（大家谈·向着教育强国奋进）》，《人民日报》2024年10月15日。

[12] 教育部党组：《奋力书写新时代新征程教育强国建设崭新篇章》，《人民日报》2024年10月16日。

[13] 杨志成：《善用“大思政课”铸魂育人（新知新觉）》，《人民日报》2023年3月3日。

[14] 张凌：《“大思政课”如何做好“大”文章》，《光明日报》2024年5月31日。

[15] 张晖：《汲取文化力量 讲好新时代思政课》，《光明日报》2024年5月21日。

[16] 徐晓丽：《不断增强“大思政课”的实效性和针对性》，《光明日报》2024年1月11日。

[17] 黄岳山：《聚焦立德树人 用好用活红色资源》，《光明日报》2024年9月25日。

[18] 靳诺:《坚持立德树人培养优秀人才》,《光明日报》2017 年 4 月 10 日。

[19] 楚国清:《落实立德树人根本任务》,《人民日报》2022 年 12 月 1 日。

[20] 邱勇:《充分发挥高等教育龙头作用》,《人民日报》2017 年 9 月 9 日。

后　记

1987 年 9 月，我考入湘潭大学哲学系思想政治教育专业学习。作为新办专业，其教材体系、课程体系、学科话语体系都还处于探索阶段。当时，思想政治教育专业相当部分课程及教材与哲学专业相同，且与哲学专业合班上课。同时还开设有《思想史》《管理学》《教育学》《心理学》等课程。思政专业核心课师资和统编教材比较欠缺，课程体系的“杂烩”给当时的我们有“万金油”之感。而现在看来，正是有了系统的哲学思维和多学科的交叉融汇，才为后来的学术研究和实际工作打下了坚实的基础。

大学毕业后，得益于长期从事思政课教学和高校思政实践与管理，我对思想政治教育和思政课教学有了更为全面、系统和深入的理解，并积极参与创新实践。党的十八大以来，以习近平同志为核心的党中央高度重视思政课建设，专门组织召开学校思想政治理论课教师座谈会和新时代学校思政课建设推进会。习近平总书记发表系列重要讲话，作出一系列重要指示批示，对新时代思政课建设作了新论述、新部署，指出“思政课是落实立德树人根本任务的关键课程”，强调“各类课程与思想政治理论课同向同行”，要求“把思政小课堂同社会大课堂结合起来”。2021 年 3 月 6 日，在看望参加全国政协十三届四次会议的医药卫生界、教育界委员并参加联组会时，习近平总书记明确提出“大思政课”的概念，并强调“大思政课”我们要善用之，为新时代思政课建设指明了前进方向、提供了根本遵循。新时代思政课建设发生了全局性、根本性变化，取得了显著成效。党和国家对思政课建设的高度重视和亲切关怀，让每一位思政课教师倍感振奋和鼓舞。落实立德树人根本任务、培养担当民族复兴大任的时代新人，讲好讲活思政课，责任重大、使命光荣。

2021年5月，由我牵头，和马克思主义学院的几位老师组建研究团队，申报国家社科基金高校思政课研究专项重点项目“新时代高校‘大思政课’建设”并获批。经过三年的研究，终于形成研究报告并以“优秀”结项。本书正基于该项目系列研究成果修改而成，力图全面阐释习近平总书记关于思政课建设重要论述精神，以“大思政课”如何“善用之”为写作隐线，以“大思政课”何以为“大”为写作明线，紧扣新时代高校“大思政课”建设的大背景、大原则、大内容、大课堂和大机制来展开。因本人水平有限，加之思政课是一个历久弥新的时代大课题，难免有不足之处，敬请各位专家、读者批评指正。

全书由我谋篇布局、确定写作提纲、提出核心思想观点、明确写作思路和各章节结构及主要内容要求。初稿撰写具体分工如下：第一章由王锋娟和贺汉魂执笔；第二章由我和王锋娟执笔；第三章由陈明执笔；第四章由钟佩君和我执笔；第五章由阮东彪执笔。刘丽群、欧阳斐、姜明芳、罗燕、刘喆等老师参与了研讨，提出了建议意见等。各章文稿最后由我修改、完善和定稿。

感谢社会科学文献出版社对本书出版的大力支持，感谢湖南第一师范学院对科学研究的鼎力支持。

2024年3月18日，习近平总书记视察我校并发表重要讲话。总书记离开学校时，语重心长地嘱托我们，大思政要抓好，红色资源要用好，第一师范要办好，为推进中国式现代化培养一批栋梁之材。本书的出版正是学校贯彻落实习近平总书记视察重要讲话精神的成果之一，也是自己长期从事思政研究与实践的体会与小结。愿抛砖引玉，在推动“大思政课”建设走深、走实、走心方面继续贡献更大力量。

罗成翼

2024 年 10 月

图书在版编目(CIP)数据

守正与创新：新时代高校"大思政课"建设 / 罗成翼等著. --北京：社会科学文献出版社，2024.11

（湖南第一师范学院红色学术文库）

ISBN 978-7-5228-2838-1

Ⅰ.①守… Ⅱ.①罗… Ⅲ.①高等学校-思想政治教育-课程建设-研究-中国 Ⅳ.①G641

中国国家版本馆 CIP 数据核字（2023）第 219436 号

湖南第一师范学院红色学术文库

守正与创新：新时代高校"大思政课"建设

著　　者 / 罗成翼 等

出 版 人 / 冀祥德
责任编辑 / 陈　颖
责任印制 / 王京美

出　　版 / 社会科学文献出版社
地址：北京市北三环中路甲 29 号院华龙大厦　邮编：100029
网址：www.ssap.com.cn
发　　行 / 社会科学文献出版社（010）59367028
印　　装 / 三河市龙林印务有限公司

规　　格 / 开 本：787mm × 1092mm　1/16
印 张：22.75　字 数：293 千字
版　　次 / 2024 年 11 月第 1 版　2024 年 11 月第 1 次印刷
书　　号 / ISBN 978-7-5228-2838-1
定　　价 / 108.00 元

读者服务电话：4008918866